经典与解释(53)

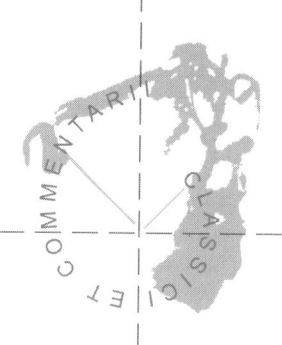

普鲁塔克与罗马政治

■ 古典文明研究工作坊 编
顾问／刘小枫 甘 阳
主编／彭 磊

華夏出版社

鸣谢：本辑由北京粉笔蓝天科技有限公司赞助出版

目　　录

论题　普鲁塔克与罗马政治

2　普鲁塔克与罗马政治 …………………………… 佩林
47　《皮洛斯-马略传》中罗马治国术的衰微 ………… 布扎德
80　普鲁塔克笔下的西塞罗、小卡图和布鲁图斯 ……… 斯温
103　论阅读普鲁塔克的《对比列传》 ……………… 拉塞尔

古典作品研究

128　《赫耳墨斯秘籍》成书考 ………………… 柯本哈维
199　《李尔王》中的王者与灵魂差异 …………… 汤梦颖
220　西塞罗《论占卜》的意图 ……………………… 陈文洁

思想史发微

237　旅行家希罗多德 …………………………… 雷德菲尔德

旧文新刊

274　兩漢公羊學原出鄒衍證 ………………………… 施之勉

281　朱舜水之民族思想及其學旨 …………………… 王賓客

评　论

295　评克雷格《哲人的英王》 ……………………… 多布斯基

（特约编辑：潘林）

论题　普鲁塔克与罗马政治

普鲁塔克与罗马政治

佩林（C. B. R. Pelling） 撰

李孟阳 译

普鲁塔克果真对罗马政治感兴趣吗？毕竟，他写的是传记，并非历史；他也屡次表示对历史背景的描述无甚兴趣。他说，这种事留给编年史家就好了，①因为揭示人物特征的常常是那些琐事、片言只语和笑料，而非那些攻城略地的大事。②我们应该"经常"注意那些琐事——经常，而非总是。普鲁塔克的传记体裁甚为多变，而他对历史背景的兴趣亦时时不同。有时他专写个人生平，只用寥寥数笔交代历史背景，例如：《克拉苏传》（Crassus）；《安东尼传》（Antony），在描述公元前44年夏至公元前42年夏两年间的政治时，竟未提及布鲁图斯（Brutus）和卡西乌斯（Cassius）；《小卡图传》

---

① 《法比乌斯传》16.6，对比《伽尔巴传》2.5。
② 《亚历山大传》1.2。

(*Cato minor*)，普鲁塔克试图描述公元前60年前三头同盟的形成，但对克拉苏只字未提。

不过，在别的传记里，他对历史的兴趣又非常清楚，而且他明显关心呈现"编年史家"那样的分析——只不过他呈现的方式相当不同。《恺撒传》（*Caesar*）是个很好的例子。在那里，普鲁塔克非常关心解释恺撒如何获取僭政。"绝对权力，"正如他在末章所说，"是恺撒毕生寻求之物——而他只看到它的名称，以及它的名声带来的危险。"（《恺撒传》69.1，对比57.1）是什么力量把他推上这一权位？普鲁塔克给出了一个清楚的答案。从一开始，恺撒就是罗马民众（dēmos）的头号宠儿。当他们支持他，他上位；当他失去他们的拥护，他下台。在较前的章节里，民众鼓励他成为国家的元首。①恺撒复兴日渐衰败的"马略派"（Marian faction），这也引出了相同的分析。他的反对者谴责他展示马略的画像（imagines）是"试图赢取民众"（6.1-3），而拥护这一展示的人则鼓励他实现更大的抱负：他们说，民众会支持他一路披靡直至权势顶峰（6.7）。②恺撒对民众施以慷慨，民众则以"新职任和新荣誉"回报他（5.9，对比4.4-9）——这是个有趣的伏笔，预示着在恺撒生命的最后，民众把辉煌而又可憎的荣誉授予他，但对授予他荣誉感到怨恨。普鲁塔克评论

---

① 《恺撒传》6.7，对比5.1-3，8.4-5，14.2-3，14.6。

② 关于这一"马略主义"（Marianism），参5.2-3，6.1-7；关于这一主题在战事叙述中的延续，参19.4（与18.1）。这一强调很有趣，而且似乎是普鲁塔克独有的；苏埃托尼乌斯《恺撒传》11和维莱乌斯（Velleius）2.43.4都没有像《恺撒传》6那样对展示马略给出强烈而多彩的叙述。关于恺撒与马略相关的历史重要性，参R. Syme, *The Roman Revolution*, Oxford, 1939, pp. 65, 89-90, 93-94; H. Strasburger, *Caesars Eintritt in die Geschichte*, Munich, 1938, pp. 131, 136-137。

道，起初，恺撒的花费是用极低代价换取了最有价值的东西（5.8，对比4.8）；而且从一开始，贵族派（optimates）全上当了（4.6-9，5.8）。"元老"是渐渐地才意识到危险。正是被如此描述的"元老"被视为恺撒的敌人。①恺撒适时地获胜，然后成为僭主——此后他开始失去民众的重要支持。例如，60-61章仔细刻画了逐狼节（Lupercalia）②上的义愤，其中强调了民众的反应，尤其他们最后的失望。我认为，在这一段落中，我们会看到，普鲁塔克重写和重新解释了他所掌握的素材。③（阿庇安［Appian］、苏埃托尼乌斯［Suetonius］和普鲁塔克在《安东尼传》中相对照的叙述似乎和《恺撒传》一样全是依据相同的素材——很可能是波利奥［Asinius Pollio］的叙述——但没有哪个版本像《恺撒传》那样强调民意。）οἱ πολλοί［大众］适时地转向布鲁图斯和卡西乌斯。恺撒现在变得脆弱不堪，最终被杀；此后，民众的激情再次爆发，而受害者是不幸的"诗人辛纳（Cinna）"（68）。④

---

① 《恺撒传》7.4、14.3、21.7、60.5、64.2，对比10.6-7。恺撒的敌人也可能被描述为ἀριστοκρατικοί（13.5，14.6），或者καλοὶ κἀγαθοί（14.3），或者ἄριστοι（7.4）。

② ［译注］逐狼节是向哺喂了罗马立国者罗慕路斯和雷穆斯的母狼鲁帕（Lupa）表示敬意的节日。该节日在鲁帕卡尔山洞（Lupercal cave）和帕拉丁山（Palatine Hill，此山在传统上被视为罗马建城之地）附近举行，在每年2月13日至15日对城邦进行净化仪式。

③ 参C. B. R. Pelling, "Plutarch's Method of Work in the Roman Lives," *Journal of Hellenic Studies* (99), 1979, p.78，拙文更详细地分析了普鲁塔克对他的素材的改写。

④ 关于《恺撒传》对历史的兴趣以及普鲁塔克对其分析的进一步呈现，参C. B. R. Pelling, "Plutarch's Adaptation of his Source-material," *Journal of Hellenic Studies* (100), 1980, pp.136-137。

当然，对历史解释如此强烈的兴趣并不典型，但也并非全然是个别现象。例如，《格拉古兄弟传》（Gracchi）再次表明，普鲁塔克试图将两兄弟的政策和命运与城镇民众的态度联系起来。《马略传》与《西塞罗传》都致力于解释其传主的崛起——何种力量和何种联合所提供的支持使他们能够克服政治新人在罗马所遇到的阻碍。[①]《老卡图传》（Cato maior）也是如此，尽管普鲁塔克在其中给出的解释更加响亮，却不那么令人信服：那时的罗马民众更强大，也更配得到伟大的领导者，因此他们乐于选择作风简朴的人作为执政官，而抛弃与之敌对的民众煽动家（《老卡图传》16.8，对比《埃米利乌斯传》11.3 – 4）。或许，这不太像是我们的那种历史解释——但它仍是一个史学归纳，试图让一种惊人的成功变得更容易理解。不过，别的传记当然对历史主题不那么感兴趣。《苏拉传》（Sulla）显然不如《马略传》对历史有兴趣。当《苏拉传》谈到史事的要点时，往往缺乏条理，只提及一些有助于我们对苏拉性格作出道德评价的概念：如今将领们不得不花费巨额财富贿赂他们的军队，因而与保鲁斯（Aemilius Paullus）或弗拉米尼努斯（Titus Flamininus）等人相比，苏拉对希腊更为严苛就不足为怪——尽管苏拉自己也须为助长和加速衰败负责（《苏拉传》12.9 – 14）。罗马如今是个极其腐败的城邦，以至于苏拉发现，比起吕山德（Lysander）在斯巴达，在罗马更易脱颖而出（《苏拉传》40［1］.2 – 7）。《马略传》或《恺撒传》都着意于使传主的政治生涯在历史层面清楚易懂，《苏拉传》多少远离了这一单纯的兴趣。

[①] 《马略传》6，《西塞罗传》11.2 – 3。关于新人的诸种困难，见《老卡图传》16.4 – 5。

此外，当普鲁塔克并非首先关注历史时，他会谈一些非常怪异之事。例如《克拉苏传》就是一篇尤其琐细、轶事颇多的传记。显然，普鲁塔克相当睿智地认为，绝不可能为克拉苏写一篇严肃的历史传记。该篇传记有许多精彩的叙事片段——从马略和辛纳那里扣人心弦的逃离、与斯巴达库斯（Spartacus）的战争以及帕提亚（Pathian）远征的灾难。政治方面的论述则浮光掠影：对公元前70年执政官一职只有相当琐碎的叙述，公元前60年至前56年间所有政治史——普鲁塔克当时对这段历史知之甚详①——只用一个思路混乱的段落就打发了（14）。最充实的政治分析实际是在一段离题话中引入的，这段离题话恰好出现在斯巴达库斯战争前，显然是要为接下来的整个二十年给出说明：

> 罗马分作三股势力（δυνάμεις——非常怪的一个词语），庞培、恺撒和克拉苏。卡图的名气大于其实力，所以他受人敬仰却无所作为。邦国中审慎睿智者支持庞培，而鲁莽气盛者则追随着恺撒所唤起的希望；克拉苏处中间，从两头谋利，不断转变立场，既非可信的盟友，亦非不可化解的敌人。只要有利可图，他随时准备放弃忠诚与敌意。(7.7)

这实在异于寻常。很难找到任何一个时期的现实与这一分析相称——庞培作为当权派、恺撒作为民众派（popularis）、克拉苏作为反复无常的骑墙派。这一分析完全不适用于我们在此篇传记中读到

---

① 参 C. B. R. Pelling, "Plutarch's Method of Work in the Roman Lives"。我在此文中认为《克拉苏传》与《恺撒传》《庞培传》《小卡图传》《布鲁图斯传》和《安东尼传》是同时着手写作的。前三篇传记对最初五十年的政治有更详尽的叙述。

它的那一时间段,此时我们仍沉浸在七十年代。普鲁塔克清楚地知道,恺撒在十年后才成为重要人物:他在《庞培传》和《恺撒传》中写得很清楚。①他也清楚地知道,庞培实际从未得到"邦国中审慎睿智者"(如他在此所言)的信任:确实,他在《庞培传》中表明,仅仅在五十年代后期,即在克拉苏死后——因此在《克拉苏传》本身的时间范围外——贵族们才对庞培有些真切的了解,而在公元前60年之前庞培生命的第一阶段中,民众的支持对于庞培至关重要。②《庞培传》对公元前70年共任执政官的叙述与《克拉苏传》中的段落形成鲜明对比。在《庞培传》中,普鲁塔克的确关心对历史背景的解释,他写道:"克拉苏在元老院占据上风,而庞培在群众中享有大权。"(《庞培传》22.3)——顺便注意典型的元老院 - 民众(boulē -

---

① 因此,在《恺撒传》中,恺撒的权势"增长缓慢"(4.5),而直至"后来"(4.7)他的敌人才意识到危险;在公元前61年,克拉苏帮他偿还债务,因为克拉苏认为他有助于自己对抗庞培(11.1);在公元前60年,庞培和克拉苏仍是"邦国中最大的力量"(13.3)。正是公元前60年与庞培的联盟为恺撒带来实权(28.2 - 3,对比《庞培传》57.6)。(确实,正如Strasburger坚称的,普鲁塔克夸大了恺撒早期获得民众支持的程度和重要性。但是,Strasburger的讨论暗示普鲁塔克过分夸大了恺撒早期的力量,实际并非如此。见 *Caesars Eintritt in die Geschichte*, pp. 71, 75 - 76, 86 - 89。)在《庞培传》中,恺撒再次仅仅由于公元前60年的联盟而跻身显贵,这一联盟为他带来"感激(gratitude)和未来的权力"(47.1)。正是庞培的力量扶植了恺撒对抗城邦,并最后对抗庞培自己(46.3 - 4,对比57.6)。

② 贵族们达成这一认识,见54.5 - 9、59.1 - 2等;公元前57年达成的一致(49.6)转瞬即逝。早期的民意支持:1.3 - 4、2.1、14.11、15.1、21.7 - 8、22.3 - 4、22.9、25.7 - 13、30.4。这一强调在《庞培传》后半部分消失,因为庞培已经成为其他更为诡诈而堕落的民众煽动家——克劳迪乌斯和恺撒——的工具,彼处强调了他们获得的民意支持(46.7、47.5、48.4、48.9、51.1、53.6、58.4)。对比《庞培传》46.1 - 4中对"两方"的严格划分,以及C. B. R. Pelling, "Plutarch's Adaptation of his Source - material," pp. 133 - 135。

dēmos）分析再次出现。但这明显与《克拉苏传》中的文段不相容，后者把庞培视作当权派，把克拉苏当成骑墙派。在《克拉苏传》里，普鲁塔克准备给出一个不同的解释——尽管比较粗略且难令人满意——仅仅是因为这一解释有助于对传主的性格刻画。在其中，克拉苏是精明的操控者，为了满足他自己的野心和（尤其）贪婪，他毫无原则地利用每个可资利用的人。"中间派"（The middle）是一时支持这边一时倒向那边，明显也符合克拉苏的形象。对克拉苏的这一看法并非完全不可信，但让他在恺撒和庞培两股"力量"之间摇摆，则远非可信的事实。如果普鲁塔克在那里考虑过这一点，他必定意识到自己在编造历史，无视史实。

我们也很容易找到类似的例子。我认为，可以表明普鲁塔克对克劳迪乌斯（Clodius）的看法在不同传记中是不同的，并取决于每篇传记的趣味和重点。在某篇传记中，他是一个独立的形象，欺侮消极的庞培，使其屈服并受辱；在另一篇里，他相对温顺而恭敬，谦恭地追随三巨头的意志。① 同样可以表明，普鲁塔克关于内战起源的观点并不始终相同：② 相比于其他传记，《庞培传》里的庞培要更强

---

① Pelling, "Plutarch's Adaptation of his Source – material," pp. 132 – 133.
② 《恺撒传》以最简单的形式阐明了这一分析，下文将讨论《恺撒传》的处理。《小卡图传》回溯到公元前 60 年的联盟之前，即卡图拒绝向庞培提出联姻：这乃是所有事情的开端（30.9 – 10），因为庞培转而被迫迎娶朱莉娅（Julia）。为强调这一点，朱莉娅和庞培的婚姻被挪到了对公元前 59 年叙述的开头（31.6，对比《恺撒传》14.7 – 8、《庞培传》47.9）；卡图自己对公元前 60 年联盟的看法，在这里阙如并被推到后文，但在《恺撒传》13.6 和《庞培传》47.4 得到强调。《小卡图传》以个人因素和个人的粗暴拒绝解释了一切，而《恺撒传》以纯粹的政治语言呈现了庞培和恺撒的联盟。这一处理极为适合《小卡图传》，因它对政治无甚兴趣，但极为关注卡图的女眷诸事（24.4 – 25.13、30.3 – 10、52.5 – 9）。《庞培传》与此再度不同。波里奥的看法获得了

烈地察觉到恺撒在高卢的威胁。①这一切使得对普鲁塔克政治观点和政治解释的分析变成一个甚为微妙的问题。我们不应指望他总是前后一致,我们必须始终意识到,他可能会歪曲其分析以适应某篇具体传记的主题;我们应该更加重视某些传记而非别的传记。那些他最关心历史分析的传记——或许是《恺撒传》《马略传》和《格拉古兄弟传》——可能包含着核心观点。如果这些传记里出现的观点在别处并不显眼或者无关紧要,我们无需对此感到惊讶。

还需注意另一困难。我希望,如今没有人会仅仅将普鲁塔克视为一名摘录者,原封不动地复制其素材里的分析。(事实上,学者们已经相当快地认识到,普鲁塔克有自己的想法和笔法。此一学术启蒙的进程只是从阿庇安和卡西乌斯·狄奥[Cassius Dio]起步的。)不过同样清楚的是,普鲁塔克有时确实会对某些观点和解释大加采纳。就拿他对内战起源的分析来说,我们会在《恺撒传》中找到其最简单的形式。不是庞培与恺撒的敌意而是其友谊导致了战争:公元前60年是一切的开端。他们首先联合起来摧毁了贵族,而他们最后彼此的疏远决定了共和国的命运。只有卡图看清了真相。恺撒一直对僭政充满热望,以其在高卢的财富换取通往权力之路。庞培受

保留(47.3-4,对比51.1-2,53.8-10,54.3),但普鲁塔克这里对庞培自己在五十年代的反应和态度赋予极大的重要性(参Pelling,"Plutarch's Adaptation of his Source-material," pp.131-135)。尤其是,普鲁塔克异常重视公元前50年庞培病体康复时欢天喜地的意大利人的反应,因为这一点造成了庞培错误的自信:οὐδενὸς μέντοι τοῦτο λέγεται τῶν ἀπεργασαμένων τὸν πόλεμον αἰτίων ἔλαττον γενάσθαι [然而据说没有比这更是触发战争的原因](57.3)。其他传记都没有如此强调过此一时刻。

① Pelling,"Plutarch's Adaptation of his Source-material," pp.131-132。庞培越察觉到恺撒的威胁,他反而越消极:同上,pp.133-135。

其愚弄，最初假装不知道，后来变得优柔寡断，最后成了元老院各种利益和野心冲突的牺牲品。克拉苏和朱莉娅（Julia）之死扫除了战争的关键障碍；罗马险峻的政治态势——罗马的κακοπολιτεία［坏政体］使许多人承认君主制是唯一的解决之道——是使这一切得以可能的背景。①这确实是个强有力的分析，但几乎不是普鲁塔克自己的。在阿庇安那里（当然也有别处），这个分析的大部分内容以明显类似的形式再现，②而可以肯定的是，这一分析源于波里奥的作品。当然，我们尽可以挑剔波里奥的作品。为了写一个强有力的开篇，波里奥肯定夸大了公元前60年选举协议的重要性，以此引出"前三巨头"（如我们习惯所称）的长篇传奇。贺拉斯把"领袖们的重大友谊"（gravis principum amicitias）视为波里奥著作的一个主题（《歌集》2.1.3-4）：波里奥可能太过强调大人物之间的私人关系，

---

① 《恺撒传》28，对参13.4-6、23.5-7。这一分析在《恺撒传》中最为清楚，因为普鲁塔克在一项强有力的审察当中综合了许多主题（《恺撒传》28）。在对高卢远征的叙述过后，这一分析果断将读者的注意力引回城镇政治，并结合了先前其他传记的叙述中所讨论过的许多主题。

② 作为恺撒军队的训练根据地的高卢：对比阿庇安《内战记》2.17.62与《恺撒传》28.3、《庞培传》51.2；κακοπολιτεία：对比阿庇安2.19.69-70与《恺撒传》28.4、《小卡图传》44.3、《庞培传》54.3；庞培的虚伪行为和真实野心：对比阿庇安《内战记》2.19.71、2.20.73与《恺撒传》28.7、《小卡图传》45.7、《庞培传》53.9-10，另参Pelling, "Plutarch's Adaptation of his Source-material," p.134；君主制作为唯一解决之道：对比阿庇安2.20.72与《恺撒传》28.5-6、《小卡图传》47.2、《庞培传》54.7（以及《布鲁图斯传》55［2］.2，该观念的有趣变形）。关于波里奥的观点以及其他古代作家对共和国衰落的分析，参 M. Pohlenz, "Causae civilium armorum," in *Epitymbion H. Swoboda dargebracht*, Reichenberg, 1927, pp. 201-210（重印于M. Pohlenz, *Kleine Schriften*, Hildesheim, 1965, 2.139-148）；R. Syme, *A Roman Post-Mortem*, Tod Memorial Lecture, Sydney, 1950；A. W. Lintott, "Lucan and the history of the Civil War," *Classical Quarterly* (21), 1971, pp. 493-498。

又把他们写得太有远见，野心太过清晰。对罗马坏政体的处理倾向于局限在罗马内部的暴力和腐败——尤其大人物或其追随者开启的暴力和腐败；没有迹象表明波里奥对帝国、军队和行省进行过范围更广的探究。不过，无论我们说什么，我们实际更多的是在评论波里奥而不是普鲁塔克：普鲁塔克只是承认并接受这一分析在智性上的出众及力量。

类似的文段肯定有助于我们看到，哪些分析被普鲁塔克视为可信，并且因富有启发又明白易懂而被他接纳；由此，可以将它们当作探讨普鲁塔克自身的历史理解的证据。不过，最终它们不及另一类段落所告诉我们的多。在这类段落中，我们能看到普鲁塔克个人的判断和预设在发挥作用，能看到他对其所描述的事件表达自己的观点和解释：尤其是，我们能看到他对素材所提供的内容进行重新解释。例如，在《恺撒传》对逐狼节事件的叙述中，（如我们所看到的）他似乎修正和改写了波里奥的叙述，试图将重点集中在民众的反应上；或者像在《恺撒传》较前的章节里，他不厌其烦地强调民众鼓励恺撒成为"国家的元首"。（我们可以比较苏埃托尼乌斯传记的较前章节，他明显基于非常类似的素材，但并没有如此强调民众主题。）① 在这些文段里，我们看到普鲁塔克本人努力使其材料变得明白易懂。同样在这些文段里，他的分析非常一致地聚焦于民众主题，即恺撒所享有的广泛支持——顺带说，当普鲁塔克重述波里奥对战争原因的分析时，这一主题却踪影全无。

在诸如《恺撒传》这类传记中，普鲁塔克忽略的内容跟他补入

---

① Strasburger 证明了关于恺撒早年的传统说法的一致性，尽管他所做的精细的素材分析完全不合理。参见 Strasburger, *Caesars Eintritt in die Geschichte*, pp. 72–73。

的内容一样能告诉我们他的预设。当然，我们不应期望他会过多讨论恺撒与（比如说）奥瑞利乌斯家族（Aurelii）或者埃米利乌斯·雷必达家族（Aemilii Lepidi）——两个在恺撒仕途早期有极大影响力的家族——的姻亲关系；①无论我们将这种关联看得多么重要（至少在解释一位年轻人仕途的第一步时），这些都不是古代作家通常强调的关联。不过，关于恺撒想方设法博取元老院的好感或拉近与元老院的关系，普鲁塔克本可以讲得更多。例如在5.7，他没有提到恺撒的新娘庞培娅（Pompeia）是苏拉的孙女，尽管这显然是传记感兴趣的内容。②极为引人注目的是，普鲁塔克只字不提恺撒与克拉苏、庞培等大人物之间的关系：这篇传记从未提及恺撒对加比尼亚法（lex Gabinia）的支持、他为了将庞培从东方召回所施加的压力或者他与庞培的副将奈波斯（Metellus Nepos）的联合，也没有提起在喀提林事件中恺撒涉嫌与克拉苏共谋。普鲁塔克肯定知道所有这一切。③但在这

---

① 关于恺撒与这些家族的联系，参苏埃托尼乌斯，《恺撒传》1.2；关于他们的权力，参 F. Münzer, *Römische Adelsparteien und Adelsfamilien*, Stuttgart, 1920, pp. 312f, 324ff。注意 Aemilii Lepidi 在公元前78/7年任执政官，Aurelii Cottae 在公元前75/4年任执政官——恰恰是恺撒政治生涯刚刚开始的时期。

② 他很可能知道此事：对比苏埃托尼乌斯《恺撒传》6.2，两者可能来自相同的素材。

③ 他在《庞培传》25.8提到恺撒支持加比尼亚法，但在《恺撒传》中没有（狄俄36.43.2-4以相似的语言描述了恺撒对玛尼利亚法［lex Manilia］的支持，这可能是另一个版本，参见 Strasburger, *Caesars Eintritt in die Geschichte*, pp. 63, 100-101）。普鲁塔克已在《西塞罗传》（23.1-4）中描述了恺撒与梅特路斯一道制造的骚动，并在《小卡图传》27-29中详加阐述，但在《恺撒传》9.1，他不露声色地声称"恺撒的法务官一职（praetorship）并未酿成任何纷扰"。在《西塞罗传》23.5他也提到恺撒提议从东方召回庞培，并（以稍微不同的形式）重复了《小卡图传》26.2中的故事，但在《恺撒传》中也没有提

篇传记里，恺撒是他自己的主人和代理人。他所获得的支持——尤为关键的民众支持——完全由他自己创造。如别处那样，普鲁塔克在这里很少提及个人性的依附、同盟以及交易，而这些是大多数现代学者想要强调的——无论在我们看来它们是多么短暂或是多么根基牢固。如别处那样，在这里民众主题始终是最重要的。

没有人会认为普鲁塔克的分析全是错的。当然，恺撒确实是一个伟大的平民派（popularis），在他自己的时代就被视为如此,①城镇民众的支持对他非常重要。这一分析的毛病仅在于它所忽略的东西。对于解释恺撒的生涯和成就来说，这一分析是几条重要线索之一。普鲁塔克只关注这条线索，这就极其令人瞩目了。此外，这类分析反复出现。在一篇又一篇传记里，在每一个时期，我们都会看到城镇平民与元老院的对抗以类似的形式出现。在政治中就只有这两种力量，可以把它们描述为（例如）《马略传》4.7 中的ἀμφότεροι [两方]。"元老院欲求和平，但马塞鲁斯（Marcellus）煽动民众发动战争"（《马塞鲁斯传》6.2）；"克劳迪乌斯（Appius Claudius）总有元老院和最优秀的人的支持——这是他的家族传统——而西庇阿（Scipio Africanus）尽管自身就很显贵，却总是深受民众支持和拥戴"（《埃米利乌斯传》38.3）；马略"是元老院强大的对手，因为他善

到此事。他在《克拉苏传》13.4 提到恺撒与克拉苏的政治关联（并对自己的见识颇感自豪）。在《恺撒传》中，撇开 5.7 对庞培的偶然提及，迟至 11.1 才引入克拉苏和庞培。

① 尤其对比西塞罗《反喀提林演讲辞》（Catiline）4.9，《论执政官的行省》（De Provinciis Consularibus）38 – 39，《反腓力辞》（Philippics）2.116、5.49，《致家人书》（Epistulae ad Familiares）8.6.5。参 Strasburger, Caesars Eintritt in die Geschichte, pp. 129ff; C. Meier, "Populares," in RE Supplement band 10, 1965, cols. 580, 582, 590。

于煽动民众"(《马略传》4.6);在公元前70年,民众批评庞培,说他"太过讨好民众而把元老院丢在一边"(《庞培传》21.7),然后我们又读到,"克拉苏在元老院占据上风,而庞培在民众中享有大权"(《庞培传》22.3);在公元前66年,"民众的支持和民众煽动家的奉承"使庞培担任统帅攻打米特里达梯(Mithridates),而"元老院和最优秀的人"则感到卢库鲁斯(Lucullus)受到极大的怠慢(《卢库鲁斯传》35.9);在公元前59年,恺撒着力声称"他违背己愿被迫去讨好民众,乃因元老院的残暴和无情"(《恺撒传》14.3);在公元前50年,卡图跟民众的关系不再有什么进展,民众"一心想恺撒成为权位最高之人",但卡图"说服了惧怕民众的元老院"(《小卡图传》51.7);在公元前44年3月和4月,布鲁图斯和卡西乌斯"获得元老院的好感",又转而讨好民众(《布鲁图斯传》21.2 - 3)。①政治中的这两种力量或因素不太像是某种党派:普鲁塔克从未暗示存在任何有组织的政客团体,即那些有计划地致力于促进民众利益的人(尽管他谈到的"民众煽动家"有时与此意义相近)。②但至少,元老院和民众几乎总是各自以其统一而共同的方式行动,而如果双方行动一致,普鲁塔克就会感到惊讶。例如,如果他们联合起来支持西塞罗出任执政官,或如果具有贵族心性的埃米利乌斯和别的民众煽动家一样受民众追捧(《西塞罗传》10 - 11,《埃米利乌

---

① 另对比《马塞鲁斯传》10.2(Nola),《老卡图传》16.4,《马略传》9.4,《庞培传》25.7、46.5、49.3 - 6、49.11、52.2、59.3,《卢库鲁斯传》38.2,《小卡图传》22.6、26.1、28.6、29.3、32.1,《西塞罗传》33.2、33.6、43.4。《马略传》34.2是例外,普鲁塔克在那里意识到民众的观点是分裂的。

② 例如《埃米利乌斯传》38.6、《安东尼传》2.6、《卢库鲁斯传》35.9、《小卡图传》31.2。

斯传》38.6）。别的复杂因素，例如骑士（equites）或意大利人或老兵，被有意忽略，因为普鲁塔克更愿意让他的画面显得简单而明晰。

某种程度上，并非只有普鲁塔克这么做。在罗马，将"元老院"和"民众"相对比是再自然不过的事了：这一分析模式在罗马史撰中太常见不过了（我们稍后会看到），而且，由于显然与ὀλίγοι［寡头］和δῆμος［民众］的古典希腊模式相似，所以它跟罗马的希腊史家尤其投契。在珀律比乌斯（Polybius）那里，罗马与希腊的对应极为清楚。珀律比乌斯把元老院和民众视作其罗马"混合政体"图景里三个关键因素中的两个：正如执政官贡献了君主制的要素，元老院则引入了贵族制要素，民众注入了民主制要素（珀律比乌斯，6.11–18、43–58）。并不奇怪的是，这一图解没有给骑士（euqites）留下位置，例如：在6.17，他不得不很为难地将骑士阶层中的包税者（publicani）纳入"民众"。①正如舒泽（Clemence Schultze）所指出的，哈利卡尔那索斯的狄奥尼修斯（Dionysius of Halicarnassus）在描述早中期共和国史时同样钟爱元老院–民众的对立。②阿庇安在其《内战记》的开篇说："在罗马，元老院和民众冲突频繁，他们在立法、债务取消、土地分配和选举事宜上有重大分歧"；

---

① 参 F. W. Walbank 关于此处的注解：*A Historical Commentary on Polybius*, vol.1, Oxford, 1957; P. A. Brunt, "The equites in the late Republic," *Second International Conference on Economic History*, 1962 (重印于 *The Crisis of the Roman Republic*, R. Seager ed., Cambridge, 1969), p.119："他所说的民众当然指骑士。" C. Nicolet, *L'Ordre équestre: l'époque républicaine* (312–343 av. J.–C.), vol.1, Paris, 1966, pp.322–23 并没有阐明珀律比乌斯图景的重要性。

② C. Schultze, "Dionysius of Halicarnassus and his audience," in *Past Perspectives: Studies in Greek and Roman Historical Writing*, I. S. Moxon etc. eds., Cambridge, 1986, pp.130–131, 139–140.

狄俄也欣然采纳元老院-民众的对立,作为分析后期共和国历史的有力手段,并同样强调民众的支持是恺撒崛起的关键。①

但在这些作家那里——不包括普鲁塔克——通常还不止于此。这些作家运用这些范畴的方式中常常体现出某种深思,狄奥尼修斯可能就是这样,而珀律比乌斯确乎如此。珀律比乌斯明显费了一番思量,才得以从罗马政体中分离出对应希腊模式的要素——而且他得出的结论当然是:君主制、贵族制和民主制要素的独特混合(尽管未必是任何一种要素自身)确实不与任何希腊政体类似,也的确优于希腊人能够提供的任何东西(珀律比乌斯,6.43-58)。很难认为普鲁塔克对元老院-民众范畴的运用会如此具有反思性。在别的作家那里,也常常能感受到某种历史性变化。和狄奥尼修斯相类,珀律比乌斯强调,罗马君主制、贵族制和民主制的独特混合经历了相当长时间的发展(珀律比乌斯,6.10.13-14,51.5);②阿庇安在其引论中,倾向于将元老院-民众的冲突视为较早期罗马历史——在格拉古兄弟之前——的主要线索。格拉古兄弟标志着暴力被引入政治(阿庇安,《内战记》1.2.4;对比普鲁塔克,《格拉古兄弟传》20.1),此后阿庇安更多地集中于这一主题:"归国将军"以及他所

---

① 元老院-民众:36.24.1-2、36.24.5、36.37.1、36.38.3-5、36.43.2-5、36.51.3、37.26.3、37.29.3、37.41.3、37.42.3、37.43.1、37.51.3、37.56.5、38.1.1、38.12.4-13.1、38.15.3、38.16.3、38.16.6 等。民众对恺撒的支持:36.43.2-4、37.22.1、37.37.2-3、37.56.1-2、38.11.3-6、39.25.1-3、40.50.5、45.6.1、45.11.2。对比 C. Brutscher, *Analysen zu Suetons Divus Julius und der Parallelüberlieferung*, Berne, 1958, pp.43-46。但正如 Strasburger 观察到的,狄俄的确比普鲁塔克更为关注恺撒与庞培在六十年代的联系(*Caesars Eintritt in die Geschichte*, pp.98-106)。

② 关于狄奥尼修斯,参 Schultze, "Dionysius of Halicarnassus and his audience," pp.130-132, 139。

带领的一支有所不满而需要安顿的军队（阿庇安，《内战记》1.1 – 6，尤其1.2.4以下）。这一分析在阿庇安史书的后面再次出现，而他对元老院 – 民众对立的运用相对较少。①他和狄俄那样，比普鲁塔克更多意识到元老院 – 民众的对比常常失效，需要运用其他解释的进路。因此，阿庇安和狄俄更多地谈到别的方面，比如老兵和骑士。因而，阿庇安知道庞培可以既是"民众的朋友"（φιλόδημος），同时在其对针对元老院的行动中也能完全担起责任（阿庇安，《内战记》2.20.72）；因而，狄俄能引入对卡图、布鲁图斯和卡西乌斯作为"民众的情人们"（δημερασταί）的趣味盎然、富有启发性的描述（狄俄，37.22.3、43.11.6、47.38.3）；②因而，他可以谈论——固然是以一种较为费解的方式——庞培和克拉苏分别带进公元前60年的三巨头联盟中的多种"联合"（έταιρεῖαι）（狄俄，37.54.3，37.57.2）。③令人称奇的是，在普鲁塔克那里，对此类复杂因素的引证是多么罕见，而对简单的元老院 – 民众对立的强用是多么严苛和排他！确实，他经常还原和简化其他解释模式，由此他就能够用这一对立来表达它们。我们肯定在此找到了普鲁塔克技艺的个人特色。

尤为吸引人且富有启发的是《格拉古兄弟传》。在那里，我们找

---

① "归国将军"的主题：1.55.240、1.60.269 – 270。5.17指出了为这样一支军队找到安顿处的重要性。元老院 – 民众对立的零星出现：1.21.87 – 89、1.38.169、1.69.316 – 17、1.107.502。

② E. Rawson, "Cassius and Brutus: The Memory of the Liberators," in *Past Perspectives: Studies in Greek and Roman Historical Writing*, p. 115. Lintot注意到狄俄关于Helvidius Priscus的观点有趣地相像（65.12.2），并认为狄俄对Helvidius的哲学观念的解释可能影响了他对卡图的刻画。

③ 关于έταιρεία [友谊/朋党] 的用法，对比Nicolaus of Damascus, *Vit. Aug.* 103, 105。

到了与《恺撒传》中非常类似的分析，而且那些会使简单画面变得复杂的要素也同样被删去。提比略（Tiberius）受到民众的热烈欢迎（《格拉古兄弟传》7.3-4，8.10，10.1），他的政策也以城镇民众为目标（《格拉古兄弟传》8.10，9.3，10.1，12.6，13.4，13.6）。元老院——或说是这篇传记中更常用的"富人"（《格拉古兄弟传》10.9，11.1，11.4，12.6，18.3，20.3）①——自然报之以敌意。受民众的热情牵引，提比略试图罢免屋大维（Octavius），但就在这时，民众对他的支持开始减弱（15.1）。他发现只能硬着头皮采取更为极端的政策（16.1），但民众依然冷淡：反对法案的人被激怒了，他们把握机会杀死了提比略。但他的死亡使民众的狂热又再次爆发了（21），这正让人想起，恺撒被杀之时，诗人辛纳（Cinna）成了牺牲品。确实，整个事件序列与《恺撒传》所表现的模式极为相似：民众的支持带来成功，民众的冷淡使人走向致命的错误，民众的狂热最后再次爆发。数年后，整个模式又在盖乌斯（Gaius）身上发生：我们看到盖乌斯起初很受民众拥戴，他也回应以一系列讨民众欢喜的措施；之后就是民众支持的减弱，这次更多的是由于敌对者的狡诈而非盖乌斯的失误，敌对者利用德鲁苏斯（M. Livius Drusus）压制了盖乌斯的提案。盖乌斯被迫使用极端手段；敌对者把握了机会，

---

① 这些"富人"统治着元老院（11.4，但比较18.3），并确乎很接近于普鲁塔克通常直接描述为"元老院"的政治群体：参见14.3、16.2、21.1-4。普鲁塔克此处称他们为"富人"，仅仅为了从经济方面来表现冲突。当政治分歧而非经济分歧变得更加相关时，他自然反过来将提比略的反对者描述为"元老院"（20-21）。他对盖乌斯的处理并不那么重视经济因素，而且盖乌斯的对手也常常是"元老院"：26.1、27.1-2、29.3-6、30.1-2、30.6-7、32.5、33.3、35.2。

盖乌斯丧命；在他死后，民众的狂热再次出现。①又一次，焦点全部集中在城镇民众身上，他们的支持带来成功，他们的冷漠带来失败和死亡。《恺撒传》的模式在《格拉古兄弟传》中再现，而且再现了两次。

此外，我们能看到普鲁塔克移除了不适合的材料。在《格拉古兄弟传》8，普鲁塔克正为各种棘手问题设定背景。此章似与阿庇安《内战记》1.7取自相同的素材，②但我们看到普鲁塔克和阿庇安选择强调相当不同的线索。如大家所知的那样，阿庇安非常关注意大利的线索。问题在于意大利种族是 $ε\dot{υ}ανδρία$ [富于男子气] 还是 $δυσανδρία$ [缺乏男子气]，而且提比略试图取悦意大利各地的穷人——显然还

---

① 最初的民意支持：《格拉古兄弟传》22.7。民众煽动家的提议：24.5、25.1，尤其26（26.1：他引入的法案 $τ\tilde{ω}$ $δήμω$ $χαριζόενος$ $καὶ$ $κατάλύων$ $τὴν$ $σύγκλητον$ [让民众满意并削弱元老院]），27.5。人民的欢欣：25.4、27.1、28.1。$Γνωριμώτατοι$ [最有声望者] 让德鲁苏斯发动攻势：29.4、31.3-4。人民的动摇：30.7（"人民对元老院的态度变得大为缓和"）、32.4、37.7。盖乌斯愈发极端：33。死亡：36-38。民众对奥皮缪斯（Opimius）的憎恨：38.8-9、39.2。盖乌斯死后的说明：39.2-3。

② 两位作家对材料的安排和选择明显相似。通常的看法（显然是正确的看法）认为，他们共用一个素材（参见 E. Gabba, *Appiani Bellorum Civilium Liber Primus*, Florence, 1958, 对《内战记》1.7.26 的讨论）；尤参 G. Tibiletti, "Il possesso dell'*ager publicus* e le norme *de modo agrorum sino ai Gracchi*," in *Athenaeum* (26), 1948, pp. 206-209, 他针对 1.7.28 对 Gabba 的反驳应该是正确的；Y. Shochat, "The Lex Agraria of 113 B.C. and the Italian allies," in *Athenaeum* (48), 1970, pp. 34ff, 注31中有一个详细的书目；E. Badian, "Tiberius Gracchus and the beginning of the Roman Revolution," in *Aufstieg und Niedergang der römischen Welt*, 1972, I.1.707。主要的异议是 J. Göhler, *Rom und Italien*, Breslau, 1939, pp. 74-75, 但Göhler最强有力的论证恰恰依赖解释上的差别——阿庇安强调意大利人，普鲁塔克强调市镇穷人——我在这里从普鲁塔克的个人技艺出发说明了这一差别。

包括同盟者。① 另一个特殊的关注是，大庄园里的地主更喜欢奴隶而非自由劳动者，因为自由人有参军的资格；而这一军事线索也得到大量强调。普鲁塔克似乎知道这类解释，有理由推断，他和阿庇安共用的素材中有类似的解释。例如，普鲁塔克确实提到"穷人对参军并不太热心"，以及他们"不关心养育后代，因此很快整个意大利会因为缺乏自由民而受到损害"；而且他记录了提比略激昂的言辞，替那些"为意大利战斗和牺牲"却处境悲惨的人大声疾呼（《格拉古兄弟传》8.4, 9.5）。② 但所有这些都没有被置于分析的中心，对"整个意大利"的单独提及显得相当模糊。普鲁塔克的全部重心都在提比略试图造福和安抚的城镇民众上。公共土地曾被分配给"那些一贫如洗、失去土地的公民"，但如今这些土地也被剥夺了。提比略试图逆转这一进程（《格拉古兄弟传》8.1, 9.2）。普鲁塔克显然将在罗马的公民视为提比略举措的受惠者，这一举措按希腊的说法其实是传统的 $γῆς\ ἀναδασμός$［土地再分配］。（提比略的敌对者确实指控他正在引入一项土地再分配并引发一场革命，见9.3。）稍后，阿庇安谈到"乡下人"（1.10.41）来到罗马支持提比略，然后谈到乡下的公民来为其连任投票（1.14.58）：阿庇安在两件事的细节上可能有些混乱，但他和普鲁塔克共用的素材中一定有与此类记录相似的东西。③ 普鲁塔克再次略去了细节，将一切缩略为城镇民众。他对

---

① 尤参《内战记》1.7.28、1.8.32、1.18.74、1.21.86 – 87 以及 Gabba 的注释；Göhler, *Rom und Italien*, pp. 76 – 82。

② E. Gabba, *Appiano e la Storia delle Guerre Civili*, Florence, 1956, p. 37 n. 1; Y. Shochat, "The Lex Agraria of 113 B. C. and the Italian allies," pp. 36 – 37; J. S. Richardson, "The Ownership of Roman Land: Tiberius Gracchus and the Italians," in *Journal of Roman Studies* (70), 1980, p. 2.

③ 关于公元前133年来到罗马的乡民，对比 Diodorus, 34/5.6.1。

盖乌斯的处理也非常类似，再度单纯集中在民众要素上。诸法律——包括将公民身份扩展到同盟者的συμμαχικός［同盟法］——全都有一个极为直接的目的，而普鲁塔克对此毫不怀疑：盖乌斯试图赢得民众的好感（《格拉古兄弟传》26，尤其26.2）。有迹象表明，普鲁塔克再次改写并简化了其素材。例如，他在这里轻描淡写地提到意大利人对盖乌斯的支持，或者略略提及对盖乌斯和弗拉库斯（Fulvius Flaccus）煽动同盟叛乱的指控（《格拉古兄弟传》24.1-2，33.1；24.1-2，31.3）。这类文段显然暗示，在普鲁塔克的素材中关于意大利人的材料为数不少（正如在阿庇安那里）。但在普鲁塔克那里，这些材料又再度是不相干的，并且未得到解释。分析的中心仍然是城镇民众，一位模式化的民众煽动家盖乌斯以模式化的方式讨好他们。对民众的这一强调显然符合传记的结构——不仅是《格拉古兄弟传》的结构，还有两对传记的结构。格拉古兄弟与阿吉斯（Agis）和克莱奥门尼斯（Cleomenes）相比较，四个人都被视为民众煽动家，即便他们最初是理想主义者：这一比较的全部要点就在于此（《阿吉斯与克莱奥门尼斯对比》2.7-11，对比《格拉古兄弟传》42［2］以及44［4］）。不过，显然普鲁塔克进行了高度简化和改写，以凸显对民众的这一清晰聚焦。

有必要考虑这点对罗马史家的重要性。阿庇安关于格拉古兄弟的叙述的倾向常被仔细考察，经常有人提醒我们注意阿庇安《内战记》卷一中的"泛-意大利主题"；[1]学者们常试图利用普鲁塔克来

---

[1] E. Badian, *Foreign Clientelae*, Oxford, 1958, p.172; "Tiberius Gracchus and the beginning of the Roman Revolution," p.701 n.100, p.717 n.146, p.731 n.183。Gabba 小心翼翼地讨论了"相邻主题"，但他比 Badian 更愿意相信这有一定的历史真实性，参 E. Gabba, *Appiano e la Storia delle Guerre Civili*。

攻击阿庇安的"意大利"材料的可靠性。最具影响力的巴蒂安（Badian）在论证提比略的赠地方案仅限于罗马公民时，明确捍卫普鲁塔克的权威：他认为，相比于阿庇安，普鲁塔克对城镇民众的强调代表了一个传统中更早且更可信的阶段，而所有关于意大利人的事情都是通过阿庇安接触的素材（他认为是后期共和国或奥古斯丁时代的一位民主派史家）进入传统的。① 最近，伯恩斯坦（Bernstein）试图调和普鲁塔克和阿庇安，他认为提比略先是有意把意大利同盟囊括进他的赠予对象（阿庇安）——但之后改变了计划，仅限于分配给罗马公民（普鲁塔克）。② 令人忧虑的是，学者们太少关注普鲁塔克的方法——在与阿庇安的比较中，普鲁塔克常常是无言的伙伴。如果我们能够看到，实际也肯定能够看到，普鲁塔克惯于将复杂的描述删减为简单的元老院－民众范畴，那么更可能的是，是他将关于意大利人的事情从他的叙述中剔除出去，而非阿庇安或阿庇安接触的素材把这些事情带入进来。如果假定两者有共同的素材是正确

---

① Badian, *Foreign Clientelae*, pp. 168 – 174，对比 Badian, "Tiberius Gracchus and the beginning of the Roman Revolution," p. 731 and n. 183。他遵循并发展了 Gelzer 的看法（尤参 M. Gelzer, "Review of F. Taeger, *Tiberius Gracchus*," in *Gnomon* (5), 1929, pp. 299 – 303）。相似的论证另参 D. C. Earl, *Tiberius Gracchus*: *A study in Politics*, Brussels, 1963, pp. 20 – 23; D. B. Nagle, "The Failure of the Roman Political Process in 133 B. C.," in *Athenaeum* (48), 1970, pp. 373 – 376。

② A. H. Bernstein, *Ti. Sempronius Gracchus*, *Tradition and Apostasy*, Ithaca, N. Y., 1978, pp. 137 – 159。Bernstein 也认为阿庇安自己的叙述反映了这一计划的改变，但他的论证完全没有说服力。对比 A. E. Astin, "Review of Bernstein *Ti. Sempronius Gracchus*, *Tradition and Apostasy*," in *Classical Review* (29), 1979, pp. 111ff; J. S. Richardson, "The Ownership of Roman Land: Tiberius Gracchus and the Italians," pp. 2 – 3。

的，这就可以说，保存素材精神的是阿庇安而非普鲁塔克。

若如此，这就更难舍弃阿庇安关于这一"意大利人"线索的证据，而尤为困难的是否认他的这一观点：提比略意欲让意大利的同盟者共享赠地。①当然，"意大利人"需要更明确的界定：这些人是谁？看来不只是乡下公民，除非阿庇安严重误解了其素材；②也有拉丁人和同盟者，或仅是同盟者？他们是否在分得土地的同时也获得了公民身份，正如理查德森（Richardson）所认为的那样？③这些都是实实在在的问题，可能没有充分的证据来给出确定的答案。也很可能的是，"意大利人"的整个线索在提比略的宣传和计划中并没那么突出，正如阿庇安所暗示的。就阿庇安对整个时期的洞察而言，强调意大利的不和肯定非常重要，因为他一直在准备并推进那些会在他

---

① 当然，这里不能讨论所有与这一复杂问题相关的文献材料：任何严肃的讨论都得考虑公元前 111 年的土地法（lex agraria）的条款，以及西塞罗所作的各种陈述（大多难以解释）。我在此仅限于处理从普鲁塔克和阿庇安叙述的差异所引出的论点，大多数学者在讨论该问题时都认为这些论点特别重要。近来更充分的讨论，参 Shochat, "The Lex Agraria of 113 B. C. and the Italian allies"; *Recruitment and the Programme of Tiberius Gracchus*, Brussels, 1980; Richardson, "The Ownership of Roman Land: Tiberius Gracchus and the Italians"（授予者包括意大利人）; P. A. Brunt, *Italian Manpower*, 1971, Oxford, p. 76 n. 1; A. N. Sherwin – White, *The Roman Citizenship*, 2nd edition, Oxford, 1973, pp. 217 – 218; D. L. Stockton, *The Gracchi*, Oxford, 1979, pp. 40 – 46（论断谨慎，但没有排除意大利人的参与）; D. B. Nagle, "The Failure of the Roman Political Process in 133 B. C."; Badian, "Tiberius Gracchus and the beginning of the Roman Revolution"（排除了意大利人）; Bernstein, *Ti. Sempronius Gracchus, Tradition and Apostasy*。

② Göhler, *Rom und Italien*, pp. 76 – 82（表明阿庇安的"意大利人"显然指意大利同盟）; P. J. Cuff, "Prolegomena to a critical edition of Appian, *BC* I," in *Historia* (16), 1967, pp. 177 – 188。

③ Richardson, "The Ownership of Roman Land: Tiberius Gracchus and the Italians."

处理同盟者战争（Social War）①时回归的主题：伽巴（Gabba）和库夫（Cuff）极为细腻地追踪了这一思路。②阿庇安也许希望充分利用他所找到的大部分关于意大利的材料——不管怎样，这符合他处理历史的方法。他并不太是"热爱意大利者"（Italophile）（正如库夫再次表明的那样，问题并不在此），但他在其史书中对社会因素有不同寻常的敏感，尤其是对于乡村所提供的支持的重要性。③但是，"充分利用他所找到的关于意大利的材料"是一回事，处处编造是另一回事。认为这一线索完全没有史实根据，这与我们所了解的阿庇安，或与我们就其素材所作的推断，显得有些格格不入。阿庇安的作品中肯定没有任何内容能支撑一些人表现出的轻蔑态度，比如巴蒂安。巴蒂安舍弃普鲁塔克和阿庇安作品中"关于'富人''穷人'对立的唠叨话"，认为"只是一种内讧的刻板模式，一种于史家无用的纯粹的文学笔法"，④由此他就模糊了普鲁塔克与阿庇安在此极为重要的差异。就普鲁塔克而言，史家理应有怀疑精神：贫-富对立不仅是一个刻板模式，它更是普鲁塔克独特版本的刻板模式，而我们的确能看到他对一个复杂的事实进行简化以符合这一模式。阿庇安则大为不同。

---

① ［译注］同盟者战争（Social War，其中 Social 一字源自 *socii*［同盟者］），也称为意大利战争（Italian War），指公元前 91 年至前 88 年罗马共和国与许多意大利城市之间的战争，这些城市过去是罗马的同盟，最后由罗马共和国取得胜利。

② Gabba, *Appiano e la Storia delle Guerre Civili*；Cuff, "Prolegomena to a critical edition of Appian, *BC* I."

③ 这在卷五中表现得尤为清楚：尤其对比 5.12–14、5.23.90、5.27.106。也参 Cuff, "Appian's Romaica: a note," in *Athenaeum* (61), 1983, pp. 148–164。

④ Badian, "Tiberius Gracchus and the beginning of the Roman Revolution," p. 707；对比 De Ste Croix 的批评：*The Class Struggle in the Ancient World*, London, 1981, p. 359。

对他而言，贫-富冲突仅仅是更复杂的事实中的一条线索：城镇和农村、罗马人和意大利人实际上对他的分析来说更为重要。当然，范畴都是粗略的，①但其本身无需引起怀疑。最复杂的政治划分通常包含了能够以这些术语极为恰当地（尽管粗略地）描述的矛盾。诸种因素的混合可能会引起混淆，但绝不刻板：伽巴的确有理由认为，阿庇安在《内战记》卷一这部分的分析有非刻板的和非传统的性质。②很难相信关于意大利的材料是凭空捏造。

回到普鲁塔克：《马略传》28-30对萨图尼努斯（Saturninus）和格劳奇亚（Glaucia）的叙述可能有类似的情况。《马略传》是另一篇普鲁塔克极为关心历史分析的传记，而且普鲁塔克最为留心分析马略摇摆不定的民意支持。他很可能再次与阿庇安使用了相同的素材，后者在《内战记》1.28-33中给出了相对应的叙述。③不过，两位作家的重点再度完全相异。阿庇安相当清楚地表明，支持萨图尼努斯并将从其土地法案中获利的是"意大利人"。城镇民众（πολιτικὸς ὄχλος [城邦平民]，1.30.133）强烈反对萨图尼努斯，他们在此事上站在元老院一边。当萨图尼努斯试图放逐梅特路斯（Metellus），意大利人又再支持他（1.31.139-140），并再度威胁要跟城市居民肉搏；萨图尼努斯一下台，民众和元老院又再次合而为一，

---

① Badian 正确地强调了这一点，见 "Tiberius Gracchus and the beginning of the Roman Revolution," p. 717f. and n. 149。

② Gabba, *Appiano e la Storia delle Guerre Civili*, p. 62.

③ 这的确有可能，尽管不如对格拉古兄弟的叙述那样明确使用了相同的素材。两位作者在描述梅特路斯的放逐时显然用了极为相似的语词（阿庇安《内战记》1.29、普鲁塔克《马略传》29），这必定来自一个共同的素材。有可能的是，他们其中一位在描绘政治背景时用了另外一个素材。不过，鉴于普鲁塔克重塑材料的能力，可能无需借助这一假设。

欢欣鼓舞地把握机会敦促召回梅特路斯。（我认为，阿庇安所谓对萨图尼努斯的"意大利的"或"乡下的"支持意指"意大利同盟"；就算如大多数人所认为的那样意指"乡下公民"，阿庇安仍然严格区分了乡村居民与城镇居民。）[1]所有这些对普鲁塔克而言太复杂了。他把萨图尼努斯转变为像格拉古兄弟那样的传统煽动家。萨图尼努斯的目标是"赤贫而混乱的暴民"（$\pi\lambda\tilde{\eta}\vartheta o\varsigma\ \check{\alpha}\pi o\varrho o\nu\ \varkappa\alpha\grave{\iota}\ \vartheta o\varrho\upsilon\beta o\pi o\iota\acute{o}\nu$，28.7，对比 29.9）：很清楚，城镇民众支持他（29.7，29.11，30.2），而元老院反对他。土地法案的目标似乎再次是城镇民众：没有提及阿庇安笔下的那些"乡下人"或"意大利人"。（在此语境下，也确实没有提及马略的老兵们，尽管普鲁塔克在前面的 28.7 提到过他们；这一点稍后详述。）这使得后来民众反对马略的狂潮（30.5）以及民众敦促召回梅特路斯的呼声（31.2）更难以解释——不过普鲁塔克并不介意：毕竟，暴民无常。阿庇安对这些事情的说法更为细腻和复杂，无论其与史实的关系如何；[2] 如果他和普

---

[1] Badian, *Foreign Clientelae*, p. 207 n. 2; Göhler, *Rom und Italien*, pp. 80ff. （阿庇安意指同盟）; Shochat, "The Lex Agraria of 113 B. C. and the Italian allies," p. 40 and n. 44; Gelzer, "Review of F. Taeger, *Tiberius Gracchus*," p. 298; Brunt, "Italian aims at the time of the Social War," in *The Journal of Roman Studies* (55), 1965, p. 106（乡村公民）; Lintott, *Violence in Republican Rome*, Oxford, 1968, pp. 178 – 181（阿庇安混淆了）。

[2] 历史学家们一般承认萨图尼努斯提议分配给意大利人一些份额，但认为（或暗示）只有意大利的老兵——尤其马略军队的老兵——享有福利: Göhler, *Rom und Italien*, pp. 197 – 203; Badian, *Foreign Clientelae*, pp. 203 – 208; Gabba, "Ricerche sull' esercito professionale romano da Mario ad Augusto," in *Athenaeum* (29), 1951, pp. 178 – 179; *Appiano e la Storia delle Guerre Civili*, pp. 75 – 76。

鲁塔克有共同的素材，那么很可能是阿庇安而非普鲁塔克更多地保留了素材中分析的复杂性。我们再度看到普鲁塔克的删减笔法，他乐意将最复杂的事件简化为民众和元老院的简单冲突，也乐意删削那些会使简单的模式变得复杂和模糊的材料。

之前我提到普鲁塔克"用很希腊的语言"描述提比略的 γῆς ἀναδασμός［土地再分配］，现在自然要进一步讨论这种讲法。整个元老院－民众分析一定让人想起普鲁塔克谈论希腊政治的方式，以及希腊政治思想的诸种模式：或许不是元老院，但至少是寡头派（oligoi），被断定为激烈地反对无常的民众。在着手写作《对比列传》（Parallel Lives）之前，普鲁塔克显然对希腊文史有极为深透的知识，而他对详细的罗马史可能知之甚少；普鲁塔克是否在此将希腊的概念强加于罗马的现实？他是否歪曲罗马历史，使之符合不完全与现实匹配的刻板模式？有趣的是，戈默（Gomme）的讲法相反，但同样吸引人——普鲁塔克有时会将罗马的刻板模式强加给希腊历史：例如，尼基阿斯（Nicias）以奢华表演收买民众的好感，作为战士的基蒙（Cimon）败给了民主权术的诡计。①确实，对普鲁塔克而言，用于描述希腊世界和罗马世界的语词的相似性有时非常有用，可以让他的传记对照得更为紧密。正如狄翁（Dion）和布鲁图斯必须杀死相似的僭主，伯利克勒斯（Pericles）和法比乌斯（Fabius）也必须面对相似的暴民和民众煽动家；优良的筹划堕落为彻头彻尾

我怀疑这需要重新考虑。老兵显然具有极大的重要性（对比《马略传》28.7，阿庇安《内战记》1.29.132），他们无疑应该首先得到安顿，但似乎没有理由假设只有老兵获得福利。

① A. W. Gomme, A. Andrewes, K. J. Dover, *A Historical Commentary on Thucydides*, vol. 1, Oxford, 1945, pp. 72–74.

的民众煽动术（demagogy），这一点将阿吉斯、克莱奥门尼斯与格拉古兄弟联系起来。

显然，罗马传记中的语言与希腊传记确实极为相似。罗马民众的敌对者能以多种方式得到描述，尽管他们一般被视为等同于（或至少控制着）元老院：他们是ἀριστοκρατικοί［贵族统治者］，①或γνώριμοι［知名的］,②或καλοὶ κἀγαθοί［高贵且善的］,③或χαρίεντες［优雅的］,④或ὀλιγαρχικοί［寡头统治者］,⑤或ἀξιόλογοι［出类拔萃的］,⑥或δοκιμώτατοι［最受欢迎的］,⑦或δυνατώτατοι［最强有力的］,⑧或κράτιστοι［最强大的］,⑨或直接是πρῶτοι［第一流的］或ἄριστοι［最好的］。⑩确

---

① 《恺撒传》13.5、14.6，《埃米利乌斯传》38.2、38.6，《提图斯传》18.2，《马略传》28.6，《小卡图传》26.4，《庞培传》30.3-4，《卢库鲁斯传》38.2，《西塞罗传》10.1、33.2，对比22.2。

② 《埃米利乌斯传》31.2，《老卡图传》16.4，《格拉古兄弟传》24.2、29.6、30.7，《庞培传》4.8，《布鲁图斯传》24.4。

③ 《恺撒传》14.3，《西塞罗传》11.2、29.4。

④ 《格拉古兄弟传》40.3，《庞培传》4.8，《布鲁图斯传》24.4，《小卡图传》27.8，对比49.3。

⑤ 《格拉古兄弟传》32.4、35.2，《西塞罗传》9.7。

⑥ 《马略传》9.4，对比《奥托传》（Otho）3.3。

⑦ 《马塞鲁斯传》27.4。

⑧ 《法比乌斯传》8.4，《格拉古兄弟传》13.2、20.1，《卢库鲁斯传》37.3，《庞培传》25.7，《恺撒传》10.6；对比《马略传》9.4、30.5，《格拉古兄弟传》24.3。

⑨ 《马略传》30.2。

⑩ 《法比乌斯传》8.4，《马塞鲁斯传》27.4，《埃米利乌斯传》38.2-3，《老卡图传》16.4，《马略传》14.14、29.7、34.6，《卢库鲁斯传》35.9、37.3，《庞培传》16.3、49.3、51.6，《克拉苏传》4.1，《恺撒传》7.4，《小卡图传》27.8，《布鲁图斯传》27.5、29.3。

实,这些恰是普鲁塔克谈论希腊政治时惯用的词汇。①他在《恺撒传》或《格拉古兄弟传》中给出的那种分析——主人公赢得民众支持,然后失去这一支持,最后这一支持又得到重申——与《伯利克勒斯传》等有许多照应。正如在希腊一样,一个人不时地要试图成为城邦的首领,因而,如果此人希望利用他在民众中的声望来获得这种地位,普鲁塔克通常就假定,他希冀着或力图达至 τυραννίς [僭主统治]、δυναστεία [强人统治]、μοναρχία [君主/一人统治]。显然,这些指控在罗马政治的现实世界中数见不鲜,因而普鲁塔克自然会以此来谈论苏拉、马略、辛纳、萨图尼努斯、西塞罗、恺撒或庞培。更为引人注目的是,他偶尔会提到"盖约·格拉古已然获得了某种君主的权力",或暗示"卡西乌斯试图寻求他自己的强人统治(δυναστεία),而非同胞公民的自由"。②如果再进一步分析某个人的目

---

① 关于希腊的代表性文段:《阿里斯提德斯传》2.1、26.2,《基蒙传》10.8、15.1-2,《尼基阿斯传》2.2、11.2,《阿尔喀比亚德传》13.5、21.2、26.2,《狄翁传》28.1;以及尤其《伯利克勒斯传》7.3-4、9.5、10.7-8、11.1-3(另及 E. Meinhardt, *Perikles bei Plutarch*, Dissertation, Frankfurt, 1957, p. 38; A. Andrewes, "The Opposition to Pericles," in *The Journal of Hellenic Studies* (98),1978,p.2)、15.1。一般性论述参 P. J. Rhodes, *A Commentary on the Aristotelian Athenaion Politeia*, Oxford, 1981 关于《雅典政体》2.1 的注疏。

② 苏拉:《苏拉传》30.5-6,《庞培传》9.3,《布鲁图斯传》9.2,《西塞罗传》17.5、27.6。马略:《马略传》46.6,《苏拉传》30.5,对比《庞培传》81(1).2。辛纳:《马略传》41.2,《苏拉传》22.1,《西塞罗传》17.5,《恺撒传》1.1。卡尔波(Carbo):《苏拉传》22.1。萨图尼努斯:《马略传》30.1。西塞罗:《西塞罗传》23.4。恺撒:《恺撒传》4.8、57.1、64.5、69.1,《小卡图传》55.4、58.7、66.2,《安东尼传》12.5,《布鲁图斯传》12.3。庞培:《庞培传》25.3、30.3-4、43.1、54.5,《恺撒传》41.2,《卢库鲁斯传》38.2,《小卡图传》47.2。盖乌斯·格拉古:《格拉古兄弟传》27.1。卡西乌斯:《布鲁图斯传》29.5。

的，那么很少不是"革命"——μετάστασις［政变］或者 σύγχυσις τῆς πολιτείας［政体的毁坏］：喀提林分子和恺撒自然就是如此，还有萨图尼努斯，甚至还有六十年代后期的庞培的支持者，普鲁塔克不经意地再度提到"相当一部分民众想要庞培回来，因为他们期盼着一场革命"（《小卡图传》27.1，对比《庞培传》43.5）；还需注意在汉尼拔战争期间对统治阶级的指控："他们试图利用战争拖垮民众，引入一个绝对的君主统治"（《法比乌斯传》8.4）。①

政治目标和政治成就常从政体变革的角度来解释——这是一个非常希腊式的设想。罗马人典型的热望是成为体制中的第一流人物而非改变体制，而普鲁塔克对此没什么概念。当他写到马略或庞培时，他写的是他们的φιλαρχία［爱统治］，他们对官职或指挥权的寻求；②对于在一个欣赏自己的邦国中谋求威望和尊贵地位的热望，普鲁塔克并不了解。他显然对诸如 dignitas［尊严］或 auctoritas［威权］等概念的重要性没什么感受。反倒是罗马人对 gloria［荣耀］的激情，他可能对其有更多感受：例如，他显然非常清楚，弗拉米尼努斯力求避免将对菲利普（Philip）的战争交给某个继任者，并准备媾和而不是看着此事发生。"他对荣誉有极端的热望，他害怕若另派一位将军迎战，他将丧失自己的荣耀"（《提图斯传》7.2，对比

---

① 喀提林党人：《西塞罗传》10.2、10.5。恺撒：《恺撒传》4.9、13.4，《西塞罗传》20.6。萨图尼努斯：《马略传》30.1。
② 马略：《马略传》2.4、28.1、31.3、34.6、45.4–12。庞培：《庞培传》30.7–8。《庞培传》后半部分有少许谈到庞培对于指挥权或其他任何东西的意愿，参 Pelling, "Plutarch's Adaptation of his Source-material," p.133, n.32。

13.2）；普鲁塔克全然没有意识到这多么非比寻常或者说令人疑惑。①不过，当他谈到这类对荣誉的热望时，他常带着极大的憎恨和敌意，尤其是，这种热望导致了格拉古兄弟的失败（《阿吉斯与克莱奥门尼斯对比》2），并且是老卡图不如阿里斯提德斯（Aristides）的一个重要方面（《老卡图传》32［5］4）。普鲁塔克显然没有谨慎考察罗马公共生活的价值，而且全然没有说明罗马人赋予对荣耀的竞争性追寻的尊严和价值。②

当与希腊相似的罗马制度出现时，普鲁塔克则相当精通。例如，他似乎非常了解法庭上的政治行为，他在《老卡图传》15中对政治审判的讨论也相当合理。希腊的事务可能不会有太多不同——或至少不如政治生活许多其他方面的差异大。③当缺乏与希腊的对应物时，普鲁塔克就捉襟见肘。一种罗马特有的制度可能会难住他。例如，护民官一职对罗马帝国的希腊人而言非常奇怪，普鲁塔克多次误解了护民官否决权，他说得好像一个护民官只能否决另一个护民官的法令。④因此，公元前49年1月上旬的几件事对他来说难以理解：在

---

① 将这一动机归于弗拉米尼努斯，这源于珀律比乌斯（18.10.11-12、18.39.4）。有趣的是，李维发现这一指控令人尴尬，对其轻描淡写：参李维32.32.5-8、31.13.15，以及 J. Briscoe, *A Commentary on Livy XXXI - XXXIII*, Oxford, 1973, p. 22 n. 4 以及对两个段落的评注。有影响力的现代讨论参E. Badian, *Titus Quinctius Flamininus, Philhellenism and Realpolitik*, Cincinnati, 1970, pp. 295ff, 尤其注意页310以下对罗马的荣耀观的犀利评论。

② A. E. Wardman 很好地说明了这一点，参氏著，*Plutarch's Lives*, London, 1974, p. 120。

③ 普鲁塔克没有看到陪审团的构成具有重要的政治含义。要明白这一点，他需要对骑士有更多的理解。

④ 《安东尼传》5.8、《格拉古兄弟传》10.3、《小卡图传》20.8。但奇怪的是，他在《罗马问题》81（《伦语》283c）中又说对了。

《安东尼传》5.10，他仅能提到贵族（τῶν ἀπὸ βουλῆς［那些来自元老院的人们］）对护民官言论自由的侵害，并丝毫未表示撤销了他们的否决权。①或者，政治生活中的成规可能会让他感到难解，或使他倾向于模糊处理。他显然知道罗马政治家族和家族传统的重要性：例如，克劳迪家族和梅特路斯家族传统上具有贵族心性（《埃米利乌斯传》38.3，《小卡图传》26.4）。他也看到，在国家危难之际，在说服埃米利乌斯坚守执政官一职上，家族同胞起到的重要作用（《埃米利乌斯传》10.2）。但他似乎没有察觉到那些大家族——西庇阿家族、梅特路斯家族甚至（忽略《格拉古兄弟传》1）塞姆普尼乌斯家族（Sempronii）——运用权威的程度。当他试图解释马塞鲁斯早期的选举胜利时，他从未提及家族的重要性（《马塞鲁斯传》2）：选举胜利的原因必然只能是其军事承诺。元老院都是 ἀριστοκρατικοί［贵族统治者］，普鲁塔克对 nobilitas［贵族身份］的重要性毫无概念，并且从未试图在元老院内部区分贵族的等级。当 εὐγενής［贵族出身的］或 εὐπατρίδης［名门出身的］等词出现时，它们似经常指 patriciate［贵族］。② 所有这些几乎没有表现出罗马贵族社会现实的

---

① 另一例子是《恺撒传》35.6–11，恺撒与护民官梅特路斯产生冲突，普鲁塔克同样没有表明否决权的重要性。

② 尤参《苏拉传》1.1：γένει μὲν ἦν ἐκ πατρικίων, οὕς εὐπατρίδας ἄν τις εἴποι［他出身贵族，或说是某个显贵世家］，以及《安东尼传》12.7。多数被如此描述的人事实上既是 nobiles（按照 Gelzer 或 Mommsen 的定义，参见 P. A. Brunt, "Nobilitas and Novitas," in The Journal of Roman Studies［72］, 1982, pp. 1–17），也是 patricii：P. Clodius（《恺撒传》9.2、《西塞罗传》28.1），Cornelius Lentulus at Cannae（《法比乌斯传》16.7），Valerius Flaccus（《老卡图传》3.1），公元69年的 P. Cornelius Dolabella（《奥托传》5.1），塞尔维乌斯家族（《伽尔巴传》3.1）。但用语显然模糊：对比《普布利科拉》18.3，《卡米鲁斯传》33.4，《西塞罗传》40.3。注意《塞多留斯传》25.2 关于 Perperna 的 εὐγένεια 的说法

特性。

希腊模式显然不适用于那些陌生的制度,如庇护制度(clientela)。普鲁塔克在《法比乌斯传》13.6 中对保护人(patronus)作的定义无力而不充分,而且,当他提到一个被保护人-保护人(cliens-patronus)关系时,他一般解释成单个个人的依附或责任——一般是相当重要的个人:例如,马略对梅特路斯或赫伦尼乌斯(C. Herennius)的依附,或者穆齐乌斯(Mucius)(如果这是此人的名字)对提比略·格拉古的依附。①他并未意识到被保护人的庞大群体在选举或军事上的重要性。②因此,反对提比略·格拉古的元老院成员只能武装"他们的奴隶和朋友"来对抗他(《格拉古兄弟传》18.3);因此,尽管普鲁塔克知道庞培在皮切努(Picenum)总受人欢迎,他喜欢去那儿是"因为人们非常喜欢他",他从父亲那里继承了民众的支持(《庞培传》6.1),普鲁塔克仍然只描述庞培在八十年代凭借私兵(private army)的崛起,而没有提到庇护制度。他对陌生的庇护制度的重要性毫不警觉,尽管他总是对其主角在各行省的成就,尤其是他们在治理上的正义与人性非常感兴趣。(这一显著特征将他与阿庇安、狄俄等希腊史家区分开来,后者更多地浸淫在罗马生活与罗马史书中;顺带提一点,普鲁塔克对大多数罗马统治

(Perperna 不是 patricius,而是 nobilis,见 M. Gelzer, *The Roman Nobility*, trans. by R. Seager, Oxford, 1969, p. 51 n. 457);以及《老卡图传》16.4 说 εὐπατρίδαι 垄断了执政官一职(显然是 nobiles,因为他知道必须选任一个平民,16.2)。普鲁塔克仅仅遵循强调高贵出身的素材,但没有意识到其中的细微差别。

① 《马略传》4.1、5.7-9,《格拉古兄弟传》13.2。对比《科里奥兰努斯传》21.4、《庞培传》4.7、《小卡图传》34.6。

② 《科里奥兰努斯传》13.5 是个例外,但关涉到一个非常不同的政治环境。

者典型的残暴和贪婪有清楚的认识。)①不过，普鲁塔克仍然以充满惊讶的言辞来描述埃米利乌斯与各方异族的关联，并将他对异族福祉的不懈关心视为其相当显著的特征（《埃米利乌斯传》39.8 - 9）。而且，普鲁塔克把斯帕尼阿德斯（Spaniards）对提比略·格拉古表现出来的热忱简单描述为"承自其父"，而丝毫没有注意到形式上的义务或责任纽带（《格拉古兄弟传》5.4 - 5）。

更经常的是，普鲁塔克修正那些陌生的观念，强使它们成为他能够理解的观念：再次，通过他典型的删减笔法（reductionism），陌生的观念常常变为熟悉的元老院 - 民众的对立。他当然知道骑士等级的存在，但他几乎不将之放入他的政治分析中：例如，他会提到苏尔皮休斯（Sulpicius）"反对元老院"的600名骑士，但他并未进一步分析马略所获得的骑士支持（《马略传》35.2）。②（因此他非常不自在地将马略表现为一个奇怪又无能的骑墙派，间歇性地"违逆真实本性"去讨好民众［28.1］，但又在莫名其妙的时刻倾向于从他们

---

① 关于普鲁塔克的兴趣，参《法比乌斯传》20.1，《马塞鲁斯传》20，《提图斯传》2.3 - 5、5.1 - 2、12.6，《老卡图传》6.2 - 4、10.4 - 6，《埃米利乌斯传》6.6 - 7、28.6以下、39.7 - 9，《格拉古兄弟传》3.1、23.2，《卢库鲁斯传》20、29，《小卡图传》34 - 40，《庞培传》10.2、28、39、50，《恺撒传》11 - 12，《西塞罗传》6.1 - 2、36、52（3）。正如《庞培传》最为清楚地表明的，普鲁塔克更为感兴趣的，不是重要的行政事务的解决方案，而是日常行政的平和与例行的司法事务的公正。关于他意识到普遍的贪婪，尤参《老卡图传》6.2 - 4、《西塞罗传》52（3）.3、《小卡图传》12.3 - 6、《布鲁图斯传》6.10 - 12，以及 C. P. Jones, *Plutarch and Rome*, Oxford, 1971, p. 100 辑出的其他例证。

② 其他对骑士的偶然提及，例见《马略传》30.4，《西塞罗传》10.5、13.2、31.1，《庞培传》14.11（普鲁塔克在此强调了民众在庞培的骑士游行上的热忱）。因此 Brunt, "The equites in the late Republic," p. 130 正确地注意到骑士在普鲁塔克对马略的叙述中阙如，但错误地认为这令人惊奇或十分重要。

身边溜开［例如30］。）当提比略或盖乌斯·格拉古或庞培提议要把法庭陪审团的一些名额分给骑士时，普鲁塔克每次都知道其政治重要性：在全部的三个例子中，他们都是试图赢得善意——民众的善意！（《格拉古兄弟传》16.1，26.2，《庞培传》22.3）他对包税者的处理类似：愤懑的包税者决心在罗马政治中打垮卢库鲁斯，但唯一的办法是利用"民众煽动家"（《卢库鲁斯传》20.5）。在所有这些方面，普鲁塔克与阿庇安和狄俄构成了对比，后者（尤其阿庇安）对骑士等级都有相当多的处理——可能确实又太多了。①但无疑，普鲁塔克处理得太少。

在普鲁塔克对军队尤其是政治中的军队的处理中，我们显然能看到相似的删减笔法。他在某些方面处理得很漂亮。他知道从战场归来的将领所隐含的危险。作为一支忠诚的军队的领导者，他们是危险人物：他在《苏拉传》（12.12－14）中离题讨论此点，这个主题又在（尽管不是非常连续）《庞培传》（20.1，21.5－7，43.1－3）中出现。但这些还乡军队要些什么？此处他就差了，他显然不明白他们对土地的急切要求。他知道老兵们在某种程度上与公元前59年的土地法案有关，他甚至知道庞培"让城里驻满士兵"来让这项措施顺利通过，但他仍未能看到个中关联。法案旨在"赢得暴民的善意"，他们将土地分配给"穷人和赤贫者"。②普鲁塔克对萨图尼努

---

① 狄俄：尤其38.12.4、38.13.1、38.16.2－3、38.16.6；漫不经心的提及也比普鲁塔克更频繁，例如40.49.4、40.60.4、40.63.3、41.7.1、42.51.5、43.25.1、44.6.1、44.9.1。阿庇安：尤其《内战记》1.22.91－97、1.35.157－36.162、1.37.165－168、1.100.468、2.12.47－48。

② 牵涉到 τὸ στρατιωτικόν［军饷］：《小卡图传》31.2。士兵驻满城内：《庞培传》48.1。暴民的善意作为目的：《恺撒传》14.2。对穷人和赤贫者的土地分配：《小卡图传》31.5、33.1，《庞培传》47.5。民众心花怒放：《庞培传》48.2。

斯的土地法案的处理如出一辙。在那里，他同样知道，马略把他的士兵引到公民大会上去声援萨图尼努斯（《马略传》28.7）。但正如我们所见，土地法案仍然旨在笼络城镇民众并为之谋利。普鲁塔克在其分析中舍弃了意大利同盟，老兵问题也同样如此：一切再次被简化为一个针对城镇暴民的简单的、传统的 $γῆς\ ἀναδασμός$ [土地再分配]。正如他无视老兵在土地上的利益，他对马略军事改革的误解就不足为奇了。他知道马略向罗马军队引入了新的征兵模式，但他提到下面这一点时犯了一个令人深省的错误：他说，马略所征募的是"赤贫者和奴隶"（《马略传》9.1）。他显然没有意识到，这里所涉及的是另一类型的公民，即那些没有资产或土地的人：显然，他对民众的刻板理解过于简单，以致无法在纳税者（assidui）和无产者（proletarii）之间做出细微区分。同样在《苏拉传》中，当他离题讨论"返乡将军"时，他没有提到苏拉的军队包括这些新的、无地的入伍者。他没有看到，这个军队在很大程度上区别于他拿来与之比较过的弗拉米尼努斯、阿基留斯（Acilius）和埃米利乌斯的军事力量（《苏拉传》12.8–14）；而且，这些区别对于解释将军与士卒之间的新关系和由此引出的严重后果至关重要。

确实，他对士兵问题没有很大兴趣。他经常在描述政治时完全对此置之不顾。对于公元前44年春夏间这段风雨飘摇的日子，他几乎没有提到老兵；再一次，布鲁图斯、屋大维和安东尼常常争夺的是城镇民众的好感。①普鲁塔克显然不认为老兵可能有真正的忠诚，值得进行讨论和分析：他在《布鲁图斯传》（23.1）中旁白道，"军

---

① 《布鲁图斯传》18.10–14、20.1、20.4–11、21.2–6、22.3，《安东尼传》14.5、16.6–8。很少提及士兵：《安东尼传》16.6–8，《布鲁图斯传》21.4、22.3、23.1。

队正在售卖——宛如一次拍卖：他们把自己卖给竞价最高者[……]"。根据他在《安东尼传》(30.6 - 31.3) 对布伦迪西姆协定 (treaty of Brundisium) 的描述，仅仅是安东尼和屋大维的"朋友们"敦促他们接受条款，并通过联姻巩固双方的联盟。阿庇安则清楚地表明（他可能再次采用了相似的材料），是老兵们施压而使其领导人缔结和平（《内战记》5.63 - 64）。确实，在其他人的叙述中，三巨头的整段历史大相径庭，尤其是他们对士兵的处理：特别是阿庇安，他极其关注三巨头的老兵以及老兵的忠诚对政治生活的影响，尽管他似乎运用了相似的素材。狄俄对士兵问题有认识盲点，但他也知道他们的忠诚并非完全可以售卖；大马士革的尼克劳斯（Nicolaus of Damascus）同样跟史实更加合拍。①普鲁塔克舍弃了这一主题，再次以城镇民众为核心问题。

或许该回头来讨论普鲁塔克这些设想的来源问题。我已详细分析这些设想的"希腊性"，认为普鲁塔克从古典希腊的历史和政治思想中抽取出他自己的范畴，并强加给罗马的实际情况，尽管罗马的现实并不完全适合这些范畴。当然，我们必然不能夸大希腊与罗马的政治模式之间的差异。例如元老院 - 民众分析：这跟撒路斯特（Sallust）对于罗马政治的"两派"（duas partis）——少数人（pau-

---

① 阿庇安，《内战记》2.119.501、2.120.507、2.125.523、2.135.565、3.6.18、3.11.38 - 12.41、3.21.78 等，尤其5.17。浏览一下 H. Botermann, *Die Soldaten und die römische Politik in der Zeit von Caesars Tod bis zur Begründung des Zweiten Triumvirats*, Munich, 1968 的篇章索引就会发现，关于老兵们的政治忠诚与影响的证据有多少来自阿庇安。狄俄对老兵问题的盲点：参 Botermann, p.30, 但注意45.7.2、45.12 - 13 既表明了老兵们真正的忠诚，也表明了他们容易受赏赐影响的习性。大马士革的尼克劳斯：参 *Vit. Aug.* 41、46、56、95、99、103、108、115 - 119、121、130 - 133、136 - 139。

ci）（或 nobiles［贵族］、potentes［强有力者］或就是 senatus［元老］）和平民（plebs）——的看法有多大的不同?① 撒路斯特也常在其分析中忽略骑士，而且撒路斯特也重视平民、"工匠和乡巴佬"，视他们为将马略推上执政官一职的决定性力量。② 粗心的读者可能会认为——正如普鲁塔克经常认为的那样（《庞培传》15.1，22.2，《小卡图传》21.3）——最穷的公民真正掌控着以财富为基础的选举大会（comitia centuriata）。李维（Livy）有时也以类似的语词来描述事件，说元老院（或 nobilies［贵族］）英勇地试图抵抗民众模式化的暴怒。③ 在《为塞斯提乌斯辩护》（pro Sestio）带有倾向性的陈述

---

① 尤其对比撒路斯特，《朱古达战争》41、《喀提林战争》37-38、《纪事》1.6-13M，以及（如果不是伪书）《致恺撒》（ad. Caes.）2.5.1。关于撒路斯特的惯用语，参 K. Hanell, "Bemerkungen zu der politischen Terminologie des Sallustius," in *Eranos*（43），1945, pp. 263-276；R. Syme, *Sallust*, Berkeley/Cambridge, 1964, pp. 17ff, 171ff；J. Hellegouarc'h, *Le Vocabulaire latin des relations et des partis politiques sous la République*, Paris, 1963, pp. 110ff, 430, 438, 422ff, 512。撒路斯特对这些范畴的使用当然深受修昔底德影响，他将这些范畴运用到罗马政治时不太巧妙或者说缺乏洞察力。

② 参《朱古达战争》73.6-7（[……] Plebes sic accensa [……] opifices agrestesque omnes），84.1（cupientissuma plebe consul factus）。对骑士的普遍遗漏（尽管注意65.4），参 Syme, *Sallust*, p. 173："一个严重的遗漏……如果没有比这更糟的话。"

③ 无可否认，李维倾向于将这种分析限制在前面几卷内，在那里，这类范畴对于描述各阶层的斗争非常自然（参 Hellegouarc'h, *Le Vocabulaire latin des relations et des partis politiques sous la République*, p. 430 with nn. 1 and 7, p. 436 with n. 2, pp. 515-516）。在第三、第四以及第五个十年中，他便极少运用这类范畴描述罗马政治（除了卷22，尤其22.34.1-35.3、22.40.1-4）。像21.63.4、31.6.4 或43.14.2-3的例子事实上相当孤立。有趣的是，他更倾向于将这类语词运用到非罗马的邦国中，例如 Capua（23.2.3、4.2-4等），或"所有意大利邦国"（24.2.8），或迦太基（例如34.62.1），或希腊邦国（35.34.3），或 Phocaea（37.9.4）。

中，西塞罗感到自己能避免谈论罗马政治中的两个伟大传统，即贵族（optimates）和平民（populares）；然后他以和普鲁塔克极近似的语词来描述格拉古兄弟，断言他们引入了讨民众喜欢而令好人们（boni）讨厌的法律。① 塔西佗也将"元老院与民众之间的恒常对抗"（assidua senatus adversus plebem certamina）视为共和国最后阶段的明显特征。② 还有对僭政和革命的寻求：这难道不是后期共和国的政治弊端，并偶尔也成为现实吗——"希望统治两边"（uterque regnare vult）之类（西塞罗，《致阿提库斯》8.11.2）？③ 正如我们前面所提及的波里奥对战争的解释那样，普鲁塔克难道不会只是照搬某些拉丁素材的解释，他的语言和解释与他谈论希腊政治的方式的相似性仅仅是一个偶然的巧合？

　　这一反驳或许有些道理。的确，普鲁塔克或许没有在罗马历史传统中发现任何有助于矫正他原有设想的东西，因此，并不令人奇怪的是，后期的传记在其历史解释上没有明显比早期所写的更复杂。④ 不

---

① 《为塞斯提乌斯辩护》103，对比《论土地法》2.10、81（以及《论责任》2.78-81，西塞罗在那里的语言很可能意指一次 γῆς ἀναδασμός）。但必须再次说明，这不应该被夸大。关于西塞罗很少运用 patres – plebs 或 nobiles – plebs 的对立，或者很少将平民说成一个政治群体，Hellegouarc'h, *Le Vocabulaire latin des relations et des partis politiques sous la République*, p.512 的评论有理有据。

② 《对话集》36.3。对比塔西佗《编年史》4.32-33 中对整个共和国史的概览，尤其 32.1：plebis et optimatium certamina；33.2：[……] plebe valida vel cum patres pollerent。

③ 参 Hellegouarc'h, *Le Vocabulaire latin des relations et des partis politiques sous la République*, pp.560-565 辑出的段落，以及 R. Seager, "Cicero and the word *popularis*," in *Classical Quarterly*, 1972, p.335 n.11。

④ 这并不是说确定各篇传记之间的时间顺序十分容易。C. P. Jones, "Towards a Chronology of Plutarch's Works," in *The Journal of Roman Studies* (56), 1966, pp.61-74 做了很好的讨论，但需要仔细对待，参 Pelling, "Plutarch's Method of Work in the Roman Lives," pp.80-82。

过，同样真实的是，很少罗马作家（以及很少希腊作家，如我们前面所讲的）会像普鲁塔克这样反复且排他地运用元老院－民众分析。例如，西塞罗会在《为塞斯提乌斯辩护》中将民众的很大一部分划分为贵族（optimates）；又如撒路斯特在那些帮助马略赢得最高尚选举（honestissuma suffragatio）的支持者中区分了多种不同的阶级。① 政治对手狂暴而强烈地毁谤并指控某些个人追求僭政，普鲁塔克却随意地假定这种指控通常是正确的。但无论如何，普鲁塔克显然没有简单地照搬他在其素材中所发现的范畴。相反，他通常对其材料进行重新解释，以便引出他偏爱的范畴，他全然不是传统的奴隶。我们在前面已经领略过这一点，譬如他在描述恺撒时对波里奥的重写，以及在讲述格拉古兄弟的故事时对一个难以辨认的素材的重写。如果我们回到罗马史的一个更早的时期，这类重写会更清晰地浮现出来，我们能在当中更细致地比较普鲁塔克与他的素材或者某些近似于素材的东西。

如果我们要在罗马史撰中找一条会让我们记起希腊的民众和民众煽动家模式的材料，我们可能会选择李维的《罗马史》22。米努西乌斯（Minucius）和瓦罗（Varro）依次成为克勒昂式（Cleon-like）的民众煽动家，激起粗野暴民那不可控制的力量；另一方面，我们有审慎明智的法比乌斯和保卢斯，以及同样审慎明智的元老院。在此我们能非常细致地与普鲁塔克比较：因为在《法比乌斯传》中，他的叙述经常与李维十分相似，相似到我们应该假定他径直引述了

---

① 《为塞斯提乌斯辩护》97-98、132-139，尤其138；撒路斯特，《朱古达战争》65.5。

李维，或者引述了一个李维同样非常熟悉的较早的权威。①无论哪种情况，李维都能为我们很好地揭示普鲁塔克的素材的内容。有趣的是，普鲁塔克利用这些民众和民众煽动家模式的方式比李维走得更远：②就连这一非常希腊式的叙述段落也被不充分地删减他想要的元老院－民众术语。普鲁塔克比李维更多地说到，法比乌斯最初被任命为独裁者（dictator），是由于一次盲目突发的民众恐慌——恰恰是法

---

① 《法比乌斯传》的许多内容与李维之间的极端近似是相当明显的，但有几个段落似乎对李维笔下阙如的细节知道得很准确：例如在特拉西门尼（Trasimene）的 15000 名囚犯（3.3）；特拉比亚（Trebia）的消息到达时在罗马的欺骗（3.4）；6.4 中的 4000 人。这些要素暗示，要么普鲁塔克熟知的不是李维本人而是李维所用的素材（有人认为是 Coelius Antipater，参 H. Peter, *Die Quellen Plutarchs*, Halle, 1865; W. Soltau, *Livius' Geschichtswerk*, Leipzig, 1897; 或是 Valerius Antias，参 A. Klotz, "über die Quelle Plutarchs in der Lebensbeschreibung des Q. Fabius Maximus," in *Rheinisches Museum Für Philologie* [84], 1935, pp, 125-133），要么是凭一个非常相近的叙述对李维作了系统但小规模的增补。《法比乌斯传》15，20，26 有较大篇幅的增补，但这些段落并未十分紧密地编入李维的材料中，而且很可能代表了普鲁塔克凭自己的记忆和广泛阅读做的增添。普鲁塔克在某些地方表现出熟知李维的相关记载，而这些记载很可能是李维自己的创制（例如 Herennius Balbus 的论证，22.34 和《法比乌斯传》8.4；Camilus，22.3.10 和《法比乌斯传》3.1；法比乌斯的言辞，22.18.8 和《法比乌斯传》8.1）。总的看来，更可能的是普鲁塔克熟知李维本人，而非李维的素材。很可能的是，一个奴隶或自由民作为助手被派去咨询（例如说）Coelius 或珀律比乌斯，并向普鲁塔克报告任何跟李维的叙述有重大出入的内容，或者有用的额外细节：我们太容易省略这类"研究助手"的可能性（参 Jones, *Plutarch and Rome*, 1971, pp. 84-87；Pelling, "Plutarch's Method of Work in the Roman Lives," p. 95）。无论如何，就算普鲁塔克的主要权威是李维所用的素材而非李维本人，按照这一假设，李维与普鲁塔克的普遍近似也暗示，李维总体上非常忠于他和普鲁塔克共用的素材。

② W. Hoffmann, *Livius und der zweite Punische Krieg*, Berlin, 1942, pp. 38-39 很好地阐明了普鲁塔克叙述的这一特征，尽管他错误地认为，改写这些材料的是普鲁塔克的素材而非普鲁塔克本人。

比乌斯本人日后不得不面对的那种情况；李维和珀律比乌斯一样，只是详细论述罗马那时的混乱，丝毫没有这种对民意的强调（《法比乌斯传》3.6-7，对比李维22.8，珀律比乌斯3.86-87）。在普鲁塔克那里，法比乌斯一上任就向民众发表了一次演说，让他们放心并消除他们的恐惧；在李维那里，这一演说的对象不是民众而是元老院（《法比乌斯传》4.4，对比李维22.9.7）。当法比乌斯中了火牛计（oxen stratagem），又当米努西乌斯赢得他最初虚妄的胜利，普鲁塔克都强调民众对米努西乌斯的热情——以及民众多么担忧法比乌斯会危及他的安全；在两个情形里，李维都集中论述元老院中对法比乌斯的攻击（《法比乌斯传》7.5-7，9.1，对比李维22.23.5-7，22.25.12）。当法比乌斯受攻击时，民众煽动家梅提留斯（Metilius）声称，元老院"引发了整场战争以摧毁民众并强制推行一个绝对君主制"（8.4）。

"强制推行君主制？"这听起来非常奇怪，也非常像普鲁塔克，但李维完全不是这么一回事。当瓦罗控诉贵族"利用战争来获取对人民集会（comitia）的控制"时，普鲁塔克似乎事实上借用了一个比李维晚得多的段落（李维22.34.9）。"获取对人民集会的控制"更为温和，也更为可信：普鲁塔克再次对罗马的原始素材进行了改写，以强调他自己所关心的主题。这一元老院-民众分析确实对《法比乌斯传》非常重要，不仅对这篇传记而言，对整对传记而言也是如此。斯塔特尔（Stadter）指出，伯利克勒斯和法比乌斯之间的对比非常精细，在这对传记中，二人对充满敌意的暴民和民众煽动家的反应是非常关键的要素。① 《法比乌斯传》后半部分有一个极有

---

① P. A. Stadter, "Plutarch's Comparison of Pericles and Fabius Maximus," in *Greek, Roman and Byzantine Studies* (16), 1975, pp.77-85.

趣的发展：当法比乌斯失势，可悲地妒忌小西庇阿的成功时，相关主题重又映入眼帘。法比乌斯或许仍在强调他特有的谨慎，但他也恰恰表现出我们早前在民众煽动家身上看到的那些特征：他被狭隘的 φιλονιχία ［好胜］所支配，为了赢得政治点数而非为了追究战争，在大会上"大喊大叫"（βοῶν），孤注一掷地调动民众的力量去对抗一个伟大将领。①正如伯利克勒斯老年时获得了他年轻时作为民众煽动家所没有的地位，法比乌斯降格为民众煽动家则折损了他在巅峰时候所赢得的尊严：这组传记作为一个整体表明了一个极为精妙的"沙漏结构"（用福斯特［E. M. Forster］的话来说）。②这一分析的对称性似乎再次属于普鲁塔克自己。在李维的处理中，我们很难找到将法比乌斯的伟大与衰败勾连起来的相似主题。

因此，在《法比乌斯传》中，普鲁塔克显然没有受其素材的摆布。即便这些素材在有些地方提供了一个与他投契的分析，他也不满足于照搬：他巧妙地进行拓展。我们能在其他段落中追踪到相同的特征，并且能够看到他多么不愿意盲目照搬他的罗马素材所发展的主题。

我们最后来看看这样一些段落，其中普鲁塔克表现出对罗马史家典型主题的了然：例如，"对敌人的恐惧"（metus hostilis）之于保持罗马

---

① φιλονιχία：《法比乌斯传》25.3 – 4（对比 22.5）。赢取政治点数而非打仗：尤其 25.3 – 4（25.3 的 χρήματα δοθῆναι πρὸς τὸν πόλεμον οὐκ εἴασε，将 7.5 – 8 的故事完全反转过来）。大喊大叫：26.1，对比 7.5，14.2。就算就其特有的 πραότης ［温和］来说，克拉苏现在也胜过了他（25.4）：22.8 已经有所交代，在那里马塞鲁斯比法比乌斯表现得更 πρᾶος ［温和］。关于传统的性质，参 Hoffmann, *Livius und der zweite Punische Krieg*, pp. 92 – 93：法比乌斯和西庇阿的对比似乎基于历史传统，但法比乌斯个人的偏狭似乎是普鲁塔克的叙述特有的。

② E. M. Forster, *Aspects of the Novel*, Harmondsworth, 1962, p. 151, 讨论 Anatole France 的作品《黛丝》(*Thais*)。

道德正派的重要性，或者从古代的朴素走向道德衰败的性质，或者异国文化的灾难性影响。正如琼斯（Jones）强调的，①普鲁塔克自己常以某种不太新颖的方式承袭了这些观点：尤其是，他有几个表达惯常的乡愁的精彩段落，其中透露出对昔日的愁思，那时邦国还未被野心与贪婪掌控。②但也有一些段落，普鲁塔克对诸如"对敌人的恐惧"这样的罗马观念施以个人化的改写；我们的确能看到，他对一些最受珍视的罗马信念嗤之以鼻。"对敌人的恐惧"竟然对于保持邦国的道德健康至关重要？普鲁塔克显然认为这种对战争的颂扬令人极为厌恶：在一个相关的主题上，他深有感触地强调说，和平的技艺更应该得到胜利（《马塞鲁斯传》22.9-10，对比《庞培传》13.10-11）。至于外部尤其是希腊文化的灾难性影响呢？他显然知道这个观念（对比《老卡图传》4.2）③——但这绝非吸引他的主题！他觉得罗马人从希腊学到了很多（《马略传》2）；他也确实激烈批评老卡图的预言：希腊的影响对罗马将是致命的。"时间表明他是错的；因为罗马获得最伟大成就的时刻恰恰是它准备好迎接希腊思想和文化的时刻。"（《老卡图传》23.3）

当普鲁塔克重谈这类罗马话题（topoi）时，他热衷于对它们进

---

① Jones, *Plutarch and Rome*, pp. 99-100.
② 例如《庞培传》70，《老卡图传》4.2，16.8，28（1）.2-3，《埃米利乌斯传》11.3-4，《苏拉传》1.5，12.8-14，《福西昂传》3.3。
③ 当《老卡图传》4.2首次引入这一主题时，普鲁塔克仅仅谈到罗马"由于幅员广大而没能保持其纯洁：她控制着太多事务、太多民族，这让她面对着许多不同的习俗和许多不同的生活方式"。这里没有特别谈到希腊——可能因为普鲁塔克不愿对卡图的道德洞察予以任何疑虑或怀疑。仅仅在22.4-23.2，普鲁塔克才特别强调并批评卡图对希腊文化的敌意：这时普鲁塔克正以更精微的方式考察卡图的力量与缺陷如何产生于相同的基本特征。我们之前赞赏卡图的道德力量，并敬重他对旧式罗马美德的关切，但我们现在看到这一态度所引致的过度。

行改写，而这些改写意蕴甚深。马塞鲁斯遭到了批评，因为他将叙拉古（Syracuse）的财富带回来，并且造成了败坏——败坏谁？败坏了罗马民众，使得他们不事耕作和战斗，变得奢侈和懒散，使得他们整天发懒和闲扯，以至于他们大部分时间在讨论艺术和艺术家……！（《马塞鲁斯传》21.6）这是非常温和的批评形式，而普鲁塔克明显站在马塞鲁斯一边（对比珀律比乌斯9.10和李维25.40.2更为阴沉的强调）。他刚刚强调了希腊文化伟大的优越性，又展示了罗马那时可悲的原始品质：正如他让马塞鲁斯说的，他正在教育这些民众。普鲁塔克就希腊的影响讲了这些，但就连这一话题也被嵌入到对民众的强调中，带有极为个人化的改写。在《老卡图传》结尾的著名段落中，同样的改写出现在"对敌人的恐惧"中：纳西卡（Scipio Nasica）认为应该保存迦太基，"因为纳西卡看到，民众由着他们的肆心已经变得放荡，就连元老院也很难控制他们［……］他希望对迦太基的恐惧能够约束无所忌惮的暴民"（《老卡图传》27.3）。[①] 普鲁塔克的特征再次显现：罗马观念被施以个人化的改写，而且被整合进鲜明的元老院 - 民众分析中。

对民众的强调显然是普鲁塔克自己的东西：他带着这一伟大的前

[①] 对比 Diodorus34/35.33.4 - 5 相应的段落，这一段落无疑采用了相同的素材（可能是 Posidonius）。狄奥多罗斯没有如此强调民众，并且更含糊地谈到外在的恐惧可以促进和谐：确实，他笔下的纳西卡引入了一些观念，如"需要以平等和好名声来统治罗马的臣民"，以及危险的同盟者对罗马的威胁。最近对纳西卡之洞察的讨论，参 A. E. Astin, *Scipio Aemilianus*, Oxford, 1967, pp. 276 - 280; A. W. Lintott, "Imperial Expansion and Moral Decline in the Roman Republic," in *Historia* (21), 1972, pp. 632 - 638. M. Gelzer, "Nasicas Widerspruch gegen die Zerstörung Karthagos," in *Philologus* (86), 1931, pp. 272 - 273 以及其他学者显然错误地理解了珀律比乌斯对普鲁塔克强调元老院和民众的影响。

见书写了罗马共和国。当然，没有人想要认为他完全错了。将如此众多的其他分析形式缩减为这一主题，这令人不安；假定这个分析同样适用于每个时期，同样令人不安；但我们中间很少人会怀疑，普鲁塔克如此描述后期共和国是否把握住了后期共和国的关键问题。把共和国的终末描述为"罗马历史的希腊时期，打上了民众煽动家、僭主和阶级战争的印记"①的是塞姆爵士（Sir Ronald Syme），而非普鲁塔克。

---

① Syme, *The Roman Revolution*, 1939, p. 441.

《皮洛斯－马略传》中罗马治国术的衰微

布扎德（Bradley Buszard） 撰

李孟阳 译

《皮洛斯－马略传》（*Pyrrhus - Marius*）蕴含着一个未为人注意的关于罗马治国术（statesmanship）① 的讨论。②其中，普鲁塔克表明并分析了共和国中后期出现的罗马精英领导力（leadership）的衰微。这一分析

---

① ［译注］文中 statesmanship 含义有二：在个人层面上指一种治理国家政事的能力、技艺，在国家、城邦层面上指一种秉持、维持政治秩序和治理秩序的态势、力量。因此如果单单译为"术"并不能表达其内涵。译者根据上下文将其译作"治国术""治国能力"或"治国力"等。

② G. Schepens, "Plutarch's View of Ancient Rome: Some Remarks on the *Life of Pyrrhus*," in L. Mooren ed. , *Politics, Administration and Society in the Hellenistic and Roman World: Structure and Change*, Leuven and Paris, 2000, pp. 349 – 364。他认为，《皮洛斯传》中对罗马的刻画，尤其是皮洛斯和法布里基乌斯（Fabricius）之间的商谈，是 βίος Ῥωμαίων［罗马人的生活方式］。然而，他没有考虑这一刻画对《马略传》或对作为整体的这一对传记有何影响。

在这对传记中、也只有在这对传记中才得以可能,因为两篇传记都关心罗马共和国的内在运作:《皮洛斯传》描绘了公元前3世纪早期的共和国,《马略传》描绘了公元前1世纪早期的共和国。对读《皮洛斯传》和《马略传》时,一个双重进程呈现出来:首先,罗马人民由听命服从退变成一群机能失常的暴民;其次,罗马精英领导力越发衰弱,到了马略的时代,已无法对抗平民主义煽动家(demagogues)。我已在别处讨论过罗马人民的退变。①我将在这里讨论罗马精英的保守主义及由此产生的无能。

我研读的焦点将是文学的而非史学的。与《皮洛斯-马略传》中的人与事相比,我更关心普鲁塔克对它们的叙述。②我大部分的论证以《皮洛斯-马略传》本身为基础;对勘性的证据与现代史学分析唯当能促进对普鲁塔克叙述策略的理解时才会被引入。③因为《皮洛斯-马略传》是《对比列传》中唯一一对缺乏正式引言和结尾对比的传记,也因为普鲁塔克只会在引言和结尾明确比较相对照的传

---

① 参 B. Buszard, "The Decline of Roman Republic in *Pyrrhus–Marius*," in L. de Blois et al. ed., *The Statesman in Plutarch's Works*, Vol. 2: *The Statesman in Plutarch's Greek and Roman Lives*, Amsterdam, 2004.

② 关于皮洛斯东征的史学分析,参 D. Zodda, "Tra Egitto, Macedonia e Sparta: Pirro un monarca in Epiro," *Seia n. s. 2. 2*, Macerata, 1997. 更一般的研究,参 P. R. Franke, "Pyrrhus," in *The Cambridge Ancient History*^{2}, Volume 7, Part 2, 1989, pp. 456 – 485; P. Garoufalias, *Pyrrhus: King of Epirus*, London, 1979; A. B. Nederlof, *Pyrrhus van Epirus*, Amsterdam, 1978; P. Lévêque, *Pyrrhus*, Paris, 1957; G. Nenci, *Pirro: Aspirazioni egemoniche ed equilibrio mediterraneo*, Turin, 1953. 关于马略,参 R. J. Evans, *Gaius Marius: A Political Biography*, Pretoria, 1944; T. F. Carney, *A Biography of C. Marius*, Chicago, 1970; J. Van Ooteghem, *Caius Marius*, Brussels, 1964。

③ 例如,狄奥尼修斯(Dionysius)对法布里基乌斯的描摹。

记中的人物与事件,我将不可避免地依赖于两篇传记之间的含蓄关系。①因此,普鲁塔克文本的证据是我推论的基础,而那些以相似的语言描述相似的人物性格和行为的段落则是我分析的基础。

我的分析将包含这对传记中的五个重要主题:贵族领导力的个人品质、此种贵族领导力对健全的民众(demos)的作用、民众煽动术(demagogy)的兴起、贵族领导力面对民众煽动术时的失效以及权宜的地位。普鲁塔克苦心编织这些主题,作出了对健全的邦国以及堕落的邦国中的领导力的精巧分析。在此,中期共和国代表健全的邦国,《皮洛斯传》中公元前3世纪的塔伦图姆(Tarentum)和《马略传》中的后期共和国代表堕落的邦国。对于公元2世纪早期的精英读者——《对比列传》乃为他们而写——来说,普鲁塔克的分析特别相关,因此,结尾我将讨论这一分析对罗马帝国的意义。②

---

① 唯一可能的其他候选篇目《忒弥斯托克勒斯 - 卡密米斯传》(*Them. - Cam.*)的开篇已亡佚。关于序言的作用,参 P. A. Stadter, "The Proems of Plutarch's *Lives*," in *Greek, Roman and Byzantine Studies* 16, 1988, pp. 77 - 85. 关于结尾的对比(*synkriseis*),相关参考书目参 T. Duff, "Plutarchan *Synkrisis*: Comparisons and Contradictions," in L. Van der Stockt ed., *Rhetorical Theory and Praxis in Plutarch*, Leuven and Namur, 2000, pp. 141 - 161。Duff 引用了 C. B. R. Pelling, "Plutarch and Roman Politics", 此文经细微改动后重印于 C. B. R. Pelling ed., *Plutarch and History*, Swansea, 2002, pp. 207 - 236.

② 对普鲁塔克的读者的讨论,参见 P. A. Stadter, "Plutarch's *Lives* and their Roman readers," in E. N. Ostenfeld ed., *Greek Romans and Roman Greeks*, Aarhus, 2002, pp. 123 - 135; T. Whitmarsh, *Greek Literature and the Roman Empire*, Oxford, 2001, pp. 48 - 57; P. A. Stadter, "The rhetoric of virtue in Plutarch's Lives," in L. Van der Stockt ed., *Rhetorical Theory and Praxis in Plutarch*, pp. 494 - 498 (对比 E. Valgiglio, "Dagli 'Ethica' ai 'Bioi' in Plutarco," in *Aufstieg und Niedergang der römischen Welt* II. 33. 6, 1992, p. 4027); A. E. Wardman, *Plutarch's Lives*, Berkeley, 1974, pp. 37 - 41; C. P. Jones, *Plutarch and Rome*, Oxford, 1971, pp. 103 - 109.

贵族治国者的性格

《皮洛斯-马略传》中最经常描述的贵族领袖是法布里基乌斯（C. Fabricius Luscinus）。①他不仅是《皮洛斯传》中最有地位的罗马人，也是这篇传记中除主角之外得到最为细致刻画的人物。法布里基乌斯尤其是下面两个段落的焦点：第20章，罗马使者会见皮洛斯；第21章，揭发谋叛皮洛斯的医师。②在这两处地方，他与罗马人民之间都没有互动，但他提供了一个理想化的个人人格。在《皮洛斯传》里，他是罗马治国力处于最佳状态的例子；在《马略传》中，他在后人的追忆中转变为共和后期治国者所追慕的模范。③因此，就两篇传记来讲，普鲁塔克关于法布里基乌斯的叙述极为重要。

在第20章，辛尼阿斯（Cineas）首次对法布里基乌斯作出描述。辛尼阿斯是皮洛斯的使者、首席演说家，也是熟知罗马人性格的观察者。④当法布里基乌斯带领的罗马使团到达并与皮洛斯会晤时，辛

---

① S. C. R. Swain, "Hellenic Culture and the Roman Heroes of Plutarch," in *The Journal of Hellenic Studies* 110, 1990, pp. 126 – 145，其中 pp. 137 – 140 讨论了教育（paideia）和法布里基乌斯的性格。

② 法布里基乌斯出使的时间并无定论，参 R. Scuderi, "La 'Vita di Pirro' di Plutarco: una rievocazione del primo incontro fra Greci e Romani," in *Acta Classica Debreceniensis* 34 – 5, 1998 – 1999, pp. 219 – 220。由于这个问题并不影响我的论证，我将遵从普鲁塔克给出的年份。

③ 《皮洛斯-马略传》中法布里基乌斯的高贵与拉丁文献中一贯强调的他的德性（virtus）相配，参西塞罗，《论友谊》（*Amic.*）8.6，《论责任》（*Off.*）3.86 – 7 以及瓦勒里·马克西姆（Val. Max.）4.3.6。

④ 《皮洛斯传》14.1 – 3 描述了辛尼阿斯的才能。他之所以有资格评价法布里基乌斯，见《皮洛斯传》19.6。

尼阿斯告诉伊庇鲁斯王（Epirote King），法布里基乌斯既高贵又好战，最受罗马人敬仰但却极为贫穷（《皮洛斯传》20.1）。①结尾的告诫不但没有贬损法布里基乌斯的高贵，而且还将使普鲁塔克其他传记的读者期待其性格中令人赞赏的朴素。②对法布里基乌斯的描述隐含着奢侈与高贵的对立，这一对立将在《马略传》34中显露出来。③法布里基乌斯不因赤贫而缺乏德性，其赤贫反倒展现并提升了他的德性。

尽管如此，皮洛斯从法布里基乌斯的赤贫中看到结盟的机会，乘机向他馈赠黄金作为友谊的信物。无论作为叙述者的普鲁塔克（*ἰδίᾳ φιλοφρονούμενος* ［私下表示善意］，20.2）还是皮洛斯自己（*ἐπ' οὐδενὶ δῆθεν αἰσχρῷ* ［确实没半点可耻］，20.2），都用肯定的语词来描述皮洛斯的动机，但法布里基乌斯鄙弃他的慷慨。④此前，罗马显贵的妻儿们曾回绝皮洛斯的礼物（《皮洛斯传》18.5），参照这一情节，我们就能很好地理解法布里基乌斯的回绝。尽管皮洛斯的赠礼没有条件，但罗马人坚称，在接受赠礼之前，必须先签署公共条约。这个段落出现在罗马使团出使的前两章，它给读者提供了法布里基乌斯行为的背景：和其贵族同侪一样，他察觉到其中的利益冲

---

① 辛尼阿斯的概括明显缺乏对法布里基乌斯将才的评价，文中只说到他的将才得到了皮洛斯赞赏。例如，法布里基乌斯在公元前282年执政官任期中打败了萨姆奈人（Samnites）、卢坎人（Lucani）和布鲁图人（Bruttii）（Dionysius of Halicarnassus, *The Roman Antiquities*, 19.13, 19.16），普鲁塔克对此只字未提。

② 对比《吕山德传》（*Lysander*）30和《阿里斯提德斯传》（*Aristides*）1，两处都赞美了传主具有德性的贫穷，而《埃米利乌斯·保鲁斯传》（*Aemilius Paulus*）5赞扬了埃利乌斯（Aelii）家族的相同德性。

③ 在《马略传》34.3–4中，通过谴责买家付给马略在米塞努（Misenum）别墅的金额，普鲁塔克痛斥共和国后期日益严重的奢靡。

④ 文中所引《对比列传》全来自由Ziegler和Gärtner编订的Teubner本子。译文是我自己的。

突，并回绝了与皮洛斯的私交，因为皮洛斯和罗马之间不存在任何公共条约。与他们一样，法布里基乌斯时刻准备让个人利益服从于他身为一个团结的共同体中的精英成员的角色。①

法布里基乌斯的拒绝引出了皮洛斯赢取法布里基乌斯友谊的另外三次尝试。贯穿其中的焦点并不在政治商讨，而在伊庇鲁斯王与罗马治国者的个人性格。第一次是皮洛斯试图用大象惊吓法布里基乌斯；第二次是法布里基乌斯和辛尼阿斯关于伊壁鸠鲁主义的讨论；第三次是皮洛斯邀请法布里基乌斯出任他的大将军并成为其密伴。

在《皮洛斯传》20.3 - 5 的叙述中，皮洛斯想要罗马使者感到惊愕（ἐκπλῆξαι, 20.3），所以他让大象出场。不过，这一插曲是普鲁塔克对法布里基乌斯的描述的一个重要补充。法布里基乌斯的反应，或者说缺乏反应，显示出一种对于他作为治国者的能力至关重要的德性。尽管他此前从未见过大象，面对皮洛斯体型最大的一头大象的突然显现和震天吼声，他的唯一反应，乃是平静地转向皮洛斯，微笑着说："昨日黄金不动心，今日巨兽亦无用。"（20.5）脸上流露出对于始料不及之事的毫不在意，这本身不会让一个人成为伟大的领导者：关键是法布里基乌斯的简洁言辞，这些言辞从具体事件中提炼出一般性的原则。法布里基乌斯的道德稳定性、他对皮洛斯的赠金与大象的反应所映照出的德性使其高贵。②

大象插曲之后是宴会上关于伊壁鸠鲁主义的一场论讲。皮洛斯

---

① 对比《福西昂传》（*Phocion*）32.4 - 10，在其他方面令人尊敬的福西昂因为将个人德性置于其政治责任之上而受到普鲁塔克谴责。

② 普鲁塔克常赞美他的各位传主性格中的稳定性。比较《攸门尼斯传》（*Eumenes*）9.5，《塞多留斯传》（*Sertorios*）10.2，《阿尔喀比亚德传》（*Alcibiades*）2.1。

对军事之外的智性追求毫无兴趣,因此由辛尼阿斯展示伊壁鸠鲁教义。首先,他引入伊壁鸠鲁学说的三个要点:对诸神、政治以及人生意义的看法(…περὶ θεῶν καὶ πολιτείας καὶ τέλους, 20.6;辛尼阿斯所说的τέλος更多意味着"哲学生活的恰当目的",见 LSJ III.3.b)。然后,他交错地解释这些观点:生活的目标是快乐;应当回避政治事务,因其对幸福是一种有害的扰乱;诸神与感激、发怒无关,也对我们漠不关心,他们过着闲散又快乐的生活。正如在别处那样,普鲁塔克以一种否定的形式描述伊壁鸠鲁主义。①辛尼阿斯的第一个要点令人想起堕落的塔伦图姆民众标志性的对快乐的有害沉迷;后两个要点则指向对邦国和诸神的类似沉迷。

辛尼阿斯的陈述在上升的三个排比(tricolon)中达到高潮,修辞相当精湛,但法布里基乌斯对这种华美的风格无感,反而对演说的内容作出回应。他对伊壁鸠鲁关于世界的看法大为惊讶,以至于他打断了演说者并且喊道:"赫拉克勒斯在上!我愿皮洛斯和萨姆奈人(Samnites)在与我们作战时心怀这些箴言。"(20.7)②他对伊壁鸠鲁主义的原则深恶痛绝,因为他遵从一个强调公共职责的信念体系。③他并不质疑可能与这些信念相伴随的个人利益;他只是看到,

---

① 参 J. Hershbell, "Plutarch and Epicureanism," in *Aufstieg und Niedergang der römischen Welt* II.36.5, 1992, pp.3353 – 3383; H. Wzn. G. J. D. Aalders, *Plutarch's Political Thought*, Amsterdam, 1982, p.6; R. Flacelière, *Plutarque: vies VI*, Paris, 1971, pp.21 – 22.

② 辛尼阿斯在 20.6 的表演流畅,使法布里基乌斯的突然打断更加令人惊讶和震撼。西塞罗在《论老年》(*Sen.*) 43 中也类似地描述了法布里基乌斯的反应。

③ 法布里基乌斯性格的这个面向已见于哈利卡尔那索斯的狄奥尼修斯的《罗马古史》,普鲁塔克在《皮洛斯传》(17.7 和 21.13) 中两次引用这部作品。参见《罗马古史》19.14 中法布里基乌斯对其贫穷的辩护。

领导者接受一种反政治的教义会带给邦国危险后果。法布里基乌斯再次表现为一个将本国利益置于自身之上的人。

第三件事是皮洛斯提出和法布里基乌斯交朋友,这将读者的视野从纯粹个人的层面扩展到治国者与邦国之间的互动,甚至探讨了最出众的治国能力的限度。面对成为皮洛斯的头号将领和幕僚的机会,法布里基乌斯平静地($ἡσυχῇ$)以一个警告粗暴拒绝了此提议。"大人,这反而会对您不利。如果那些尊敬您、钦佩您的人了解了我,他们会想要我取代您来统治他们。"(20.9)他的回答暗示了那些衰落的邦国所固有的一个问题。法布里基乌斯并没有设想民众自身的转变,他只是设想他们会在他身上看到一个比他们现在所服侍的人更好的王者。① 法布里基乌斯及其所刻画的那种伊庇鲁斯群众都没有预设制度变革。他可以取代皮洛斯,不过是当一位君主,而非在一个新创立的共和国中当一位治国者。单从《皮洛斯传》的角度出发,这一点不外是一个诉诸沉默的论据(argumentum ex silentio)。然而,回头细看,再考虑到《马略传》中对罗马民众的描画,法布里基乌斯的评论成了对不可逆转的民众煽动家痼疾(demagogic disease)的首次暗示。②

---

① 在哈利卡尔那索斯的狄奥尼修斯《罗马古史》19.15 – 18 中,法布里基乌斯拒绝皮洛斯的请求,是通过对比他自己的自由与国王臣民所要求的卑躬屈膝。他从未提及伊庇鲁斯的人民。

② 疾病是普鲁塔克对政治衰落的常用隐喻。对比《马略传》35.1,《吕山德 – 苏拉传》(*Lys. – Sull.*)的比照 1.2(参 T. Duff, *Plutarch's Lives*: *Exploring Virtue and Vice*, Oxford, 1999, pp. 194 – 197),《卢库鲁斯传》(*Luc.*)38.2,《基蒙 – 卢库鲁斯传》(*Cim. – Luc.*)的比照 1.1,《庞培传》(*Pomp.*)16.1 以及 67.5,《恺撒传》(*Caes.*)23.6,《小卡图传》(*Cat. Min.*)26.1 以及《西塞罗传》(*Cic.*)10.5。

法布里基乌斯是《皮洛斯传》中另一事件的焦点，此事对法布里基乌斯本人全然有利，但对罗马而言却有危险的后果。觐见皮洛斯一年后，某个人交给他一封皮洛斯的医师的信，医师说他可以毒害皮洛斯。法布里基乌斯与其同僚极为反感，于是遣返此人并修书一封差其交给皮洛斯：

> 罗马执政官法布里基乌斯和埃米利乌斯（Q. Aemilius）致皮洛斯王。祝好。关于敌友，您似乎是个不幸的判断者。读完我们的信后，您将意识到您对善好正义之人发动战争，却信任奸邪不义之人。我们不是为了您的利益而提及此事，而是为了避免让您的败亡成为对我们的错误谴责，并且避免这样的印象：由于我们不能凭德性结束战争，我们就凭欺骗来结束战争。(21.3-4)

如果个人德性而非邦国政策才是问题之关键，法布里基乌斯对皮洛斯的提醒将是个令人敬佩的决定。而且，由于战争的结局有利于罗马，法布里基乌斯的道德立场为罗马增了光。然而，他的高贵姿态却着实让罗马陷入对抗一位君王的危险，而这位君王当时被公认为最伟大的将领。① 皮洛斯十分领情地释放了罗马俘虏并派遣辛尼阿斯二次出使；此后《皮洛斯传》中就没了后话。不过，在《马略传》稍后的场景中，当诸如屋大维（Octavius）和皮乌斯（Metellus Pius）那样的贵族（Optimates）以类似的高贵姿态将罗马抛弃给马略和辛纳（Cinna）时，读者将会更深入地考虑这些事情。在一个衰

---

① 据说一个与汉尼拔（Hannibal）有同样权威的人认为皮洛斯是所有将领中最伟大的（《皮洛斯传》8.5；比较《弗拉米尼努斯传》[*Flam.*] 21）。

落的邦国里，个人德性并不能取代实用主义的权术。

无论是屋大维和皮乌斯后来的麻烦，还是对共和国最终衰落的含糊暗示，都不会影响法布里基乌斯本人留下的形象。在他所处的时代背景中，他是一个理想的领导者，因为他引领着一群理想化的人民。他的性格永不动摇，就算他必须使自身的幸福服从于其邦国。因此，对于《皮洛斯－马略传》的读者来说，另如我们即将看到的，对于他在公元前 1 世纪初的后继者而言，他都是治国者的典范。

统一邦国中的贵族治国术

在《皮洛斯传》所有叙述法布里基乌斯的段落里，他从未直接与罗马人民有过互动。这个角色留给了克劳迪乌斯（Ap. Claudius Caecus），在《皮洛斯传》19 章，本已退隐的他站出来发表了一个振奋人心的演说，再次激发了罗马的士气。①当时皮洛斯向元老院提出了正式和约，这促使克劳迪乌斯现身。在罗马人民——元老院以及平民——行将接受皮洛斯和约之际，他决意干预。

在引入克劳迪乌斯的演说之前，普鲁塔克对这位伟大的治国者的品格做了简洁而重要的描绘：

> 来自国王（译按：即皮洛斯）的消息传布开来，人们普遍认为

---

① 我的讨论排除了利维努斯（P. Valerius Laevinus），此人在 16.5 大胆回应了皮洛斯的和平姿态，并且在 18.1 由于在赫拉克莱亚（Heracleia）战败而受到法布里基乌斯责骂。两个例子都没有对此人作出太多展示。在哈利卡尔那索斯的狄奥尼修斯《罗马古史》19.11 中，利维努斯是个更为重要的角色；在《皮洛斯传》中，除法布里基乌斯和克劳迪乌斯之外的罗马贵族领袖对普鲁塔克的分析无所助益，所以利维努斯几乎被忽略了。

元老院倾向于投票停战，就在那时，享有荣名的克劳迪乌斯终于按捺不住了，尽管他由于年迈和失明已放弃公职而退隐。(18.8)

普鲁塔克此处的描述为努米蒂库斯（Metellus Numidicus）和马略树立了一个重要先例。由于年迈和失明，克劳迪乌斯退出了公共生活；马略尽管年迈和肥胖，却没有退出公共生活。一处冗笔强调了克劳迪乌斯退隐的意愿：ἀπειρηκὼς...καὶ πεπαυμένος［已放弃……并已停止］。普鲁塔克用了相似的词汇描述马略的拒绝退隐："［有人］郑重请求马略在拜亚（Baiae）泡温泉并好好照料他那已被岁月和风湿耗尽（ἀπειρηκός）的身体。"简言之，克劳迪乌斯承认年老之限度；马略甚至在其身体已然放弃后仍要继续。[1]再者，克劳迪乌斯从退隐生活中短暂复出绝不会受指责，因为他并不受自己的野心驱使（不像马略那样），而是出于对迫在眉睫的和约感到义愤填膺，此和约会使罗马的名声遭到不可挽回的损害。[2]令他无法忍受的不是他自身的减损而是罗马邦国的衰落。

克劳迪乌斯的演说引人瞩目：尽管直接引语常见于《对比列传》，但更常用于轶事而非长篇演说。[3]要解释这一段落的长度，可

---

[1] 普鲁塔克此处对马略和克劳迪乌斯的暗中比较与《卢库鲁斯传》38 中对马略和卢库鲁斯（Lucullus）的比较相仿。

[2] 对比普鲁塔克在《马略传》28 对马略贪婪的野心（πλεονεξία）的批评。野心对皮洛斯也是一个根本问题，参 Duff, *Plutarch's Lives*: *Exploring Virtue and Vice*, pp. 112 – 114; J. Mossman, "Plutarch, Pyrrhus, and Alexander," in P. Stadter ed., *Plutarch and the Historical Tradition*, London and New York, 1992, pp. 98 – 99.

[3] 参 C. B. R. Pelling, *Plutarch*: *Life of Antony*, Cambridge, 1988, pp. 316 – 318 对克莉奥帕特拉（Cleopatra）为安东尼哀悼的评论。Pelling 引用了《克莱奥门尼斯传》（*Cleom.*）52，《埃米利乌斯传》31.4 – 10，《攸门尼斯传》17.6 – 11，《恺撒传》37.6 – 7 以及这个段落作为比较对象。

以援引普鲁塔克对修辞上的变化（varitatio）的兴趣以及此段独特的演说的名声，但要是考虑到这一段落在这对传短暂记的主题呈现中的重要性，这些理据就会变得不必要。①克劳迪乌斯的责难提供了《皮洛斯－马略传》中有效的贵族统治力的最佳例子。他坦白而真诚的修辞是共和后期煽动民众的领袖（间或包括马略）的反衬，也是公元前1世纪的罗马贵族（aristoi）所渴慕的贵族领导力之模范。此段落令人吃惊的长度与其深长的意味相契。

克劳迪乌斯的演说最引人注目的地方是强调罗马的一体性（《皮洛斯传》19.1－4）。②开场时他称呼元老院为罗马人（ὦ Ῥωμαῖοι，19.1），而没有用 patres conscripti［列入元老院名单的各位元老］所对应的希腊词，尽管普鲁塔克知道这个短语。③当克劳迪乌斯对元老

---

① 该演说的某种形式至少到西塞罗的时代仍得以保存（《布鲁图斯》［*Brut.*］61）。此一版本是否真实抑或是恩尼乌斯（Enius）的一个翻新存在争论。对此争论的总结，参 Scuderi, "La 'Vita di Pirro' di Plutarco: una rievocazione del primo incontro fra Greci e Romani," p. 215 n. 18。W. Suerbaum 讨论了此篇演说在恩尼乌斯那里和在罗马演说传统中得到的不同处理，见 "Rhetorik gegen Pyrrhos: zum Widerstand gegen den Feind aus dem Osten in der Rede des Appius Claudius Caecus 280－279 v. Chr. nach Ennius, Oratorum Romanorum fragmenta und B. G. Niebuhr," in C. Schubert, K. Brodersen, U. Huttner ed., *Rom und der Griechische Osten: Festschrift für Hatto H. Schmitt zum 65. Geburtstag*, Stuttgart, 1995, pp. 253－261。另参 A. E. Douglas, *M. Tulli Ciceronis Brutus*, Oxford, 1966, 55.8，他收录了李维书中的三个段落以证明克劳迪乌斯在口才上的名声（10.15.12，10.19.6，10.11.7）。

② 尽管我们无法知道在多大程度上普鲁塔克以自己的方式形塑了这篇演说，克劳迪乌斯在19.1强调罗马人前所未有的顺服，这确实让人想起恩尼乌斯诗句改写本的一个残段："你们以前那么坚强的决心到哪里去了，现在怎么变得这么糊涂？"（西塞罗，《论老年》6.16）

③ 普鲁塔克在《罗慕路斯传》13.6中逐字翻译了这个短语：πατέρας συγγεγραμμένους。

院行将做出的决定表达愤慨之情时,他并不是为邦国的某个部分感到惶恐,而是为罗马自身的光荣感到惶恐(19.1)。他说,是整个邦国高傲地鼓吹亚历山大无法抵挡罗马人(19.2),并想象亚历山大的败北。如果签署了和约,那么罗马人,而不只是元老院,将会沦为塔伦图姆人和萨姆奈人的笑柄(19.4)。

在两个层面,克劳迪乌斯对罗马一体性的刻画是积极的。从读者的角度看,他在修辞中对一个统一共和国的构造与贯穿《皮洛斯传》的对城邦的描述是一致的;因此它服务于《皮洛斯传》对公元前3世纪共和国的理想化描述。从克劳迪乌斯的角度看(此角度也适用于普鲁塔克的读者),其修辞上的均质化(homogenization)可能也反映了他敉平邦国中潜在的所有派系分歧以及鼓舞城邦精神而强化罗马一体性的渴望。这篇演说表明并加强了这种一体性。

克劳迪乌斯对一个统一的罗马邦国的描述并非必然。尽管普鲁塔克在某些传记例如《努马传》(Numa)和《罗慕路斯传》(Romulus)中描述了一个和谐的早期共和国,但其他传记描绘的却是一个被煽动民众的派系斗争(demagogic faction)所摧残的邦国。[①]普鲁塔克笔下统一的共和国也似乎并非从其素材沿袭而来。阿庇安的《萨姆奈人史》(Samnite History)的编写比《对比列传》晚了一代人,但也运用了相似的材料,在《萨姆奈人史》10.7当中,罗马对克劳迪乌斯演说的回应仅仅来自元老院;普鲁塔克在《皮洛斯传》19.5中的描述并未做出这种区分。此外,狄奥尼修斯(Dionysius)尽管在那些涉及皮洛斯战争的残段中(《罗马古史》19,20)并未提及

---

① 对比《科里奥兰努斯传》5-7和《卡米鲁斯传》31中的罗马内讧(stasis),这与相对照的《阿尔喀比亚德传》和《忒米斯托克勒斯传》中的雅典内讧形成对比。

罗马内讧，但在他对早期共和国的整篇描述里，他一再地聚焦于平民与贵族之争。因此，《皮洛斯传》中罗马令人瞩目的统一并非普鲁塔克自己的先入之见，亦非其前辈的先入之见，而是与这对传记中的中期共和国的文学角色紧密相关。通过创造一个统一的罗马，普鲁塔克提供了一个能够与诸如塔伦图姆和后期共和国那样的病态邦国对比的健全的邦国。

塔伦图姆的煽动术

《皮洛斯传》对法布里基乌斯和克劳迪乌斯两者的描述，确立了与一个健全的邦国匹配的罗马统治力的理想类型。二人皆率真而刚正。在一个统一的共和国里，他们都很有影响力。当邦国被派系分裂，而秉持原则的领导人必须面对善于煽动民众的敌手时，贵族领导力在《皮洛斯－马略传》里就变得问题重重。在《皮洛斯传》中，罗马共和国统合为一，而那样的敌对者尚未兴起。普鲁塔克把病态邦国的范式设置于塔伦图姆的民众大会中（《皮洛斯传》13.4－11）。尽管煽动家本身不是本文研究的对象，但塔伦图姆的民众煽动家值得关注。①他们既是塔伦图姆衰落的原因，也是其衰落的症候，是塔伦图姆的领导者必须与之对抗的一种力量。

---

① 对《马略传》中的民众煽动家，参 Duff, *Plutarch's Lives*: *Exploring Virtue and Vice*, p. 119 以及 L. de Blois, "The Perception of Politics in Plutarch's Roman Lives," in *Aufstieg und Niedergang der römischen Welt* II. 44.6, 1992, p. 4583。关于普鲁塔克其他篇章中的民众煽动家，参 L. de Blois, "Political Concepts in Plutarch's *Dion and Timoleon*," in *Ancient Society* 28, 1997, pp. 217－218; Aalders, *Plutarch's Political Thought*, p. 30; Wardman, *Plutarch's Lives*, pp. 49－57。

我们从狄奥尼修斯的《罗马古史》（Roman Anquities）19.4、阿庇安的《萨姆奈人史》7 以及李维的《提要》（Periochae）和《概要》（excerptores）那里得知，在公元前 282 年，也即在《皮洛斯传》13.4–11 所描写的塔伦图姆民众大会前一年，一小支罗马舰队进入了塔伦图姆港口，因此破坏了不许罗马进入塔伦图姆湾的条约。①因此，当《皮洛斯传》13 章引入塔伦图姆人和罗马人时，战争状态已然存在。在大会上所考虑的问题是：是否要在这场战争中寻求皮洛斯的援助。塔伦图姆在当年早些时候为皮洛斯成功重夺西利西亚（Cilicia）提供了一支舰队（依据泡萨尼阿斯 [Pausanias] 1.12.1），因此在某程度上是皮洛斯的盟友。所以，塔伦图姆人在当前的危机中向他求助，这并不令人奇怪。

然而，《皮洛斯传》中的叙述对这些事情只字不提。普鲁塔克只谈到了罗马人正与塔伦图姆人交战（13.3）。他在别处引用了狄奥尼修斯对战争的叙述，因此他也知道塔伦图姆和皮洛斯之间既有的联系，但他对此保持缄默。这位伊庇鲁斯王并没有被描绘为塔伦图姆的盟友，而是一位异国的军事冒险家，由于其可用性和其军事才能而受到召请（13.4）。召请皮洛斯的决定因而从既有的军事同盟的互惠（quid pro quo）变成轻率的民众煽动家们的愚蠢政策。

普鲁塔克足足用了一章来叙述塔伦图姆大会上的表决。很明显，从一开始就有两拨人在争夺对城邦的控制：意欲召请皮洛斯的民众

---

① 对塔伦图姆大会之前事件的现代重构，参 T. J. Cornell, *The Beginnings of Rome: Italy and Rome from the Bronze Age to the Punic Wars*, London and New York, 1995, pp. 363–364; Franke, "Pyrrhus," pp. 456–458; Nederlof, *Pyrrhus van Epirus*, pp. 90–91; Lévêque, *Pyrrhus*, p. 175。

煽动家，以及反对此意见的贵族。①同样清楚的是，前一拨人占上风。
"因为他们的民众煽动家的鲁莽与傲慢，（塔伦图姆人）既不能忍受
战争也不能拒绝战争。"（《皮洛斯传》13.4）②贵族试图影响局势，
但他们有些人被逐出了大会，余下的也自觉离去。

不过，第三种治国者，一个叫梅顿（Meton）的人，现在被引
入。他的行动以邦国的最佳利益为宗旨，但却以某种煽动民众的表
演术（demagogic showmanship）来达成。用来描述梅顿的形容词
（ἐπιεικής [适宜的、能干的]，13.6）暗示，他既有能力应对也很适
应时下的紧急状况（分别见 LSJ II.2 与 I）。他把自己打扮成一个醉
鬼，跟在一个吹笛女后面，随游行队伍进入会场，赢得塔伦图姆民
众满场喝彩（ἐκρότουν [鼓掌]，13.7）。他似乎准备要高歌一曲，但
获得其市民同胞的注意后，他却责难他们（13.8-9）。他的演说本
有望成功，但那些惧怕与罗马讲和的人反过来责难那些公民，说他
们竟被这般诡计所欺骗，并把梅顿逐出了大会。普鲁塔克由此证明，
讲理的统治术（reasoned statesmanship）面对一群分裂的民众时是无
效的：首先是贵族的反对无济于事，然后是梅顿尝试采用煽动民众
的计谋进行领导，但当那些对此更在行的人用类似的计谋来对付他

---

① 民众煽动家的身份标志很清楚（13.4），但贵族被称为"年长而思深的
公民"（τῶν δὲ πρεσβυτέρων καὶ νοῦν ἐχόντων πολιτῶν，13.4）。尽管此短语对现代视
野来说有些含糊，但对一位古代读者来说有贵族的涵义，参 G. S. Shrimpton,
"Accuracy in Thucydides," in *The Ancient History Bulletin* 12.3, 1998, pp. 71-82。
对《对比列传》其他地方对城邦展现的两极分化的讨论，参 Pelling, "Plutarch
and Roman Politics," pp. 211-216。

② 狄奥尼修斯在《罗马古史》19.8 对此大会的叙述没有像普鲁塔克那样
强调民众煽动术。尽管他也给予梅顿（Meton）相似的演讲辞，但他仅在该章的
结尾处拐弯抹角地提及内讧（stasis）和煽动术："……那些挑起这些麻烦的人
（οἱ τῶν κακῶν αἴτιοι）逮住了[梅顿]并将他从剧场里倒扔了出去。"

时，他也束手无策。

机能失常的塔伦图姆大会反衬了克劳迪乌斯和法布里基乌斯所处的统一的中期共和国。塔伦图姆贵族可悲地失败了，克劳迪乌斯却即刻奏功（19.5）。前者被那些支持战争的人喝退（13.5），后者受接纳他的听众所尊敬。克劳迪乌斯的抗议与塔伦图姆贵族的反对类似，不过，由于罗马邦国的统一，他成功了。①统言之，《皮洛斯传》13章和19章给出了一个重要论点：直言（frank speech）——普鲁塔克稍后会称之为 $παρρησία\ \text{Ῥωμαϊκή}$［罗马人的直言］（《马略传》31.5）——是治国者的一个有效力的甚至令人钦佩的品质，但只有在面向合适的听众时才能成功。当它运用到一个病态的邦国中时，它一事无成。

共和后期贵族领导力的失效

塔伦图姆不仅是公元前3世纪罗马共和国的一个反衬，也是《马略传》里后期共和国的反衬。在后期共和国中，萨图尼努斯（Saturninus）、苏尔皮休斯（Sulpicius）以及（时而）马略的民众煽动术成了主导性的政治力量。法布里基乌斯和克劳迪乌斯的贵族衣钵的主要继承者是凯奇利乌斯·梅特路斯（Caecilii Metelli）家族的三位成员：德尔玛梯库斯（Delmaticus）、努米蒂库斯和皮乌斯（Pius）。②三者履行相同职责，因而性格同化为一，几乎难以对其做

---

① 在《基蒙传》17.9，普鲁塔克明确赞美了一种类似的统一：在那里，雅典在塔纳革拉（Tanagra）的失败促使他们召回基蒙。

② *RE*（译按：此书即 *Paulys Real-encyclopädie der classischen Alterumswissenschaft*）在 "凯奇利乌斯·梅特路斯" 条目下的91、97和98。

出区分。①事实上，他们形成了一种文学上的统一，而这正是马略主要的政治劲敌（nemesis）。年纪最大的德尔玛梯库斯的反对很简要，②因此我将集中在后两例来自梅特路斯家族的反对：努米蒂库斯拒绝向萨图尼努斯宣誓（28-29），而皮乌斯个人拒绝阻止马略入侵罗马（42）。这两件事是与《皮洛斯传》中法布里基乌斯和克劳迪乌斯的治国术构成对比的后期共和国的范例。

在讨论普鲁塔克对萨图尼努斯的民众煽动术和努米蒂库斯被逐的叙述之前（《马略传》28.6-29.12），我们首先应考虑普鲁塔克对梅特路斯和马略龃龉之起因的独特解释。普鲁塔克在撰写《皮洛斯－马略传》时参考了《朱古达传》（Iugurtha），但在《朱古达传》中，撒路斯特（Sallust）将两者的失和归因于梅特路斯曾拒绝马略返回罗马并竞选执政官的请求（《朱古达传》64）。③尽管《马略传》（8.6）同样详细叙述了这件事，但普鲁塔克回避了撒路斯特的解释，

---

① 他们都直接被称为梅特路斯。只有在42.5才有所区分，将皮乌斯称为努米蒂库斯之子。但即便在此处，两者间紧密的家族关系和其行为的相似性都加强了而非有损他们的同一性。

② 德尔玛梯库斯仅仅出现在《马略传》4章，那里叙述了马略担任护民官时的事情。执政官科塔（L. Aurelius Cotta）由于反对马略的选举法案而被强行囚禁。科塔求援于赞助马略候选的德尔玛梯库斯（4.1），不过当德尔玛梯库斯表示他会支持科塔时，他也受到囚禁的威胁。其余的护民官没有伸出援手，于是元老院驳回了其反驳。

③ 普鲁塔克在《对比列传》的其他地方3次引用撒路斯特，但《马略传》并未引用。不过，他在《马略传》中对罗马史家的运用几乎是确切无疑的，参Flacelière, *Plutarque: vies VI*, p.87; E. Valgiglio, *Vita di Mario*, I classici della nuova Italia 47（Florence, 1967）, p. vii。

转而认为马略处决梅特路斯的盟友（ξένος）特皮留斯（Turpillius）①才是两者龃龉之起因（《马略传》8.3-5）。②普鲁塔克对马略和梅特路斯失和的改写并没有怎么影响梅特路斯的人物性格；后者对马略请求的高傲拒绝依旧得到保留。但另一方面，马略的性格在很大程度上被抹黑，马略和梅特路斯的斗争显得更为苦涩和惨烈，预示着他们所代表的两拨人之间即将上演的血腥对抗。

然而，在《马略传》中，无论是特皮留斯事件还是梅特路斯对马略请求的拒绝，都没有直接导致梅特路斯被放逐。普鲁塔克反而谴责了马略的恐惧和其自身对罗马民众可鄙的俯伏。③

> [马略]惧怕的主要是梅特路斯。因为他曾对梅特路斯忘恩负义，而梅特路斯由于德行确然出众，天性上反对那些巧妙地获得民众的宠信并不惜损害所有人利益以迎合民众的人。(28.6)

普鲁塔克的确给出了马略恐惧的两个原因，但对于第一个原因，即

---

① "自此以后（ἐκ τούτου），他们公开为敌。"（8.6）οὗτος的一般用法指向后面（Sm. 1245，译注：即 H. W. Smyth, *Greek Grammar*, Cambridge, Mass., 1956 中的条目）。Ziegler 在此短语之后加了一个冒号，显然暗示οὗτος应该指向前面。我不同意他的解释。

② 普鲁塔克在这个段落中对ξένος的使用很可能不是表示一种法律关系，例如庇护人。如果普鲁塔克想要翻译 cliens ［委托人］一词，他可能会用πελάτης［寻求庇护的人/委托人］，就像他在《罗慕路斯传》13.7 所做的那样。

③ 普鲁塔克在《马略传》中常用以描述这种谄媚的统治的词是χάρις［恩惠］（4.6、28.1、28.5）；该词使人想起《皮洛斯传》13.4-11、16.2-3 中塔伦图姆人对χάρις的着迷。关于塔伦图姆衰落的文学主题（topos），更多内容参 C. L. H. Barnes, *Tarentum Victum: Processes of Evolution*, Diss. University of Michigan, UMI 9938398, Ann Arbor, 1999, pp. 78-111。

马略的忘恩负义,他只用了三个字。第二个原因,即梅特路斯的内在德性和对民众煽动家的坚决反对,则得到更详细的解释,而且被置于修辞性更强的末位。因此,普鲁塔克事实上将马略的阴谋与其下一步的民众煽动计划串联起来。促使梅特路斯被放逐的,不是马略和梅特路斯之间的政治斗争本身,而是马略诉诸民众煽动策略的决定。

借由萨图尼努斯土地法案的一个附加条款,梅特路斯最终被放逐。这一条款要求元老院成员"走上前来宣誓遵从人民通过的任何措施"(《马略传》29.2)。[①]马略假装抵制法案——他的理由是,不管法案有多可取,这样强迫元老院未免太傲慢——并声称他拒绝宣誓。梅特路斯也承诺拒绝宣誓。但几天后,当萨图尼努斯召集诸位元老到演讲台当众宣誓时,马略在元老院摈弃了他的"年轻气盛"并宣称他愿意遵从法律(29.6)。当他宣誓时,罗马人民如同《皮洛斯传》中的塔伦图姆民众那样大声鼓掌($\dot{\alpha}\nu\varepsilon\kappa\rho\dot{\sigma}\tau\eta\sigma\varepsilon$, 29.7;对比$\dot{\varepsilon}\kappa\rho\dot{\sigma}\tau\sigma\nu\nu$,《皮洛斯传》13.7)。其余的元老尽管被马略的变节惹怒了,却不得不学着他那样做。然而,梅特路斯拒绝放弃先前的承诺,离开了集会,准备

---

① 普鲁塔克对附加条款的描述(...$\mathring{\eta}$ $\mu\mathring{\eta}\nu$ $\dot{\varepsilon}\mu\mu\varepsilon\nu\varepsilon\tilde{\iota}\nu$ $o\tilde{\iota}\varsigma$ $\mathring{\alpha}\nu$ $\dot{o}$ $\delta\tilde{\eta}\mu o\varsigma$ $\psi\eta\varphi\dot{\iota}\sigma\alpha\iota\tau o$)引出了一个解释上的疑难。$\mathring{\alpha}\nu$的出现表明,关系从句中的祈愿式$\psi\eta\varphi\dot{\iota}\sigma\alpha\iota\tau o$必然相当于直接引语中的不定过去时虚拟式($\dot{\varepsilon}\mu\mu\varepsilon\nu\tilde{\omega}$ $o\tilde{\iota}\varsigma$ $\mathring{\alpha}\nu$ $\dot{o}$ $\delta\tilde{\eta}\mu o\varsigma$ $\psi\eta\varphi\dot{\iota}\sigma\eta\tau\alpha\iota$),这将转而要求将从句么理解为一个可能性大的将来时条件句(a future more vivid),要么理解为一个现在时一般关系条件句(a present general relative conditional)(Sm 2565,2626)。如果理解为一个可能性大的将来时条件句,《马略传》29.2就不会单单将附加条款限制在此法律中,而是要求将来必须要支持公民大会的决议。然而,这一解释不太可能,因为这在普鲁塔克那里没有内证(对比《小卡图传》32.6),在其他作家那里也没有外证(对比阿庇安《内战记》[B. Civ.] 1.29)。将其理解为在混合条件句中的现在时一般关系从句因此最为合理。

好遭受任何结果也不愿顺从。在离开之际,他给予身边的人道德告诫:"行不义者卑,保身行义者庸,涉险行义唯善人能之。"(29.8)

有了这个必要的借口,萨图尼努斯就对梅特路斯实行制裁(29.9)。内讧随之而来。邦国中最为卑劣的部分($τὸ\ φαυλότατον$)准备好刺杀梅特路斯;"最优秀者"($οἱ\ βέλτιστοι$)火速前来援助梅特路斯。然而,由于不愿致使城中喋血,梅特路斯离开了罗马。他的临别赠言——在叙述中被描述为"相当有理智"($ἔμφρων\ λογισμός$)——透露了他对形势的估计:"除非事态有所改善且民众回心转意召我回来,否则,若情况依旧,我最好还是离开。"(29.11)

在整件事中,梅特路斯的行为看起来很高贵。单就个人德性来看,他显然令人钦佩。在公元前3世纪的共和国里,他无疑也会是有效力的(effective)。但对后期共和国而言,梅特路斯是一位好的治国者吗?如果不是,他的无效力(ineffectiveness)怎样和其显而易见的高贵和智慧(随即提到的他在罗德岛的哲学研习加强了这些德性)相调和(《马略传》29.12)?[①]

为了寻求解答,我们应重新审视梅特路斯对马略在元老院的声明的轻易接受。马略的话被一再描述为骗人的鬼话(29.4-6),因此读者不会被他所骗。尽管梅特路斯缺乏这一引导,然而,我们还是会惊讶于他似乎无法察觉马略易识破的伪装。萨图尼努斯的附加条款要预先阻止元老院的反对,马略本人凭借威吓要将一位执政官投入大牢所战胜的正是那类反对(《马略传》4.3-4)。因此,认为

---

① 梅特路斯隐退罗德岛不是伊壁鸠鲁式的逃避事务;普鲁塔克一贯谴责这种逃避。对比《皮洛斯传》20.6-7;另对比《按伊壁鸠鲁的方式不可能活得快乐》(*Non posse suauiter uiui secundum Epicurum*)1098d 和《论隐逸生活》(*De lat. uiu.*),相关讨论见 Aalders, *Plutarch's Political Thought*, p.6。

马略会阻止一个强迫元老院接受的法案,这一看法很荒唐。梅特路斯接纳马略令人难以置信的立场,如果他是真诚的,那就意味着一种在对付无原则的对手时惊人的无能。在这一节中,对梅特路斯本人的描述显然是肯定性的;通过援引品达,他甚至被比作一位赛会得胜者。然而,他因之受到赞美的坚定不移的个人德性,却生出一个被其敌人所利用的弱点。①

受到制裁之后,梅特路斯对可能发生的内讧的反应使问题变得复杂。他的反应证明他具有公共精神,并且自愿使个人利益服从邦国利益,但也证明他的关切很狭隘。当他谈到险境中的高尚行为时(29.8),他仅指自身的危险。他没有提到剥夺了他的领导地位的邦国正面临的危险。再者,29.11 的临别格言相当消极:他没有说他会尽力改善邦国,却寄望于邦国以某种方式改善自身,并在嗟怨中召回他。

要理解普鲁塔克对梅特路斯的赞美,关键不在《马略传》,而在《皮洛斯传》13 章中塔伦图姆的前车之鉴。由于塔伦图姆的贵族没有意识到自身的无能为力,他们徒劳地对抗那些身为民众煽动家的对手。与此不同,梅特路斯清楚意识到民众正受操纵。他没有被马略的伎俩所欺骗;他只是不愿在一场徒劳的斗争中放弃自己的原则。他深信附加条款是错的,所以他立即声称自己会反对萨图尼努斯,后来他的确履行了承诺,即便为此招致悲惨的后果。他绝不会诉诸相反的民众煽动术,就像梅顿在塔伦图姆做的那样(而在塔伦图姆的结果也暗示了他不这么做是睿智的),因此他唯一可以做出的反应就是进行公开的反对,并准备好接受一切后果。因为他没有真正领

---

① 这至少是普鲁塔克笔下马略的看法:马略假装反对萨图尼努斯的法案,明显存心要引诱梅特路斯也予以反对(29.5)。

导邦国，所以一切后果由他独自承担。梅特路斯·努米蒂库斯因而是一个无效力但仍受人钦佩的悲剧式人物。他的无能为力不是因为其性格，而是因为罗马邦国自身。①

梅特路斯之名再次出现的时候，不是指努米蒂库斯，而是指他的儿子梅特路斯·皮乌斯。皮乌斯与罗马军队的互动证实了其父的政治判断。当马略和辛纳进兵罗马时，罗马军队请求皮乌斯指挥（《马略传》42.5–6）。②这个情节让人想起马略在对抗条顿人（Teutones）和辛布里人（Cimbri）期间一直连任执政官，因为人民深信他是最堪用的指挥者。但在马略热切地把握机会之处，梅特路斯却过分忠于个人的贵族原则，不能屈从于情势的便利。③

> 梅特路斯被惹怒了，命令人们回到执政官的麾下，而他们却投敌而去。梅特路斯放弃了对城邦的希望，拂袖而去。（《马略传》42.6）

皮乌斯的错误在于他对自身与罗马军队之间关系的错误理解：他误以为自己是他们的领袖，但事实上那时是他们在发号施令。④他

---

① 照我的解释，努米蒂库斯与《伽尔巴传》6章和《奥托传》18章中高贵的鲁佛斯（Verginius Rufus）极为相似。

② 《马略传》中的军队是罗马民众的化身。在7.6，军队被马略的民众煽动术操控；在21.4，将士们一致认为马略应当从战利品中分得更大的一份。

③ 对比普鲁塔克赞扬梭伦善于变通，使其法律适应雅典的需要（《梭伦传》16、20），以及赞扬阿格西劳斯（Agesilaus）允许斯巴达制裁懦弱的法律在留克特拉（Leuctra）之役后"沉睡"一天（《阿格西劳斯传》30）。

④ 对参普鲁塔克在《伽尔巴传》29.3对伽尔巴的谴责："他希望统治被提格利努斯（Tigellinus）和宁菲迪乌斯（Nymphidius）所驯化的人，就像西庇阿（Scipio）、法布里基乌斯和卡米鲁斯曾统治他们时代的罗马人一样。"

以倨傲的规劝来威吓士兵，希望他们心怀羞愧地回到屋大维那里，然而出乎他意料的是，他们反而叛逃到马略一边。事实上，他与士兵之间的互动让他懂得了他父亲早已清楚的事，亦即罗马没有为一位传统贵族留下位置。当他意识到这一事实时，他的反应跟他父亲一样：从城邦一走了之。①

后期共和国中的权宜治国术

至此，我对《马略传》中治国术的分析主要集中在反对马略的罗马贵族上。下面讨论普鲁塔克对马略本人的描述。

尽管马略是一位出类拔萃的治国者，但他从未被刻画为精英贵族的一员。②梅特路斯家族和屋大维与法布里基乌斯和克劳迪乌斯相仿，都是遵照坚定的原则进行领导的高贵之人。马略更像是一个平民领导人，为实现自己的种种野心而不惜迎合民众。然而，他也并非典型的民众煽动家。作为传主，马略得到了比萨图尼努斯和苏尔皮休斯那样刻板的民众煽动者（rabble-rousers）更微妙

---

① 和努米蒂库斯不同，皮乌斯在《马略传》中的退场并非他政治生涯的结束。尽管普鲁塔克知道皮乌斯后面的事迹（参《克拉苏传》6.2，《庞培传》8、17-19，《塞多留斯传》12-13、21-22），可他在此处不著一词。他的沉默使得皮乌斯和罗马的形象陡然清晰起来。由于没有提及皮乌斯后来被塞多留斯打败，这就提升了皮乌斯作为指挥者的形象。由于忽略了他后来与苏拉结盟的事情，共和国的陷落就显得更为迫在眉睫而不可避免。关于皮乌斯的仕途的参考资料和参考书目，参 T. R. S. Broughton, *The Magistrates of the Roman Republic*, 3Vols., Chico, CA, 1951-1984, 2.33, 2.42, 2.79, 2.83, 3.41。

② 在普鲁塔克的《老卡图传》中，一个新人（nouus homo）更紧密地与贵族精英融合在一起。尤其注意《老卡图传》16.8：卡图获允担任监察官（censorship）被解释为标志着罗马的伟大。

的处理。普鲁塔克特别强调马略的三个特点：军事能力、政治成就以及掌握权宜的尺度。最后一个特征尤需注意：一方面，马略的军政成就使他与罗马的民众煽动家区别开来；另一方面，他对利益的承认以及甘愿不择手段地获取利益，使他与其高贵的反对者区分开来。

在第4章中，对马略出任护民官期间的叙述为他此后与贵族精英的冲突设定了范式。文中记录了他的两项重要事迹：他关于选举的立法 (4.2–6) 以及他对土地改革的抵制 (4.7)。前者明显被描述为民众煽动式的 (4.6)，因而没有引出什么问题。①后者让人民的愿望落空，但很难确定其含义。该段落的棘手之处在结尾处，其希腊文如下：εἰς τὸ ἴσον ἑαυτὸν κατέστησε τῇ τιμῇ πρὸς ἀμφοτέρους, ὡς μηδετέροις παρὰ τὸ συμφέρον χαριζόμενος。独立分句和从句都引出了一些解释上的问题，这些问题的解决取决于εἰς τὸ ἴσον和παρὰ τὸ συμφέρον的意义。

短语εἰς τὸ ἴσον在普鲁塔克那里仅此一例，因此我们必须在其他文本中寻找出现此短语的语境。在公元4世纪或更早的文本中，我们找到九例，四例是编注者重构的结果。②在余下五个文段中，我将集中在相关性最高的三处，它们全部来自色诺芬。③第一处是《居鲁

---

① 在《马略传》中，民众煽动家与护民官牵手并行。在此篇传记中，全部五位护民官，马略 (4.1–7)、萨图尼努斯 (14.12)、庞培乌斯 (A. Pompeius, 17.10)、苏尔皮休斯 (34.1) 以及章 8.9 的无名氏，统统以民众煽动家的方式行事。唯一一位可能有所不同的是诺纽斯 (Nonius)，他在就职之前就被萨图尼努斯谋杀了 (29.1)。护民官是国内斗争的焦点，他们在《皮洛斯传》中的理想共和国自然没有位置。

② 这四例是 Athenaeus, 21.21, 21.32; Epiph., *Pan.* 3.41; Philo, *CW* 152.4。

③ 另外两例是亚里士多德，《欧台谟伦理学》1242b34；哈利卡尔那索斯的狄奥尼修斯，《罗马古史》2.42.3。但这两例对我们的分析无所助益。

士的教育》1.4.5，εἰς τὸ ἴσον指能力相的当："［居鲁士］很快就习得与其同龄人相当的骑术"（εἰς τὸ ἴσον ἀφίκετο τῇ ἱππικῇ τοῖς ἥλιξι）。不过，尽管色诺芬的关系与格（dative of respect）（τῇ ἱππικῇ）与普鲁塔克的（τῇ τιμῇ）相类，他对εἰς τὸ ἴσον的使用却并不如此：马略不能同时取得与元老院和暴民两者的平等，这在逻辑上不可能；马略一定是从两者那里获得了大小相当的荣誉。色诺芬提供了更为相近的例子，如《居鲁士的教育》1.6.28："你为何没有坚守位置，并且平等地（εἰς τὸ ἴσον）与狮、熊和豹（λέουσι καὶ ἄρκτοις καὶ παρδάλεσιν）厮杀？"以及《远征记》4.6.18："……我也不认为（敌人）会愿意下来在相同的条件/地势（εἰς τὸ ἴσον）上对付我们（ἡμῖν）。"前一个文段的与格从属于μάχομαι［厮杀］，后一个文段的与格成分独立，两处都对应着普鲁塔克对带宾格的介词πρός的用法，因而这个介词的意思是"对抗、针对（against）"（LSJ II.4）。的确，πρός可以表达一种没有敌对意涵的相互关系（LSJ III.1），但考虑到色诺芬笔下εἰς τὸ ἴσον的对峙意味以及马略与元老阶层动荡不稳的关系，我们或许最好将《马略传》4.7的独立分句解析为："在荣誉方面，他将自己置于一个与两派对抗的同等位置。"

由于从句中的短语παρὰ τὸ συμφέρον含义模糊，很难对其进行解释。字面上可以将之译为"与便利相对"（against expedience，译按：expedience以及τὸ συμφέρον既有"利益""便利"之意，也有"权宜""应急"之意，译者根据上下文选择不同译法），但这是谁的利益，马略的、罗马的，抑或两者的？初步看来，第二个选择对上下文而言是最自然的理解，尤其因为统领从句的ὡς暗示，对马略行为的这一评价出自元老院和暴民，而不是马略自己或叙述者。然而，普鲁塔克的写作精微细巧，我们不应不假思索就不理会别的可能性。

可惜，*παρὰ τὸ συμφέρον*的完整表达在普鲁塔克那里仅有其他三例，而且每处都有同样潜在的歧义。①因此，我们必须考察更一般也更为常见的表达：*τὸ συμφέρον*。尽管*τὸ συμφέρον*在某些地方也同样意义模糊，但在某些地方明显指持有所描述的观点的某个人物（用叙述学术语来说，是聚焦者［focalizer］）之个人利益。例如，在《皮洛斯传》12.4，普鲁塔克如此谴责希腊国王之间的不和：

> ……至于战争与和平这两个词，他们就像通货一样利用它们，无论哪个在手，都是为了他们（自己）的利益（*πρὸς τὸ συμφέρον*）而不是为了正义。

普鲁塔克后来因为国王们的言而无信再次指责他们："国王们因此不能谴责大多数人出于其（自身）利益（*πρὸς τὸ συμφέρον*）而变节……"（12.12；另参《苏拉传》6.9）然而，*τὸ συμφέρον*并不总是指向聚焦者。《小卡图传》26–29章细述内波斯（Q. Caecilius Metellus Nepos）为庞培的缘故通过了一条特殊敕令。卡图断然反对这项措施，并竭力阻止它。当内波斯感到卡图的抵抗使民众动摇并转向*τὸ συμφέρον*——此处肯定指他们自身的利益而非内波斯自己的利益——他派人控制并解散了大会（28.2）。

因此，*τὸ συμφέρον*在普鲁塔克那里既可以指某个个人的利益，也可以指另一方的利益。由于我们没有理由将任何一种可能性排除出

---

① 在《养生建议》（*De tuenda sanitate praecepta*）中，*τὸ συμφέρον*既可以指共同利益，也可以指某些演讲者的利益。在《亚历山大传》20.6，它可以指大流士的利益或其军队整体的利益。在《马略传》42.4，它既可以指屋大维的利益，也可以指罗马的利益。

《马略传》4.7，我认为两个含义都在起作用。该文段描述马略早期仕途，当时他的利益与邦国利益一致。从其罗马同胞的角度看，马略心怀邦国的利益，他也不愿由于讨好某个派系而使罗马受损。从马略自己的角度看，当与他自己的利益无关时，他不愿奉迎任何特别的派系。我们不必作出区分，因为在其早期仕途中，马略的利益大体上与共和国的利益和谐一致。

然而，一旦马略被放逐，他的利益与祖国的利益就分离了；讲原则却因此而无能的罗马精英不得不面对马略在战争舞台上残酷的权宜之计（expedience）。① 在马略与辛纳的前同僚屋大维（Gn. Octavius［译注］原文作 Cn.，似误）的斗争中，这一对比最为明显。41.1－2 给出了他们之间力量悬殊的冲突的背景，普鲁塔克在那里描述了辛纳和屋大维的争执以及罗马即将发生的内讧。马略当时逃亡在外，他认为辛纳的失位是他恢复权力的机会，因此向辛纳提供帮助（41.5）。

普鲁塔克引证了马略作出决定的两个动机：其一，他对辛纳的民众煽动家本质的认知；其二，他对屋大维个性的估计："他知道屋大维是个高贵之人，而且是个希望以最正义的方式统治的人"（...εἰδὼς δὲ τὸν μὲν Ὀκτάβιον ἄριστον ἄνδρα καὶ τῷ δικαιοτάτῳ τρόπῳ βουλόμενον ἄρχειν, 41.5）。普鲁塔克对屋大维的描述与他早前在 29.5 对努米蒂库斯的描述惊人地相似：

> ［马略］知道梅特路斯是个坚定之人，而且，如品达所言，是个认为"真相乃卓越品德之基"的人（...τὸν δὲ Μέτελλον εἰδὼς

---

① 对比《基蒙传》17 章：尽管因陶片放逐法被逐，基蒙却愿在塔纳革拉（Tanagra）为雅典战斗，这使他重获雅典同胞的喜爱，并得以被雅典召回。

βέβαιον ἄνδρα καὶ τὴν ἀλήθειαν ἀρχὴν μεγάλης ἀρετῆς· κατὰ Πίνδαρον ἡγούμενον...)。

两处描述都将 εἰδώς 一词与某个分词结构组合起来；两处都用了名词 ἄνδρα，被一个形容词（ἄριστον / βέβαιον）和一个带有 καί 的次级从句所修饰；再者，两处都由于马略而成为焦点。屋大维因而被等同于与马略敌对的贵族。

面对马略和辛纳的威吓，屋大维的应对是贵族的、愚拙的，并且最终是致命的：他拒绝通过解放奴隶招募一支防御军（42.4）。这件事发生在马略和辛纳攻下贾尼库隆山（Janiculum）之后（42.1–3），并紧贴在士兵们向皮乌斯恳求之前（此事与其尤为相关）。对屋大维所做决定的叙述被奇怪地颠倒了：一个叙述性的谴责被置于事件之前。因此，读者在还未得知屋大维所做决定之前就知道怎样解释它了。

屋大维由于缺乏经验而对事态造成的恶劣影响，不及其严苛的正义感所造成的那样多；严苛的正义感使他舍弃必要的东西，违背权宜（παρὰ τὸ συμφέρον）。尽管许多人请求他宣布家奴的自由，但他说他不会把祖国交给奴隶。

短语 παρὰ τὸ συμφέρον 再次出现。这个短语在普鲁塔克作品中共出现三例，两例在《马略传》中。其一赞扬马略拒绝以 παρὰ τὸ συμφέρον［违背权宜］的方式行事（《马略传》4.7）；其二谴责屋大维坚持以 παρὰ τὸ συμφέρον［违背权宜］的方式行事。两个文段体现了屋大维与马略之间的区别：前者是一位忽视权宜的高尚贵族，后者是一位不会忽视权宜的新人（nouus homo）。考虑到另一对照性的叙述，这个对比进一步得到强化：屋大维拒绝采纳的措施，即通过解放奴隶创造出一支应急军，是马略已经两次使用的措施；一次是苏拉兵临罗马之际（35.7），另一次是马略从流亡返回意大利之时（41.3）。如同29.10中的努米蒂库斯、42.6的皮乌斯那样，屋大维拒绝权宜；马略在其担任护民官期间，在公元前104年至公元前101年之间连任执政官期间，在其决定延后征服条顿人时，在其与辛纳联手并随后兵临罗马之时，都清楚地认识到并追寻权宜的巨大好处。无论他是为了罗马还是伤害罗马而行动，权宜行事的意愿使他比他的贵族对手有更多优势。屋大维和梅特路斯家族都不愿让其道德准则屈从于当下的需要，而他们在这方面的缺陷对解释他们在《马略传》中的失败大有帮助。

结　论

通过将克劳迪乌斯和法布里基乌斯这样的中期共和国英雄与后期共和国的梅特路斯家族和屋大维并置，《皮洛斯－马略传》描述了某种严苛的贵族准则；尽管公元前3世纪至公元前1世纪之间在罗马民众中发生了急剧转变，这一贵族准则始终被坚持着。后期共和国中领导力的问题部分在于其缺乏变通：不是它在克劳迪乌斯和法布里基乌斯之后数代衰微了，而是它无法适应时代。对抗像苏尔皮休斯、萨图尼努斯（以及某些情况下的马略）那样的民众煽动家，旧派政治术（old-school politics）变得不中用了，罗马的贵族无法面对新挑战。①

然而，《皮洛斯－马略传》提出的更深刻的问题是，如果元老们的行事方式有所不同，他们的领导力是否会变得强大。无论怎样历史地思考，无论对所有传记的证据进行一次（可能是不明智的）审

---

① 普鲁塔克叙述的这个面向类似于撒路斯特的《朱古达战争》。然而，在撒路斯特那里，读者会转向同情民众煽动家。精英领导人被描绘成高傲自大，而民众煽动术是政治对抗的唯一有效形式（《朱古达战争》5.1）。

查之后能得出怎样的答案,《皮洛斯－马略传》中的看法是相当悲观的。在《皮洛斯传》前面出场的梅顿,其身影一直到《马略传》结尾仍若隐若现。就算一位罗马贵族应当采取民众煽动策略,他也只会使自己降格为别的民众煽动家的水平,如同梅顿所做的,而仍然无法抵抗其敌对方的联手打击。《马略传》中学得这个教训的人物只有皮乌斯(尽管已经有点迟了)和努米蒂库斯,但他们最终选择放弃职责而自我放逐。

我们不应对普鲁塔克如此详细地考察这个政治问题感到惊讶。事实上,尽管普鲁塔克传记的主要兴趣是伦理学的(参《埃米利乌斯传》[Aemilius] 1.1 – 4 以及《伯利克勒斯传》1.4 – 2.4),伟大人物和邦国之间的关系是《对比列传》诸篇的共同主题。① 然而,普鲁塔克在别处对此主题的探究总是限制在单个人的生平范围内。只有在《皮洛斯－马略传》中,他给予自己充足的历史范围来进行历时性的政治分析,这也反过来使他能够采取一个与他的其他作品不同的写作方案。他并没有将其注意力集中于罗马地位的各个方面,也即罗马作为世界权力的独特地位以及它与希腊诸城邦(poleis)的关系,而这是《伦语》(*Moralia*)和其他传记中的主导性主题。② 取

---

① See J. Ma. Candau Moron, "Plutarch's *Lysander* and *Sulla*: integrated characters in Roman historical perspective," in *American Journal of Philology* 121.3, 2000, p. 465; F. Frazier, *Histoire et morale dans les Vies parallèles de Plutarque*, Collection d'études anciennes 124, Paris, 1996; S. C. R. Swain, "Plutarch, Plato, Athens and Rome," in J. Barnes, M. Griffin ed., *Philosophia Togata II: Plato and Aristotle at Rome*, Oxford, 1997, pp. 165 – 187.

② 对前一方面的讨论见 S. C. R. Swain, "Plutarch: chance, providence, and history," in *American Journal of Philology* 110, 1989, pp. 272 – 302;对后一方面的讨论参 H. Halfman, "Die Selbstverwaltung der kaiserzeitlichen Polis in Plutarch's Schrift *Praecepta gerendae rei publicae*," in *Chiron* 32, 2002, pp. 83 – 95。

而代之的是，他将罗马本身视为某个基于塔伦图姆模式的希腊城邦：起初是一个较为健全的塔伦图姆，但无疑最终总会走向同样的衰落。由此带来的结果是对罗马极为否定性的描绘，以及对一人统治的有力辩护。他对中期共和国相对肯定性的描述与李维在《建城以来史》卷9中的分析相当类似，尤其在其对共和国政治家风范的赞词中，但他的结论截然相反：李维看到共和国不断需要伟大人物，而这些伟大人物能在共和国体系内行事，但普鲁塔克却认为，共和国最终会发展到连这些伟大人物也无法保存它的境况，而这些伟大人物中的一位必须独揽大权。①

一个公元2世纪的读者会从这个分析得出什么结论？就算身处图拉真（Trajan）的仁惠统治之下，或许仍会有一股强烈的回顾共和国的冲动，把它看成一个满载光荣的自由与德性的时代。单独阅读《皮洛斯传》会产生如此看法。然而，《皮洛斯－马略传》结合起来却暗示了一个更忧郁的可能。或许共和国的本性注定了它对付民众煽动术时的虚弱和无能，而这意味着，一旦民众煽动手段被运用起来，混乱就无法避免。按照《皮洛斯传》12.12的格言，不忠的国王产生不忠的人民。对于一般意义上的领导者同样如此。倘若如此，民众煽动术在罗马的兴起就必然导向罗马民众的衰落；此后，他们只会受到民众煽动术的控制。这种民众的领导者唯一可行的选择，乃是要么加入民众煽动家，要么对统治进行强力变革。前者解决不了任何事情；后者最终发生了。在奥古斯都（Caesar Augustus）时代，罗马最终产生了一位富有眼光、冷酷和长寿的治国者来促成必

---

① 关于李维，参见 R. Morello, "Livy's Alexander Digression (9.17-19): counterfactuals and apologetics," in *The Journal of Roman Studies* 92, 2002, pp. 62-85，尤其 pp. 65-66, 80-82.

要的转变。从公元2世纪的角度来看，图拉真的统治因此看起来既是幸福的也是必然的，而任何对更大自由的渴望都会得到节制，一旦我们知道这种自由无可避免地会引致冲突。

普鲁塔克笔下的西塞罗、小卡图和布鲁图斯

斯温（Simon Swain） 撰

蒋歆微 译

导 言

对于普鲁塔克而言，希腊的"教育"（παιδεία）是人类最有价值的财富。教育是人物性格的关键，并形成那些塑造个人的品质（《论道德德性》[de virt. mor.] 452d）。无怪乎普鲁塔克在其伦理著作中探讨如何获得教育（《论诗人的勇敢》[de aud. poet]，《论勇敢》[de aud.]，《论德性的进步》[de prof. in virt.]）。通常他也对实践上的好处感兴趣。哲学（φιλοσοφία）这一更高的教育与当权者紧密关联（《哲人尤其应当与当权者交谈》[max. cum princ. phil. esse dis.]，《致一位无知的统治者》[ad princ. indoct.]）。尽管哲学生活

与政治生活之间具有明显的差别（参《伯利克勒斯传》［Per.］16.7），二者似乎也有许多相同之处（《老年人是否应当担任公职》［an seni resp. ger. sit］796d，《对政治家的谏言》［praec. ger. reip.］798b）。

教育自然会吸引传记作家普鲁塔克。我在别处提出：在《对比列传》中，普鲁塔克充分意识到，不同于希腊，罗马在他所涉及的那段时期里并不总是拥有教育，而且普鲁塔克更乐于将教育作为评判罗马人而非希腊人品质的手段。① 例如，在科里奥兰努斯（Coriolanus）那里，早期罗马在教育上的匮乏被用来标志这位英雄性格中较坏的一面；同样，普鲁塔克将马略情绪上的反复无常植根于他对希腊教育的蔑视，而他本可以充分接受这种教育；对卢库鲁斯（Lucullus）缺点的弱化也自然源于普鲁塔克选择将其呈现为希腊文化的狂热拥护者。

一位相对早期的罗马人努马（Numa）似乎打破了这种模式。他被呈现为某种典范：按照柏拉图的构想，"神圣的命运"将哲人的思想（διάνοια φιλόσοφος）与王者的权力（δύναμις βασιλική）和德性（ἀρετή）结合在一起，以便守护国家的和平（20.8 – 12）。当然，努马只能成为柏拉图之言的证明（τεκμήριον τῆς Πλατωνικῆς φωνῆς，20.8），他的学识来自他与毕达哥拉斯的交情（普鲁塔克显然极为相信这一点，见 8，22.5），也源于他所属的半神话的（semi – mythological）立法者群体能得到神的建议（4.11，参《论苏格拉底的命

---

① "Hellenic Culture and the Roman Heroes of Plutarch," in *The Journal of Hellenic Studies* (110), 1990.

神》[de gen. Socr.] 593d)。①努马的这一形象包含着理想王者的一些元素：理想王者旨在"通过德性（ἀρετή）使自己似神"（《致一位无知的统治者》780e）。尽管努马被视为现实中的柏拉图式理想政治家的典范（正如吕库尔戈斯［Lycurgus］的立法是理想国的实现，《吕库尔戈斯传》31.1 – 3），他本质上也只是某种政治家的理想而抽象的模式。②很难使努马变得更加真实，因为普鲁塔克在《忒修斯传》(Theseus) 第一节中适当地指出，并不存在关于努马或者其他早期英雄的可靠信息（并非偶然的是，《努马传》和《罗慕路斯传》一样，包含着关于古物和语言材料不同寻常的冗长叙述）。③

当普鲁塔克陈述努马制度的价值时，他发现，在努马时期的罗马，不存在任何体系，也不存在任何制度化的希腊式教育（《吕库尔戈斯与努马的对比》4.12）。努马并未打破其他罗马人传记中所呈现的希腊文化在罗马的发展模式。努马的重要性在于，表明一位罗马人可以像希腊人那样毫不困难地成为理想的统治者。作为理想统治者的典范，努马反映了某种重要的关切。无论过去或现在，无论希腊或罗马，普鲁塔克都在现实的政治家身上寻找理想的统治者。理想的统治者旨在通过德性接近神（参上文），归根结底，任何人都可能成为理想的统治者（《论道德德性》444c – d，《论神的惩罚的延

---

① 关于努马和毕达哥拉斯相识的观点，见 O. Skutsch, *The Annals of Quintus Ennius*, Oxford, 1985, pp. 263 – 264（但作者错误地认为普鲁塔克属于那些否认二者相识的人）。关于"半神话"：参 15.1，"诸神话"（μύθοις）；3，"诸多神话叙述"（μυθολογοῦσι）；11，"神话式的"（μυθώδη）。

② 参《罗马问题》(quaest. Rom.) 267c：一位正派的政治家，同时也是哲人（ἀνὴρ δίκαιος καὶ πολιτικὸς ὢν καὶ φιλόσοφος）。

③ 尤其参见 13（沙利祭司团［Salii］，关于盾［ancile］的词源）、19（日历，月份的词源；参《罗马问题》268a – d）。

迟》[de sera num. vind.] 550d - e)。有望与智慧结合起来的德性将带来真正的权力（参《论诗人的勇敢》24c - d,《狄翁传》1.3）。

本文的三位主角西塞罗（Cicero）、小卡图（Cato Minor）和布鲁图斯（Brutus）传统上被认为拥有崇高的理想。此外，他们都由于与哲学和希腊哲人密切关联而与众不同。考虑到这一点，也考虑到普鲁塔克对他笔下的罗马英雄受到的教育的普遍关心，从教育的角度来考察他们的弱点和优点并不奇怪。西塞罗的教育无疑受到了仔细审查，他未能吸收教育被视为他个人危机和公共危机的原因。西塞罗并没有因为声称自己信奉柏拉图的教诲而被原谅，因为在普鲁塔克看来，他没有从柏拉图的教诲中收获任何益处。小卡图是行动德性（active virtue）的更佳典范，他对希腊教育的吸收主要来自廊下派学说（Stoicism）。

普鲁塔克当然完全不赞同廊下派，他批评廊下派的这一主要倾向：从不实践他们所倡导的东西。在《小卡图传》中，普鲁塔克暗示，效仿廊下派正是小卡图的错误，而他的优点大多来自品行高尚之人的自然德性。布鲁图斯和小卡图一样信奉廊下派，但传记极大淡化了他的这一偏好。我们看到的是一位富有崇高的道德和政治原则的英雄，而这些高尚的原则源于学园派（Academy）。普鲁塔克在《布鲁图斯传》中的做法略为不同于《西塞罗传》和《小卡图传》：布鲁图斯与柏拉图主义的关联明显映射了与之对照的英雄狄翁和柏拉图的直接来往；而在《西塞罗传》和《小卡图传》中，我们所关心的主题并未如此明显地呈现在与之对照的希腊人中。然而，《布鲁图斯传》中柏拉图学说的地位并未被过度彰显，布鲁图斯本人实际与努马这样的理想政治家拥有相似之处；西塞罗和小卡图具备属人的缺点，布鲁图斯与之不同，他和努马一样被呈现为某种道德抽象物，只有对于他，普鲁塔克通过指出他人的错误而赦免了他的重要错误。

西塞罗

普鲁塔克显然有理由在《西塞罗传》中关注教育，这一主题很早就被提及。普鲁塔克说："完成幼年时代的学习后，西塞罗便去听学园派哲人斐洛（Philon the Academic）的讲学。"（《西塞罗传》3.1）当时是在罗马（约公元前88年），斐洛时为新学园派（New Academy）的怀疑论者领袖，他在米特里达梯战争（Mithridatic wars）时期迁居罗马（参西塞罗的《学园派》[*Academica*]）。在辛纳（Cinna）和苏拉（Sulla）的内战时期，西塞罗从政治中抽身而出，与"希腊的爱言辞者们（φιλόλογοι）"交游（3.3），正如他后来在恺撒时期所做的一样（40.1及以下）。在公元前80年为罗西乌斯（Roscius）辩护后，西塞罗来到雅典，问学于阿斯卡隆的安提奥库斯（Antiochus of Ascalon），尽管他并不赞同此人的学说（4.1-3）。由于苏拉大势已去，安提奥库斯"强烈建议他参与公共事务"（4.4）。在回罗马的途中，西塞罗接受了更多的希腊教育，包括跟波西多尼乌斯（Posidonius）学习哲学，跟罗德岛的（Rhodes）阿波罗尼乌斯·摩隆（Appollonius Molon）学习修辞术（4.5）。普鲁塔克告诉我们，由于阿波罗尼乌斯不懂拉丁语，西塞罗用希腊语在他面前发表演说：

西塞罗的演说结束后，周围的听者大感惊讶，争相赞美。但阿波罗尼乌斯一直坐着听西塞罗演说，并没有改变神情，演说结束后他陷入沉思。当西塞罗为此感到难过时，阿波罗尼乌斯说："我深深地钦佩和欣赏你，西塞罗；我只是为希腊的命运感到悲伤。教育（παιδεία）和言辞（λόγος）本是我们仅剩的荣耀，如今你却使它们同时也属于罗马。"（4.7）

西塞罗植根于希腊文化，这一点似乎始终贯穿整个传记（参《德摩斯梯尼与西塞罗的对比》1.3："博学的"［πολυμαθής］）。他倾向于柏拉图的学说（参《德摩斯梯尼与西塞罗的对比》1.3："受到学园派学说的教育"［εἰς τον Ἀκαδημαϊκὸν τρόπον］）。他可以很自然地对希腊著名作家发表评论（24.5-6）。在生命的最后，他被描写为在图斯库卢姆（Tusculum）用拉丁语翻译希腊哲学（40.1-3），并计划"结合许多希腊材料，写一部关于他的祖国的综合性史书"（41.1）。在尤维纳尔（Juvenal）时代写作的普鲁塔克，显然意识到了对希腊学问的敌意。他告诉我们，当西塞罗返回罗马时（公元前77年），由于不愿意担任公职，他被称为"希腊人（γραικός）和学者（σχολαστιός）"，这是"罗马的平民阶层最现成、最常用的侮辱人的称呼"（5.2）。① 但在38.4，情况发生了变化。在这个段落中，普

---

① 此处γραικός最有可能代表拉丁语词 graeculus［希腊人］（西塞罗在38.4所说的γραικός正是如此，因为 graeculus 是他新造的词）；但γραικός也可能是拉丁语词 graecus［希腊人］的转写，在普鲁塔克所取材的材料里，这个词具有某种轻蔑的含义。γραικός的这一用法（古代部族的正式称呼）在普鲁塔克那里第一次出现，在阿忒纳乌斯（Athenaeus）和狄俄（Cassius Dio, Zonaras 编）那里出现过一次，在普罗考匹乌斯（Procopius）那里出现过几次。除了《西塞罗传》，普鲁塔克仅在《老卡图传》（Cato. Maj.）9.2 使用过这个词，在那里，卡图所说的这个词显然不同于 graeculus（这个段落和9.3同样都不能视为照搬自珀律比乌斯［Polybius］的《罗马兴志》［Hist.］35.6；见 F. Walbank, A Historical Commentary on Polybius vol. III, Oxford, 1979, p.649）。此外，参狄俄, 46.18.1：公元前43年，卡伦纳斯（Q. Fufius Calenus）当着元老院的面称呼西塞罗为

鲁塔克提供了西塞罗在庞培军营中的一些戏谑之言：

> 莱斯波斯人（Lesbian）忒奥法尼斯（Theophanes）是军队的工事主管，罗德岛人的舰队作战损失惨重，忒奥法尼斯前往慰问，一些人赞扬他措辞得体，西塞罗说："能有一个希腊人做长官，真是多么好啊！（ἡλίκον εἶπεν ἀγαθόν ἐστι Γραικὸν ἔχειν ἔπαρχον）"

西塞罗在此使用了普鲁塔克在5.2所指责的侮辱性语词。普鲁塔克反感西塞罗的打趣（5.6，25.1，27.1，《德摩斯梯尼与西塞罗的对比》1.4），并且通常要求开玩笑时适当得体（见《会饮闲谈》[quaest. con..] II. 1，631c - 634f）。西塞罗由于忽视了"适当"（τὸ πρέπον）（《西塞罗传》25.1，《德摩斯梯尼与西塞罗的对比》1.4），获得了"坏脾气"（κακοήθεια）的名声（5.6，《对政治家的谏言》803c；参《论谄媚者和朋友》[de adul. et amico] 67f - 68c，《会饮闲谈》631c）。

普鲁塔克似乎将西塞罗对尖刻评论（无论戏谑还是侮辱）的偏好与爱荣誉（φιλοτιμία）联系在一起（25.1）。西塞罗也拥有某种对名声（δόξα）持久而有害的渴求（6.5，参5.1）。这种雄心壮志和对名声的渴望有时引出了普鲁塔克关于不充分的教育的评论。对于罗马英雄们尤其如此（参《科里奥兰努斯传》15.4，《马略传》2.3 -

---

ὦ Κικέρων ἢ Κικέρκουλε ἢ Κικεράκιε ἢ Κικέριθε ἢ Γραίκουλε（译注：Κικέρων为西塞罗，Κικέρκουλε、Κικεράκιε、Κικέριθε为"西塞罗"的不同指小词，表示轻蔑）。Σχολαστικός无疑代表拉丁语词scholasticus［学者］的侮辱性用法（见Petronius, Sat. 61.4），而不是某个拉丁本土语词，这个词在希腊语中本就有轻蔑含义。见A. Thierfelder, *Philogelos der Lachfreund*, Munich, 1968, p. 17 ff.；B. Baldwin, *The Philogelos or Laughter - Lover*, Amsterdam, 1983, p. 52。

5,《老卡图传》23.1，24.1)。基于这一点，尽管《西塞罗传》中没有明确的评论，我们仍然可以猜测，普鲁塔克或许认为西塞罗的刻薄、不得体和情绪上的反复无常与某种真正深入的学习并不一致。

值得注意的是，尽管普鲁塔克强调罗马风俗、历史、公民的善辩和学识，他却几乎不称任何罗马人为"哲人"（哲人不同于对哲学感兴趣或学习哲学之人）。小卡图无疑是个例外（见下文）。对我们而言，如果非要在罗马英雄中找一个"哲人"的话，只有西塞罗担得起这个称号。然而，普鲁塔克只将他称为"演说家"（rhetor）（参《西塞罗传》27.1，39.7，《德摩斯梯尼传》[Demosth.] 3.4，《恺撒传》[Caes.] 31.1，59.6，《小卡图传》32.8)。普鲁塔克很少描述西塞罗作为一个哲人的行动，仅在 40.2 和《德摩斯梯尼与西塞罗的对比》1.3 中提及这一点。他显然知道西塞罗《卢库鲁斯》(Lucullus) 中的基本观点（见《卢库鲁斯传》[Luc.] 42.3-4)；但是，鉴于他本人对这部作品的了解过于含糊不清（他完全不知道《晚期学园派》[Academica Posteriora]），① 可以说他几乎不可能熟知

---

① D. Babut, *Plutarque et le Stoïcisme*, Paris, 1969, p. 200, n. 1 证实了普鲁塔克对西塞罗《卢库鲁斯》的了解。这个问题与《西塞罗传》40.2 中的术语列表紧密关联，这一列表也可在西塞罗的《卢库鲁斯》中找到。这些术语有其对应的拉丁词：*Φαντασία* – visum，*Συγκατάθεσις* – assensio，*ἐποχή* – assensionis retentio，*κατάληψις* – comprehensio（参普鲁塔克《卢库鲁斯传》42.4），*τὸ ἄτομον* – individuum，*τὸ κενόν* – inane；在 *τὸ ἄτομον* 之后，普鲁塔克加上了 *τὸ ἀμερές*，而西塞罗并没有翻译这个词（除非是用 individuum）。在《卢库鲁斯》中，西塞罗给出了 *φαντασία*（18）、*συγκατάθεσις*（37）、*ἐποχή*（59）、*κατάληψις*（31）的拉丁语译名。另外的拉丁语对应词 individuum 和 inane 也能在此处找到（55，118 等）。这些拉丁语术语像是一个列表，或者说是半个列表（普鲁塔克或许添加了诸如 *ἔννοιαι* = notitiae [22]，*ἐνάργεια* = perspicuitas [或 evidentia, 17] 等），因为除了

西塞罗的其他哲学作品。

《西塞罗传》三分之二的内容都在正面处理西塞罗的教育问题。我们已经得知，西塞罗将演说术视为获取政治权力的工具（ὄργανον，4.4）。①在32.6，我们读到：

> 他时常要求他的朋友不要称他为演说家，而要称他为哲人，因为他以哲学为本务，修辞术不过是他成为政治家的工具。②

普鲁塔克看起来并不相信西塞罗的话，因为在他记录这段话的上下文中，他说西塞罗的教育不足以使其忍受流放（32.5）——这意味着教育的严重失败，因为一个人正是在不幸中才显示出其真正价值（参《攸门尼斯传》[*Eum.*] 9.2，《阿格西劳斯传》[*Ages.*] 29，2，《论亚历山大大帝的幸运或德性》[*de Alex. Mag. fort. aut virt.*] II.337c）。普鲁塔克继而暗示，比起严肃的政治事务，西塞罗

φαντασία（= visum）以外，这些术语几乎是按字母顺序排列。作品中 visum 出现的频率可以解释φαντασία的作用（见 Merguet, *Lexicon*）。人们或许会认为这个列表是由普鲁塔克做的。但考虑到《罗马问题》74.281e 里图利乌斯（Servius Tullius）的命运女神庙中对一个拉丁语列表的相似使用（见 H. Rose, *The Roman Questions of Plutarch*, Oxford, 1924, p.200），它更可能来源于一个拉丁口语助教的作品（参 C. Jones, *Plutarch and Rome*, Oxford, 1971, pp.84 – 87；C. Pelling, "Plutarch's Method of Work in the Roman Lives," in *Journal of Hellenic Studies* [99]，1979，pp. 94 – 95；T. Rajak, *Josephus*, London, 1983, p.47 谈到约瑟夫斯的希腊语συνεργοί［助手］）。而普鲁塔克对于《卢库鲁斯》的了解——尤论他可能对这本著作的观点有什么兴趣（关于普鲁塔克、西塞罗和安提阿库斯，参 Babut, *Plutarque et le Stoïcisme*, pp. 198 – 200）——依旧存疑。

① 关于ὄργανον，参《法比乌斯传》(*Fab.*) 1.7，《小卡图传》4.3，《给政治家的谏言》802b 等。

② 参西塞罗，《演说家》（*Orator*）12。

更为关心那些与政治有关的激情,尤其是名声($\delta \acute{o}\xi a$)(32.7)。作为一名交谈者的成功使他为名声所捕获:

> 政治家必须依靠言辞($\lambda \acute{o}\gamma o\varsigma$)说服他人,但热爱、渴望由言辞带来的名声($\tau \grave{\eta}\nu \; \grave{a}\pi \grave{o}\; \tau o\widetilde{v}\; \lambda \acute{o}\gamma o v\; \delta \acute{o}\xi a\nu$)却不高贵($\grave{a}\gamma \epsilon \nu \nu \acute{\epsilon}\varsigma$)。(《德摩斯梯尼与西塞罗的对比》2,参《论德性的进步》[de prof. in virt.] 80e)

西塞罗对荣誉的热爱表明了他作为政治家和哲人的失败。西塞罗的修辞术凸显了他在公共生活上的失败,因为他的修辞术粗俗又不得体、更糟糕的是爱慕虚荣。作为一个工具,它被错误使用了。普鲁塔克的西塞罗缺乏真正的教育,因此他不能有效地节制他的演说,出于同样的原因,他本人也没能达致真正稳定的性格。32.5－7对西塞罗流放时期的行为的评论为他余下的公共生活和私人生活定下了基调(参37.2 对于选择庞培还是恺撒"感到痛苦"[$\delta v \sigma \pi a \vartheta \acute{\eta} \sigma a\varsigma$];①41.1 对与特伦提娅[Terentia]离婚"自愿地……受苦"[$\pi \acute{a}\vartheta \epsilon \sigma \iota \nu......a \grave{v}\vartheta a \acute{\iota}\varrho \epsilon \tau a$];41.8 虽有哲人们[$\varphi \iota \lambda \acute{o}\sigma o \varphi o \iota$]的慰藉却仍对图莉娅[Tullia]之死表现出过分的悲痛;45.1 对安东尼[Antony]的憎恶[$\mu \widetilde{\iota}\sigma o\varsigma$]和由于渴求荣誉[$\tau \iota \mu \acute{\eta}$]而支持屋大维[Octavaian];45.6 屋大维利用了他对权力的热爱[$\varphi \iota \lambda a \varrho \chi \acute{\iota}a$])。②

---

① 依据 Sintenis² 的读解;Ziegler 接受 Graux 将 N 本中的 $\delta \iota \sigma \tau a \tau \acute{\eta}\sigma a\varsigma$ 修订为 $\delta \iota \sigma \tau \acute{a}\sigma a\varsigma$。

② 我们必须指出,与之对照的英雄德摩斯梯尼(Demosthenes)和西塞罗一样被流放过,但他平静地($\mu a \lambda a \kappa \widetilde{\omega}\varsigma$)忍受了流放(《德摩斯梯尼传》26.5),也得体地忍受了女儿的死(22.3)。毫不奇怪,普鲁塔克并没有在任何段落审查德摩斯梯尼所受教育的程度(或他对各种激情的抵抗),尽管他记录说德摩斯梯尼在那些"自由人之子应该也适宜学习"的科目上缺乏指导(4.4)。关于

在《布鲁图斯传》中，普鲁塔克似乎没有追究布鲁图斯由于坚持政治原则而导致的不幸结果，而他在《小卡图传》中没有这么做。这部分是因为布鲁图斯是学园派而非廊下派的信徒。在《西塞罗传》中，普鲁塔克却并未因为西塞罗是柏拉图的信徒而为其辩护。西塞罗的哲学不能为其政治上的失败提供任何辩护，因为西塞罗的哲学并不真正成功，而最后几节所描写的西塞罗最终的政治失败也同样是其学说的失败（例如45.1, 6），这一点清晰呈现在他并不高贵（$\dot{\alpha}\gamma\acute{\epsilon}\nu\nu\epsilon\iota\alpha$）的死亡中（《德摩斯梯尼与西塞罗的对比》5.1；上文所引用的《德摩斯梯尼与西塞罗的对比》2 也说到西塞罗公共生活中的不高贵 [$\tau o \ \dot{\alpha}\gamma\epsilon\nu\nu\acute{\epsilon}\varsigma$]）。

小卡图

我现在转向另一个与哲学具有重要关联的罗马人小卡图。对于我们而言，小卡图或许是典型的廊下派罗马人；对普鲁塔克而言，小卡图是少有的被赋予"哲人"头衔的罗马人——无论政治家还是学者——之一（《老卡图传》27.7，《布鲁图斯传》2.1，《庞培传》40.2）。[①] 然而，在

《德摩斯梯尼传》和《西塞罗传》紧密对照的结构，见 H. Erbse, "Die Bedeutung der Synkrisis in den Parallelbiographien Plutarchs," in *Hermes* (84), 1956 – 1957, pp. 399 – 400, 406 – 413；关于两位英雄的热爱荣誉（$\varphi\iota\lambda o\tau\iota\mu\acute{\iota}\alpha$），见 pp. 406 – 407。

① 其他的例子似乎只有星相学家、学者、哲人福古鲁斯（P. Nigidius Figulus）（《老年人是否应当参与公职》797d；《罗马问题》268f 使用了"哲人"一词；参《西塞罗传》20.3）和博学者瓦罗（M. Terentius Varro）（《罗慕路斯传》12.3；多次使用"哲人"一词）。关于后者，参 E. Valgiglio, *Atti del congresso internazionale di studi Varroniani*, Rieti, 1976, pp. 571 – 595。在普鲁塔克的

关于小卡图本人的传记中,普鲁塔克并未明确地这样描述他。小卡图与哲学和哲人的关联固然重要,但普鲁塔克显然并未对这位哲人-政治家进行圣人式的描绘。

小卡图的政治生涯与哲学之间的关联从一开始就清晰呈现。在相对照的福西昂(Phocion)传记的开头,普鲁塔克引用了西塞罗对小卡图的评价:他在政治中的表现就像身处于柏拉图的"理想国"之中,而非罗慕路斯的"污水沟中"(《福西昂传》[Phocion] 3.2)。①公元前70年代小卡图成为阿波罗祭司之后,"他与廊下派哲人泰尔的(Tyre)安蒂佩特(Antipater)成为朋友,而且他自己尤其专注于伦理和政治学说"(《小卡图传》4.2)。成为军事护民官后(公元前67年左右),小卡图又引起了另一位廊下派哲人绰号柯迪利奥(Cordylion)的雅典诺多罗斯(Athenodorus)的注意(10.1-3),他将这位哲人带回罗马,在那里他们一起度过了很长一段时光(16.1)。小卡图像哲人那样穿着(甚至在公元前54年担任法务官时也是如此,44.1)。他赤足出门,不穿长袍($\dot{\alpha}\nu\upsilon\pi\acute{o}\delta\eta\tau o\varsigma$ $\varkappa\alpha\grave{\iota}$ $\dot{\alpha}\chi\acute{\iota}\omega\nu$, 6.6)。他通常步行而不骑马(5.6-7, 9.4)。从6.3、20.2、54.8、57.4、69.1中可以看出,小卡图对哲学感兴趣,关心哲人并给予哲人荣耀。从21.7、65.11、67.2中可以看到廊下派对小卡图的特别影响,在对小卡图担任财务官时期的叙述中(16-18),可以充分看到廊下派

《论兄弟之爱》(fr.) 211,卡努斯(Julius Canus)被称为"廊下派哲人中的一位",这个表达显然并非来自辛瑟路斯(George Syncellus)(I. 625, Dind.)记录的普鲁塔克失传的《盖乌斯》(Gaius)中的轶事,而是来自辛瑟路斯本人所写的故事导言。

① 影射西塞罗的《致阿提库斯书》(ad Att.) II.1.8。C. Jones, "Cicero's Cato," in *Rheinisches Museum für Philologie* (113), 1970, pp. 192-193 认为这一段话或许来自西塞罗已经失传的《卡图》。

的显著特点，即崇高的原则与痴迷琐碎之事的结合。①他在自杀之前也无疑阅读了柏拉图的《斐多》（Phaedo）（68.2）。

这一形象的来源无疑可以在帕伊图斯（Thrasea Paetus）和鲁福斯（Munatius Rufus）的作品中找到。②但普鲁塔克对小卡图自然有他自己的看法——他在何等程度上是政治家？在何等程度上是哲人？让我们首先考量哲学方面。在因同父异母的兄弟凯皮奥（Caepio）之死而导致的个人危机中，小卡图似乎表现得更为看重感情而非哲人的修养（ἐμπαθέστερον ἢ φιλοσοφώτερον，11.3）。普鲁塔克叙述了小卡图的过度悲伤和过分盛大的葬礼，随后指出有些人指控小卡图的行为不符合他在别处的朴素（ἀτυφία）（11.4）。面对这些指控者，普鲁塔克为小卡图辩护，认为他们没有注意到，小卡图性格中的"顽固和刻板"混合着"温顺和柔情"（τὸ ἥμερον καὶ φιλόστοργον）（11.4）。

有人认为，对小卡图表现出的悲伤的批评（认为这种悲伤对于一位哲人而言是不适当的）和对这种批评的驳斥（认为这种批评对小卡图缺乏理解）大多照搬了穆那提乌斯（Munatius）的评论。③事实上，这些内容完全是普鲁塔克本人的观点。普鲁塔克认为个人的危机会带来情感（τὰ πάθη）的过度（《论道德德性》450a）。过度的悲伤正是这样一种情感，而普鲁塔克并不容忍这种情感（《致妻子的慰问信》[consol. ad uxor.] 608c，609b）。唯有依靠"正确的理性"

---

① P. Brunt, "Stoicism and the Principate," *Papers of the British School at Rome*（43），1975，pp. 22 - 23.

② 参 J. Geiger, "Munatius Rufus and Thrasea Paetus on Cato the Younger," *Athenaeum*（57），1979，pp. 48 - 72。穆那提乌斯是小卡图的密友（συμβιωτής，25.2）。

③ Geiger, "Munatius Rufus and Thrasea Paetus on Cato the Younger," p. 54.

才能抵御这种情感（同上 611a；另参《致阿波罗尼乌斯的慰问信》[consol. ad Apoll.] 102e，112c）。对小卡图的批评是普鲁塔克本人的观点。普鲁塔克的典型做法正是从教育的角度考察身处个人危机中的英雄（例见《西塞罗传》32.5–8，《提摩勒昂传》[Timol.] 6）。他也经常为英雄的错误辩护（他很少简单否认英雄的错误）——例如《格拉古兄弟传》（Gracchi）40.4（柯内莉娅 [Cornelia] 的缺乏悲伤），《亚历山大传》（Alexander）50.1–2，《布鲁图斯传》46.2–5（见下文）。此处的辩护很大度，但它同样也是普鲁塔克本人的观点（参《卡米鲁斯传》[Camillus] 11.3），①因为不同品质的结合（刻板和温和）是小卡图和福西昂性格的特点（见下文）。

　　普鲁塔克强调，小卡图并不具有问学所要求的禀赋（1.6）。然而，这对小卡图的教育并不重要，也对考察教育对小卡图性格的影响并不重要，因为大体上小卡图并不需要与类似爱荣誉（φιλοτιμία）这样的破坏性激情进行抗争（不同于西塞罗）。同样存疑的是，普鲁塔克参考的材料是否认为小卡图的生平（和政策）受到希腊文化的很大影响（但注意 4.2）；小卡图首先是一位罗马元老，一位罗马廊下派人士。普鲁塔克本人选择将小卡图的品质呈现为天生的而非教育的成果（参《小卡图传》2–3 中小卡图少年时代的事）。他和福西昂一样具有某种"强硬"（hard）和"柔软"（soft）德性的结合

---

① "这位天性温顺和善良的人（即卡米卢斯）并没有适度地承受悲痛（他儿子的去世）"（τὸ πάθος οὐ μετρίως ἤνεγκεν ἀνὴρ ἥμερος φύσει καὶ χρηστός）。参《德摩斯梯尼传》22.3：普鲁塔克在那里批评埃斯吉尼斯（Aeschines）将悲痛和悲伤视为一个"温顺和柔情的灵魂"（ἥμερου καὶ φιλόστοργου ψυχῆς）的标志而反对坚韧的品质。

(《福西昂传》3.8；参《对政治家的谏言》809d-e)，二者传记中的诸多轶事和格言表明了这一点（参《福西昂传》10.4-5），而《小卡图传》37.10 对此做出了解释。①

因此，尽管小卡图被描绘得对哲学抱有浓厚兴趣，谋求与哲人交流，他的品质显得更多出自天性（nature）。尽管普鲁塔克丝毫没有表达天性与哲学相互竞争的观点，小卡图毕竟并不首先是一位哲人。普鲁塔克即便详细描述了小卡图之死（67-72）——一位真正哲人的天鹅绝唱，却仍旧批评小卡图著名的自杀并不必要（72.3："看起来，小卡图不会使自己的声誉受到损害，只会提升恺撒的威望"；参《恺撒传》54)。②在其他地方，比如在《哲人尤其应当与当权者交谈》776f-777a，小卡图处于伯利克勒斯、狄翁、小西庇阿（Scipio Aemilianus）这样的政治家中；在《致一位无知的统治者》781a 中，他是和厄帕米农达（Epaminondas）一样的真正政治家，因为他为了确保那些在乌蒂卡（Utica）跟随他的人的安全而自杀，"教会了我们统治者该为了谁的利益着想和该蔑视什么"。

正是小卡图与哲学的关联使普鲁塔克在三个地方称呼他为"哲人小卡图"（《老卡图传》27.7，《布鲁图斯传》2.1，《庞培传》

----

① 参 24.1，25.13。见 J. Hamilton, *Plutarch, Alexander: A Commentary*, Oxford, 1969, p.95 关于《亚历山大传》36.16 的注解，其中说明了《对比列传》中的题外话与普鲁塔克对此的辩解；《小卡图传》37.10 是普鲁塔克为与他主题有关的题外话提供正当理由的唯一例子。

② 《论希罗多德的恶意》（*De Herod. mal.*）856b 也提及小卡图的自杀。西塞罗的《论责任》（*de off.*）I.112 认为，小卡图通过自杀展现了帕奈提乌斯（Panaetius）的教诲，即我们对特殊人物具有特殊的责任，但西塞罗说，并非所有人在类似情形下自杀都是正确的；同样参《图斯库卢姆清谈录》（*tusc. dis.*）I.74，西塞罗断言，神允许自杀正如神也允许苏格拉底之死。

40.2），不过，这一称呼实际并不意义重大。在《老卡图传》和《庞培传》中，它看起来是别人而非普鲁塔克赋予小卡图的头衔。①在《布鲁图斯传》中，这个称呼被用来强化布鲁图斯与哲学的关联。在《对比列传》和《伦语》（*Moralia*）诸多提及小卡图的地方，普鲁塔克仅仅称之为"小卡图"。显然，对于普鲁塔克而言，小卡图主要是一位政治家。可以确定的是，普鲁塔克并不希望将他的英雄和这位英雄所选择的廊下派哲学过于紧密地关联在一起，以免引出与职业的廊下派的对比：在《论廊下派的自相矛盾》（*de Stoic. repug.*）1033a–1034b，普鲁塔克批评廊下派宣扬却从不实践自己的学说（参1043a–1043b）。②小卡图毋宁是将理论付诸行动的人，因而或许可以成为政治家效仿的典范。

在《小卡图传》中，普鲁塔克如何塑造作为政治家的小卡图呢？小卡图和福西昂身处的政治危机都要求严肃（τὸ σεμνόν）和适度（τὸ ἐπιεικές）的艰难结合（《福西昂传》2.8；参《尼基阿斯传》[*Nic.*] 2.4，《科里奥兰努斯传》15.4，《伯利克勒斯传》39.3，《伽尔巴传》[*Galba*] 1.3）。两者都拥有这种品质，但小卡图比福西昂更难以保持这种混合。他习惯某种老派作风（ἀρχαιοτροπία），拥有一些不适合于（ἀσύμμετρος）时代的伟大德性（《福西昂传》3.3）。③因此，虽然普鲁塔克在两个地方声称小卡图的德性是真正获取民心（popularity）的基础（《小卡图传》9.9–10、44.12–14），但显然

---

① 关于普鲁塔克对这类标签的使用，参 Hamilton, *Plutarch, Alexander: A Commentary*, p. 1。

② 关于普鲁塔克的观点，见《给政治家的谏言》811a–b，另及《小卡图传》38、52.6–9关于其财务上的诚实的段落。

③ 关于"对称"（symmetry），参《给政治家的谏言》814a。

民众更喜爱恺撒这样的民众领袖（demagogues）（例如《小卡图传》26.1），而小卡图仅仅使他们感到厌烦（《小卡图传》44.4、49.5－6、50.2；参《福西昂传》3.2）。他对政治理论和政治演说的学习（4.3－4）没有带给他什么益处（但参看54.8－9、60.1）。

《福西昂传》为我们呈现了一位总体而言成功驯服了民众（δῆμος）的有原则的政治家。《小卡图传》远为复杂。①普鲁塔克不但考察了小卡图本人的品质，还审视了小卡图所处时代的特征，从而揭示小卡图是一个不合时代之人（anachronism）。普鲁塔克既被他的德性吸引（尤其参9.10），同时也注意到这种德性的缺陷（《福西昂传》3.1－3）。小卡图的观点被认为过于极端。普鲁塔克并未因为小卡图喜爱廊下派哲学而直接批评他；②但正是廊下派哲学（对于具有伟大天性的人们而言，这种哲学极为危险，见《阿吉斯与克莱奥门尼斯的对比》［Agis/Cleomenes］23.6）导致了小卡图实践上的失败，因为它不允许做出原则上的任何妥协，而政治家必须做出妥协（见《给政治家的谏言》24，817f－818e）。小卡图在政治上也并不总是不知变通（26.1的分发谷物救济品，③47.4的同意任命庞培为唯一的执政官），也并非不通人情（29.4的对待梅特卢斯［Metellus］的方式）。他追求"一种对正义很严苛、不因仁慈和偏好而有所动摇的高贵（τὸ καλόν）"（4.2），尽管这种高贵有时令他做出高尚之举（在

---

① C. Pelling, *Miscellanea Plutarchea*, Ferrara, 1986, p.94 指出，在许多"对比列传"中，普鲁塔克在第一篇传记中呈现某种常见的道德范式，并在第二篇传记中将之作为处理一个更为复杂的英雄的基础。

② 对卡西乌斯（Cassius）的伊壁鸠鲁主义（Epicureanism）也同样如此，见《布鲁图斯传》37.1－6。

③ 此事另见于《给政治家的谏言》818d、《恺撒传》8.6－7。

16—18 节中，在叙述他担任财务官的时期之前先讲到他与雅典诺多罗斯的交往）；在大多数情况下却令他受到误解（12.3—6），比如因像哲人那样穿着而"玷辱"了法务官的官职（44.1），比如在竞选执政官时理所当然地拉票失败（49.6、50.2，《福西昂传》3.2）。小卡图并没有注意到自己正走向何处。他更像是在发表预言而非颁布政策（35.7、42.6、52.3），他的政治才干显得是某种神灵凭附的德性（ἀρετῆς ἐνϑουσιασμός，26.5）。普鲁塔克甚至暗示，小卡图的高尚原则迫使庞培同恺撒站在一边，从而加快了内战的爆发并颠覆了整个国家（30.9—10）。

《小卡图传》和《西塞罗传》相当不同。普鲁塔克认为他笔下这位英雄的原则真正影响了其政治生活。普鲁塔克描绘的画像并不简单：一方面，普鲁塔克拉开小卡图与哲学的距离，将他呈现为具备坚韧的自然德性的政治家；另一方面，普鲁塔克从不让廊下派哲学过于远离我们的思考，因为小卡图的原则为政治现实带来破坏。这幅画像显然与西塞罗在《为穆瑞那辩护》（pro Murena）61—66 中对小卡图的廊下派哲学和政治活动的评论形成对比（参《小卡图传》21.7，《德摩斯梯尼与西塞罗的对比》1.5）。但普鲁塔克并不是在攻击小卡图。相反，他所选择的方式证实了他对这位在《伦语》中、在所有罗马人中除老卡图（Cato Major）之外最常被引用之人的赞赏。

布鲁图斯

《小卡图传》必须与《布鲁图斯传》进行对比，因为两位英雄都处于相同的政治处境，并都展现了相似的对原则的不妥协。布鲁图斯"通过哲学使自己的性情混合了教育（παιδεία）和言辞

(λόγος)",并"被认为对于追求善而言具有最为和谐的调和"(1.3)。布鲁图斯自然熟知大多数希腊哲人,尤其了解柏拉图,并遵循阿斯卡隆的安提奥库斯和老学园派的教诲(2.2-3)。事实上,他使安提奥库斯的兄弟和继任者阿里斯图斯(Aristus)成为自己的朋友(φίλος)和密友(συμβιωτής,2.3)。①布鲁图斯和他的朋友们谈论哲学(24.1,34.8,37.2-6,40.1,48.2,52.2),而他死时的情景也具备哲人自杀的传统要素(52节中的告别、鼓励和对原则的重申等等)。②

鉴于我们在《西塞罗传》中看到的内容,布鲁图斯的严肃哲学对话被忽视并不奇怪(当然它们或许并不为普鲁塔克所知)。③相反,普鲁塔克表明布鲁图斯与哲学的关联是实践上的关联(《布鲁图斯传》1.3:ταῖς πρακτικαῖς ὁρμαῖς),至少在他学生时代之后(3.3)。布鲁图斯像卡图那样性格刻板(6.8,29.3,《狄翁传》2.5)。卡西

---

① 见 E. Rawson, *Intellectual Life in the Late Roman Republic*, London, 1985, p.81,他推断阿里斯图斯是一位政治顾问而非被驯化的哲人;但 συμβιωτής 并不真正暗示一位作为家臣的哲人——参《卢库鲁斯传》42.3(安提奥库斯本人是卢库鲁斯的 φίλος 和 συμβιωτής),《小卡图传》25.2(鲁福斯被称为 ἑταῖρος 和 συμβιωτής),《王侯将相言行录》(*reg. et. imp. Apophth*)207c(迈克纳斯 [Maecenas] 被称为 συμβιωτής)。关于布鲁图斯对老学园派的认同,见西塞罗,《布鲁图斯》120、149、332。另见 J. Glucker, *Antiochus and the late Academy*, Göttingen, 1978, pp.112-113。

② 见 J. Moles, "Some 'Last Words' of M. Iunius Brutus," in *Latomus* (42), 1983, p.768, 774。该文正确指出了《布鲁图斯传》中"哲学殉道者"的气质。

③ 关于那些对话,参昆体良(Quintilian),《演说术原理》(*inst. Orat.*) X.1.123。关于布鲁图斯的主要作品《论德性》(*de virtute*)、《论耐心》(*de patientia*)、《论义务》(περὶ καθήκοντος),见 Martin Schanz, C. Hosius, *Geschichte der Römischen Literatur*, vol. I, p.396。

乌斯曾批评他这一点（35.3）；与同谋者的内在对比强烈地烘托了他的正直（9－19，29［比较《狄翁与布鲁图斯的对比》3.11］，35等）。和卡图更深刻的对照在于，在普鲁塔克看来，布鲁图斯通过自己的德性获得了民心（29.3－4，参《狄翁传》中17.6－7对狄翁的描写），尽管《布鲁图斯传》的重要主题之一事实上是包括布鲁图斯在内的阴谋者们缺乏民众的支持（参《狄翁与布鲁图斯的对比》2.3；再次参见《狄翁传》）。然而，不同于卡图，没有任何地方暗示布鲁图斯的错误源自他的哲学原则——即便在18.4，布鲁图斯没有杀掉安东尼被普鲁塔克说成是对正义（τὸ δίκαιον）的坚守，尽管在我们看来是一个错误（参《狄翁传》47）。

对小卡图和布鲁图斯的不同处理的原因之一，无疑是二者选择跟随的学派不同。在普鲁塔克的描写中，布鲁图斯显然和小卡图同样具备的廊下派特征被极力淡化。布鲁图斯被塑造成和狄翁一样的学园派的忠实信徒——注意普鲁塔克虽然在《西塞罗》4.2中饶有兴致地评论阿斯卡隆的安提奥库斯的廊下派倾向，却在《布鲁图斯传》中对此保持沉默。① 布鲁图斯追随的教诲和他的实际行为之间的矛盾似乎并未引起普鲁塔克的担心——布鲁图斯毕竟没有使柏拉图的教诲蒙羞（不同于西塞罗）。可以与此比较的反常现象是卡西乌斯的伊壁鸠鲁主义。普鲁塔克并未将卡西乌斯呈现为一位彻底的伊壁鸠鲁主义者（参39.6，40.6，9，在腓力比［Philippi］之战前；《恺撒传》66.2－3，在暗杀行为之前）。但在37节中，邪恶鬼魂

---

① 关于布鲁图斯的廊下派倾向，见 J. Moles, "Politics, Philosophy, and Friendship in Horace *Odes* 2.7," in *Quaderni Urbinati di Cultura Classica* (25), 1987, pp. 64－65。关于《西塞罗传》4.2，见 Babut, *Plutarque et le Stoïcisme*, pp. 198－200。

（δαίμων）出现后，普鲁塔克却让卡西乌斯用那些所谓的真正的伊壁鸠鲁学说（37.2：τοῖς Ἐπικούρου λόγοις χρώμενος）来安慰布鲁图斯。事实上，卡西乌斯所说的内容偏离了伊壁鸠鲁的学说，尤其在否认感官-知觉（sense-perception）这一点上。普鲁塔克对此不动声色，这无疑源自这样一种感受：这些情形要求的就是我们所看到的这种理性主义者的亚里士多德式的解释。①普鲁塔克对罗马人的哲人身份缺乏兴趣，而卡西乌斯本人背离了伊壁鸠鲁的学说，这两点或许意味着，普鲁塔克并未感觉到这一矛盾（更不必说去强调这种矛盾）。

普鲁塔克从未暗示布鲁图斯对柏拉图的教诲有任何偏离。布鲁图斯廊下派的特征完全被忽略。将布鲁图斯呈现为一名柏拉图主义者最重要的原因（尤其在《狄翁传》1.2，《布鲁图斯传》2.2-3）在于和狄翁进行对比，因为非同一般的教育（尤其是柏拉图的教诲）是《狄翁传》和《布鲁图斯传》的共同主题。狄翁与柏拉图有直接的交往（1.2：πλησιάσας；参 4.7、17.1 及以下，47.4、52.3 及以下）。②布鲁图斯与柏拉图教诲的关联却更加难以评测。布鲁图斯受到柏拉图学说的"培育"（ἐντραφείς，《狄翁传》1.2）。"培育"暗示着此前对这种学说的引入（参《论诗人的勇敢》32e，《皮洛斯传》[Pyrrhus] 26.21，《阿拉图斯传》[Aratus] 1.5）。但《布鲁图斯传》1.3 并未提及柏拉图，尽管我们在那里得知：

---

① 见 F. Brenk, *In Mist Apparelled*, Leiden, 1977, pp. 124 及以下；J. Moles, *A Commentary on Plutarch's Brutus*, Oxford D. Phil. Thesis, 1979, p. 392 及以下，尤其 pp. 394-395："修昔底德式的'必要之事'（τὰ δέοντα）的极端例子。"

② 正如他在希腊英雄的传记中的典型做法，普鲁塔克没有对狄翁的教育做出评价。《狄翁传》中叙述狄翁的教育是旨在抑制爱与政敌争执（φιλονικία）的倾向（47.4），而爱争执（φιλονικία）最终战胜了狄翁（52.2）并导致他被谋杀（53.5）。

他通过哲学使自己的性情混合了教育和言辞，他又以实践性的事务激励自己严肃而温和的天性，因而被认为对追求善而言具有最为和谐的调和。

这些言辞与《科里奥兰努斯传》15.4形成对比：

严肃和温和是最主要的政治德性，而他（即科里奥兰努斯）并没有通过言辞和教育来混合这两者。

科里奥兰努斯和布鲁图斯一样具有某种廊下派式的麻木（ἀπάθεια，1.4，《布鲁图斯传》14.6、29.3），如果他听从柏拉图的教诲，他本可以做得更好（15.4，《阿尔喀比亚德与科里奥兰努斯的对比》3.3；同时参照《科里奥兰努斯传》1.5和《马略传》2.3-4）。然而，除了此处对柏拉图的提及，没有任何地方暗示了普鲁塔克用"教育"（παιδεία）和"言辞"（λόγος）特指柏拉图的教诲。对于《布鲁图斯传》1.3也是如此。进而言之，我们不应当忘记，当普鲁塔克在《布鲁图斯传》2.2-2.3声称布鲁图斯"尤为推崇柏拉图学派"时，他同时也指出布鲁图斯并不排斥（οὐδ' ἀλλότριος）所有的希腊哲人。尽管普鲁塔克的确淡化了布鲁图斯的廊下派特征，但他并未夸大其柏拉图学派的特征。

除了与狄翁的对比之外，布鲁图斯的柏拉图主义无疑与普鲁塔克对布鲁图斯本人的看法有关。可能的原因在于，普鲁塔克将布鲁图斯视为一位具备崇高的道德行为和理想的哲人-政治家要素的人。[1]对于普鲁塔克而言，布鲁图斯无疑是一位崇高的罗马人。一个很好的例证是

---

[1] See C. Pelling, "Plutarch: Roman Heroes and Greek Culture," in M. Griffin, J. Barnes ed., *Pholosophia Togata*, Oxford, 1989, p.228.

他对布鲁图斯在腓力比的第二场战役之前对士兵的承诺的评论：布鲁图斯允许士兵掠夺忒萨罗尼卡（Thessalonica）和拉刻岱蒙（Lacedaemon），

> 这是布鲁图斯一生中唯一无可辩护的错误，① 尽管安东尼和恺撒在胜利之后给军队更为残酷的报酬：他们将几乎整个意大利的古老居民全部逐离，以便他们可以获得他们本没有权利拥有的土地和城邦。(46.1-2)

普鲁塔克没有试图为布鲁图斯的许诺辩解；相反，他指出战争对于意大利的后果，这种后果比布鲁图斯所承诺的希腊地区更为惨烈（参《庞培传》70.6，《恺撒传》55.6）。这似乎是唯一一处普鲁塔克没有为一位英雄的污点（κηλίς）辩护，而是指出与之无关的其他人的错误的段落（对比《亚历山大传》50.1-2，59.7，《恺撒传》51.4，《埃米利乌斯·保鲁斯传》［Aem.］30.1，《提摩勒昂传》［Tim.］33.2）。因此，布鲁图斯或许可以和努马进行对比，我们已经看到，普鲁塔克也将努马与柏拉图间接地联系起来。布鲁图斯当然与努马有别，他只是一个真实的历史人物，缺乏神的关照（参《布鲁图斯传》47.7，《狄翁与布鲁图斯的对比》2.2）；②但普鲁塔克将布鲁图斯呈现为试图建立一个有原则而自由的政府，从而让布鲁图斯回应了一个相似的类型。

---

① 普鲁塔克在《狄翁与布鲁图斯的对比》3.4-11 反驳了对布鲁图斯的"最大指控"：谋杀了拯救他性命的人。

② 关于普鲁塔克相信神/神意决定为罗马带来君主制，参《庞培传》53.8-9，74.4-5，《基蒙与卢库鲁斯的对比》（Cim-Luc. syn.）1.1，《福西昂传》3.4，《安东尼传》56.6。同时参见 S. Swain, "Plutarch: Chance, Providence, and History," in *American Journal of Philology* (110), 1989, pp. 286-292。

论阅读普鲁塔克的《对比列传》

拉塞尔（D. A. Russell） 撰

林丹纯 译　陶鸿 校

"这是谁，你儿子？
好一个漂亮的小家伙！他叫什么名字？"
"普鲁塔克，先生。"
"普鲁塔克！这是怎么来的？"
"那年，先生，
我刚有了他，我买了普鲁塔克的《对比列传》
随后深深爱上这本书，所以给我儿子取了
他的名字，希望他可以像他一样，
为我们的伟人立传。"

Ben Jonson, *The Devil is an Ass*, 1616

这当然是文艺复兴式的狂热。在重新发现古代的日子里,普鲁塔克享有名声和影响力,但随着19世纪标志性的历史和学术态度领域的一系列革命的发生,这一名声和影响力没有延续下来。他不再被当作古代和人性的一面镜子,而是变成了"次级权威","一级文献"失效时才会用到他,他本人则被各种"素材探子"① 当作石料场随意采挖,只剩狼藉一片。如今教育界对《对比列传》的忽视皆源于此。这部作品如今主要基于史学目的而被研究,然而明显的是,恰恰是出于这样的目的,使用这部显然是古代史纂中最精巧的作品之一时,若不时时注意作者的谋篇和意图,那将是误导人以及危险的。

所幸,近来著述颇多,尤其近二十年,以纠正偏颇。② 眼下这篇文章是沿着这一方向的进一步努力,试图描述普鲁塔克的某些道德态度和文学手法,对其"素材"的问题只做必要的提及。③ 我也大胆希望本文能促进对普鲁塔克的阅读——不管是完全通过希腊文还

---

① [译注] Quellenforscher,即 source explorer,或译"原料探子"。

② A. W. Gomme, *A Historical Commentary on Thucydides*, vol. 1, Oxford, 1945, pp. 54 – 84; A. Dihle, *Studien zur griechischen Biographie*, Göttingen, 1956; H. Erbse, "Die Bedeutung der Synkrisis in den Parallelbiographien Plutarchs," in *Hermes* (84), 1956, pp. 398ff; H. Martin, "The Concept of Praotes in Plutarch's Lives," in *Greek, Roman and Byzantine Studies* (3), 1960, pp. 65 – 73; T. F. Carney, "Plutarch's Style in the *Marius*," in *Journal of Hellenic Studies* (80), 1960, pp. 24 – 31; D. A. Russell, "Plutarch's *Life of Coriolanus*," in *The Journal of Roman Studies* (53), 1963, pp. 21 – 28. 但是当然,先驱是 F. Leo, *Die griechisch - römische Biographie*, Leipzig, 1901。

③ 关于普鲁塔克研究最好的概论是 K. Ziegler 为 *Paulys Real - encyclopädie der classischen Alterumswissenschaft* 所写的文章(最初出版于1949年);对于英语读者来说,J. P. Mahaffy, *The Silver Age of the Greek World*, Chicago, 1966, pp. 339 – 402 仍然有用。另见 E. R. Dodds, "The Portrait of a Greek Gentleman," in *Greece & Rome* (2), 1933, pp. 97 – 107。

是部分通过翻译。如果由于拘泥于语法或史实而使年轻学者不能领略克莉奥帕特拉（Cleopatra）和卡图（Cato）之死或者阿拉图斯（Aratus）收复西居昂（Sicyon）的冒险故事，理由是这位最有成就的希腊语散文作家"拙于散文"，或者这位对过去最生动的再现者对于"五十年"的编年史是个不靠谱的向导，实属非常的遗憾。

我先谈谈普鲁塔克的道德观和政治观，然后对《对比列传》的文学形式稍事评说。最后，我以对《吕山德传》（Lysander）的简短分析说明我提出的某些观点，在许多方面，它都是一个"典型"作品。

一

正如普鲁塔克自己告诉我们的（《埃米利乌斯·保鲁斯传》［Aemilius Paulus］前言），他写作传记的动机源于他人，但终至于作为热爱的劳动而坚持下来。《对比列传》是漫长而多产的职业生涯中最有野心的文学计划。这些传记几乎构成普鲁塔克现存著作的一半。我们既无法确定其绝对年表，也无法确定其相对年表，尽管有某些确定的点。① 它们显然是晚期成熟之作：如果我们将其归于图拉真（Trajan）时代，相信不会错。它们与普鲁塔克的教学和写作产物如何关联，可以很方便地从同时期的另一作品中看出来，即献给萨迪斯的美内马科斯（Menemachus of Sardis）的《政治教训》（πολιτικὰ παραγγέλματα）。② 这一建议献给一位即将进入一个动乱城邦的政治生活的富家子弟，其中包含一些增加趣味的例证，而这些例证显然来自《对比列传》

---

① C. Stolz, *Zur relativen Chronologie der Parallelbiographien Plutarchs*, Lund, 1929.

② T. Renoirté, *Les Conseils politiques de Plutarque*, Louvain, 1951.

所需要的研究：出于感情的一时冲动而步入政坛是错误的，比如格拉古（C. Gracchus）（798c，比较《格拉古传》22）；在选择和任用朋友这件事上用心很关键，不要重蹈梭伦（Solon）和阿格西劳斯（Agesilaus）覆辙（807d，比较《梭伦传》15，《阿格西劳斯传》13）；争纷和敌对不可避免，甚至忒米斯托克勒斯（Themistocles）和阿里斯提德斯（Aristides）也不能避免（809b）；懂得如何分派权力很重要，正如伯利克勒斯（Pericles）所做的那样（812c，比较《伯利克勒斯传》7、11、13）；财富固然有用，但贫穷也不必是障碍，正如拉马科斯（Lamachus）的事业所证明的（822a, 822e）。

如今这些例子被用来支撑实践性建议，与帝国统治下的希腊城邦生活的真实处境紧密相关。当然，普鲁塔克意识到了时下的阻遏与危险，完全明白马拉松之战（Marathon）的故事这时应该仅限于修辞学教师的课堂（814c）：“带着你们的演说回家去吧”，苏拉（Sulla）曾经对不合时宜地提及自己昔日辉煌的雅典使者们这样说（《苏拉传》13.4）。但他同时相信，从希腊古典时期的历史中有教训可学，这些教训在公共生活中仍有价值，至少就其道德效果来说（ἠθοποιεῖν καὶ σωφρονίζειν [塑造性情并自我节制]）。他举了几个例子：三十僭主统治后对大赦的投票；普律尼科斯（Phrynichus）因不合时宜地上演关于"米利都的陷落"的戏剧而被罚款；卡山德（Cassander）收复忒拜（Thebes）时民众的喜悦；阿尔戈斯（Argos）大屠杀时的惨状；哈尔帕卢斯（Harpalus）丑闻时，一对新婚夫妇的住宅被免除搜查时所表现出来的对个人的尊重（814b）。所有这些表明，一个公民主体的行为应当如何塑造。这些经验教训对于帝国下的希腊诸城邦如同对古典时期的雅典一样适用，因为它们关涉那些其价值无关乎政治权力规模的品质：仁慈和大度，它们是文明生活的根本（对普鲁塔克和对我们皆如此）。我想，似乎可以这么说，《对比列传》的一个首要主题是向罗马人证明，希腊的伟大曾是政治的伟大，Ἑλληνικὴ παιδεία［希腊人的教育］是 ad rem publicam bene gerendam［妥善处理政治事务］的一条道路。我们可以认为，普鲁塔克回应了一位尤维纳尔（Juvenal）的任性的偏见（尤维纳尔，3.60 以下），也指出并非所有 Graeculi［希腊人］都是走钢丝的杂耍演员。在《论雅典人的光荣》（de gloria atheniensium）中，他直接进一步提出，雅典人的伟大是因为她的政治家和领袖而非她的诗人和文学家。①

普鲁塔克的道德教诲和他的传记作品之间的关系有另外一面。《对比列传》的一个目的，而且是一个很重要的目的，显然是为普鲁塔克当时的公共人物提供一个典范（exempla）目录——这一点几乎不需指出——而且，他考虑的不独地方（municipal）政治家们：《对比列传》就是献给一个有影响力的执政官（consular）索西乌斯（Q. Sosius Senecio），②富有且在当地有权势的希腊人升任帝国重要官职当然也是弗拉维（Flavian）和图拉真时代的一个特征。但是，把《对比列传》主要当成一部供当时人借鉴的著作不仅令人吃惊而且错误。大多数读者所形成的以下印象实在不无道理：普鲁塔克似乎是从望远镜的错误一端往下看，从一个有限经验和学者式修辞与道德的立场来看待雅典人的荣光以及希腊和罗马世界令人惊叹的变迁。对此，《皮洛斯传》（Pyrrhus）13 章有个极端的例子。公元前 284 年，皮洛斯是巴尔干半岛（Balkan peninsula）最有权力的君主。时运颠倒，他突然失去了马其顿（Macedonia）。一次打击就让他降级

---

① 《伦语》345c – 351b：也许只是某次修辞学辩论中一方的观点，但它给人的印象是，提出了一个确实成立的观点。

② 普林尼的《书信》I. 13 也证实了索西乌斯的文学兴趣。

为一个微不足道的小首领。命运的这种反转是普鲁塔克生动而激动人心的叙事中的关键点之一。因此，他的评论是为了强调。这个的评论来得意外。他说：

> 命运给了皮洛斯机会去安静地享受当下的种种优越、居于安宁。但在他看来，不给别人找麻烦也不让麻烦找自己，是一种令人恶心的厌烦（ἄλυν τινὰ ναυτιώδη）。就像阿喀琉斯（Achilles），他不能容忍安逸。

虽然阿喀琉斯作为皮洛斯的祖先在这个传记中应该享有一个特殊位置，①但是这样一本正经的评论确实揭示了这位史家的一个欠缺——对权力的紧张和麻烦缺乏同情。

现在可以肯定的是，普鲁塔克的道德和教化意图给《对比列传》带来的后果是严重和多方面的。无论他的历史兴趣和理解如何随着著作的推进和扩展而加深——我认为确实有所加深——这方面的东西依然处于最重要的位置。它决定了许多细节的选择：由于要做出的最终判断是道德性的，就必须选择那些 πρὸς κατανόησιν ἠθῶν［对于理解性情］特别具有价值的细节，而这些细节极有可能是些琐事而非大战役（见《亚历山大传》1，普鲁塔克对意图和方法最清晰的陈述）。它还造成了普鲁塔克的世界无时间性的印象，因为个人道德和时宜的标准不变。普鲁塔克确实懂得在标准上做一些发展，毕竟期待原始野蛮的科里奥兰努斯（Coriolanus）具有文明的节制是不合理的。但在大体上，普鲁塔克呈现了几乎不被社会或道德变迁意识

---

① 我怀疑这个理由是否成立：阿喀琉斯在其他语境中被作为英雄的典范，参见《卡米鲁斯传》12.4、《阿里斯提德斯传》7.8。

所笼罩的一千年历史。从忒修斯（Theseus）到奥托（Otho），个人和社会之间的交互作用遵循着相似的模式：在童年时期，主人公向独具慧眼的人显示自己的真实天性；在以后的生涯中，他施展自己天生和习得的品质，抵抗成功的诱惑和命运的变迁，直至他的道德功业盘点一清的时刻。

另外，普鲁塔克对教化的兴趣产生了某种特定的偏见。他对那些在志业上相似的英雄投以特殊的敬意：具有哲人气质的政治实践家。狄翁（Dion）和布鲁图斯（M. Brutus）这两位学园派（Academics）是明显的例子；但相同的倾向也出现在《马塞鲁斯传》（*Marcellus*）和《卢库鲁斯传》（*Lucullus*）中，并且无疑在《埃帕米农达传》（*Epaminondas*）和《西庇阿传》（*Scipio*）中也很显著，这是他所写的第一对传记，不幸（且令人意外地）散佚了。①普鲁塔克也坚信贵族制统治最好，这种为大多数古代史家所共有的信念由于他对柏拉图的服膺而加强。这成为另一个倾向于"抹除"地域和时代区别的影响：无论何时何地，民众都是一种危害。②

最后，道德说教的意图有时导致对事实的扭曲和彻底的美化。普鲁塔克在《基蒙传》（*Cimon*, 2.4–5）中承认了这一点：他说，特别热心地把错误昭示于天下不是史家该干的事；相反，他应该为人性没能力产生纯粹美德的范例而感到些许羞耻。他写作德米特里乌斯（Demetrius）和安东尼（Antony）的生平——μεγάλαι κακίαι

---

① 关于埃帕米农达，见奈波斯（Nepos）的传记和普鲁塔克的《佩洛皮达斯传》（*Pelopidas*）和《论苏格拉底的命神》（*de genio Socratis*）。作为伟大的忒拜英雄，他在普鲁塔克的感情中占据一个特殊位置。

② 例如《忒修斯传》25、《卡米鲁斯传》36、《提摩勒昂传》（*Timoleon*）37、《马略传》28。

[巨大的邪恶]可以出自μεγάλαι φύσεις[伟大的天性]这一事实的最好例子——乃是一个刻意的例外。① "我写这些，不是为了取乐，"他说，"而是一些关于恶的知识让一个人成为对善更热心的观察者和模仿者。"科里奥兰努斯和阿尔喀比亚德（Alcibiades）显然是另一对反例；但是，当然也有很多传记——尤其是内战中的罗马元首们（principes）的传记——包含赞美和规劝的同时，也包含批评和警告。研读了《马略传》（Marius）或《苏拉传》之后，没有一个公正的读者还会认为普鲁塔克的世界是一个英雄和坏人黑白分明的世界。

的确，《对比列传》的稚嫩（naïveté）——说它稚嫩实在不假，并且很容易对其报以批评——更多在于其最初构想和基本布局，而不那么在于其写作过程。普鲁塔克并不经常落进 le monde rhétorique [修辞世界]的遮蔽中，②而卢齐安（Lucian）、阿里安（Aelian）、瓦勒留斯（Valerius Maximus）和其余人恰是在此领域活动并获得一席之地。当然，他有时也这样做，比如在我们已探讨过的《皮洛斯传》相关段落中，在《梭伦传》里也常常如此——他从中汲取古老而久经传述的七贤传统（例如5、6、28）。但是，他一次又一次被他惊人的阅读范围和巨大的严肃性所救。他为ἄνδρες πολιτικοί [政治人]而写作，他本人即是πολιτικός [政治家]——尽管只跟喀罗尼亚（Chaeronea）本地的政务有关。而且，他即便并非对历史变迁但至少对古代的伟大有一种敏锐的认识。将诸种动机约减为哲学上和道德上的相似之物全然没有破坏英雄们行动背景的宏伟、他们所参与事件的伟大或者他们与命运搏斗的壮丽。的确，典范的力量取决于

---

① 《德米特里乌斯传》1 同样是一个重要引言：见 Dihle, *Studien zur griechischen Biographie*, pp. 74ff。

② J. Bompaire, *Luciene écrivain*, Paris, 1958, pp. 161ff。

这些因素的联合。他们是凡人，正如你、我和美内马科斯（Menemachus）；但只因为他们高于凡俗、他们是一个更大更好的世界的居民，这一点才变得有趣。

少有作家（也许在古人中只有李维，以一种有限得多的方式）对历史的生动、对行动和冒险的刺激展现了像普鲁塔克这样强烈的兴趣。少有作家比他更有能力通过娴熟的拣择以传达事件和人物的情感效果。结果是，《对比列传》没有变成一部儿童教化故事集——鉴于它们的写作缘起，它们本来很可能有这种结局——而是一部可以被承认的伟大的历史著作。

二

接下来让我们更细致地看看普鲁塔克性格（character）概念的哲学基础。奇伦托（Vincenzo Cilento）在最近的一篇论文中说："《对比列传》并非历史的女儿，而是哲学——最主要是《尼各马可伦理学》——的女儿。"① 的确，这早已是公认的事实，亚里士多德式的伦理学说是普鲁塔克性格观的基础。②一个人的性格（ἦθος）就展现在他的πράξεις［行动］和他对πάθη［痛苦］的管控中，性格即由这些形成。一个人生来就带有特定的倾向——这是他的天性（φύσις）——教育可以发展、抑制或掩盖这些倾向，但不能从根本上改变或消除它们。παρὰ φύσιν［违背天性］的行动可能会发生，但极

---

① Vincenzo Cilento, *Transposizioni dell' antico*, Milan, 1961, p. 108.
② Leo, *Die griechisch - römische Biographie*, pp. 178ff.；Dihle, *Studien zur griechischen Biographie*, pp. 60ff。尤其注意《尼各马可伦理学》1103a14 以下关于ἦθος和ἔθος的说法；1103a23 以下关于"本性"和"成熟"所扮演的角色。

少见，需要特别的解释（例见《埃米利乌斯传》［Aemilius Paullus］30、《马略传》28、《卢库鲁斯传》6.2）。一个人长成时，他的行为模式基本上已充分建立起来，可以据此推测他在大多数情况下会如何行动。哲学家和修辞教师对这方面有许多话要说，大部分以亚里士多德的《伦理学》和《修辞术》第二卷为基础。按他们划分ἤθη［性格］的方式，一个人的类型一旦确认，他的行为就能被预测，他的特点就能被那些希望将自身意见加之于他的人善加利用。史家或传记作者得反向演绎这个过程，好像真的如此一样。一般而言，一个伟人被记录在册的是他的πράξεις［行动］，以及进一步细分出的他的公共λόγοι［言辞］。这些连同一些碰巧被保留的有意义的细节一起，构成能据以推测出他的ἦθος［性格］和φύσις［天性］的证据。

普鲁塔克写一篇传记的标准步骤是，相当早地就陈述他的结论——通常跟这位英雄的教育相联系——然后在接下来的叙事中加以证明。《马略传》（2）提供了很好一个例子。马略天生的勇气（φύσει ἀνδρώδης）接受的教育使他更适于军事生活而非公民生活。因此这导致他没有能力控制愤怒，这一缺点在他取得权力时变得很严重。他对希腊文化的蔑视同缘于此；要是他听劝向希腊的缪斯女神和美惠三女神献祭，他就不会以如此丑陋的结尾（ἀμορφοτάτην κορωνίδα［不成形状的结尾］）葬送他的军事和政治名声。① 结果，他轻率的脾气、不合时宜的野心、不知

---

① 这里又是这样的主题：希腊的人道和文明作为对罗马潜在野蛮的疗救。我们应该回想起，罗马军队的暴力——来自米特里达梯（Mithridatic）战争和内战的悲痛回忆——在公元69年再次爆发，而且依然是个威胁。比较《伽尔巴传》（Galba）1，在那里普鲁塔克用了一种柏拉图思想来解释这种情形。类似主题在《对比列传》中很常见：例如《卡米鲁斯传》12、《科里奥兰努斯传》15、《努马传》3、《马塞鲁斯传》22。

餍足的贪欲使他在残酷而无情的老年折戟沉沙。给出这一诊断之后，普鲁塔克进一步写出证明这一点的故事：ταῦτα μὲν οὖν ἐπὶ τῶν πράξεων αὐτῶν θεωρείσθω [这些都会在他的行为中展现出来]。

这种写法显示了普鲁塔克的性格观与现代传记作者通常采用的性格观之间一个极大的差异。现代传记非常重视性格的发展。成熟和衰老不仅令主人公改变行为方式，甚至在一些极为根本的方面也改变其本质（be different）。责任不仅引出潜在能力，而且令其生长，将其修整成新的样式。一个人生平中的许多重要事情不是必然的，也不是在一开始就注定的。这符合人之常情，尽管一个作家越受精神病学临床态度和遗传学研究影响，就会越容易看低主观努力和外部环境在改变既有模式上的潜力。古代作家命定论的态度更强，普鲁塔克也不例外。正如奇伦托所说的，"英雄就在那儿，完整一块"，英雄的演变发展却未着笔墨。不过，先天品质和环境之间的相互作用问题在所有传记的核心处都存在。很自然，普鲁塔克应该思考过它，他说了些什么很值得反思。性格的"变化"问题当然不算新，忒奥弗拉斯托斯（Theophrastus）处理过（普鲁塔克，《伯利克勒斯传》38.2），我们也可以在珀律比乌斯（Polybius）那里发现它（9.22 – 23 对汉尼拔[Hannibal]的描述）。普鲁塔克在《苏拉传》30.5 许诺了一段讨论：

> 马略一开始就是个冷酷无情的人，而且日益如此；他没有因权力而改变自己的φύσις [天性]。苏拉不是这样的；他最初对命运的应对已经显示了一种节制和有教养的性格……他让我们有充足理由抱怨，位高权重的结果就是阻止性格（τὰ ἤθη）保持不变，并且产生暴力、虚荣和无人性。这是命运所致的φύσις [天性] 的转变（κίνησις καὶ μεταβολή [运动和转变]），还是在权力刺激下原

有邪恶的显露，这个问题需要另一部作品①来裁定。

所以，在这一段落中，普鲁塔克承认了ἤθη［性格］改变的可能性：ἤθη是性格中习得的部分，一般在成熟后臻于完整，而不是一出生就注定；至于φύσις［天性］的改变，这真的会发生，还是所发生的只是潜在特性的逐渐显露，他让这个问题保持开放。②与此类似，在《塞多留斯传》（Sertorius）10 的另一情境中，堕落不是因为权力，而是因为灾难。在其生平后期，原本仁慈温和的塞多留斯对某些人质表现出极大的残酷。普鲁塔克说，对此的一个解释可以是，塞多留斯的真实φύσις［天性］最终被显露出来；塞多留斯的天性并非真正的ἥμερος［驯顺］，而是必然（necessity）使其天性的真实品质被理性的控制有意隐藏了。普鲁塔克自己并不接受这一解释，理由是，没有哪种真正的、基于哲学的ἀρετή［美德］可以被命运转变为其反面，而在其他情况下，一般的善良意图（προαιρέσεις）和种种天性（φύσεις）有时候可能由于巨大而不该受的厄运而变坏。结果就是，他们"随运气改变自己的ἦθος［性格］"。③塞多留斯就是这样：

---

① "另一部作品"（ἑτέρα πραγματεία）没有存世，也没有哪个有记录的标题表明普鲁塔克会讨论这个主题。

② 第二种可能当然是常见的古代观点。我们想起塔西佗《编年史》VI. 51 中的提比略（Tiberius）：在他最后的堕落中 suo tantum ingenio utebatur（ἑταῖρος）［运用自己的天性］。最近一部《雅典的泰门》（Stratford, 1965）的制片人感到（正如他就这个节目所说的）有必要给自己一个满意的说法，即慷慨的泰门和厌恶人类的泰门事实上能够是同一个人；他提出，破产和忘恩负义揭示了泰门的真实天性，他人生得意时的行为不过是演绎一种虚幻。这是用现代心理学来注解正统古代观念。

③ Τῷ δαίμονι συμμεταβαλεῖν τὸ ἦθος［性格随运气转变］，这是对赫拉克利特所说ἦθος ἀνθρώπῳ δαίμων［性情是人的命神］的改写（辑语 119）。

他对敌人的粗暴源于命运的不利转变压倒他而致的恼怒。

伯利克勒斯的性格所经历的 μεταβολή [转变] 多多少少有些不同。戈默（Gomme）谈到"伯利克勒斯管理公共事务的方法上的一个极大转变，简直算得上性格的转变"。① 这值得更细致探究。普鲁塔克非常崇敬伯利克勒斯，并相信伯氏施行 ἀριστοκρατικῶς [贵族式]统治（《伯利克勒斯传》9.1）。正如通常所认为的，普鲁塔克在这里的问题是要解释伯氏何以同样能够是民主制的缔造者——民主制依照定义是一种相反的 πολιτεία [政体]。他在《伯利克勒斯传》7 描述到，当阿里斯提德斯、忒米斯托克勒斯和基蒙（Cimon）已不构成威胁，伯利克勒斯怎样 παρὰ τὴν αὑτοῦ φύσιν ἥκιστα δημοτικὴν οὖσαν [违背自己最不民主制的天性]，加入民主这一边。在《伯利克勒斯传》9，伯里克勒斯的这一做法被不那么一致地描绘成对基蒙所受爱戴的应对：因私人财富不足以慷慨解囊，伯利克勒斯改为 πρὸς τὴν τῶν δημοσίων διανομήν [挥霍公共财产]。

最后（《伯利克勒斯传》14.2–15.3），修昔底德（Thucydides）被放逐，伯利克勒斯的权力再无对手。他不再是原先的自己，也不再像之前那样顺从于（χειροήθης）民众。最后，他成为一个真正的医生，在必要时不怕下猛药。这样一来，这里便没有原有天资的转变问题；伯利克勒斯的最后阶段与他的最初阶段和 φύσις [天性]和谐一致。他采取一种民主式的 ἦθος [性格] 也不是由于他所不能控制的处境。这是刻意而为，是指向一个目的的手段。因此，形成对照的不是塞多留斯和苏拉，而是在其第六任执政官资格竞选中 ὑγρὸς καὶ δημοτικὸς παρὰ τὴν αὑτοῦ φύσιν [违背自己的天性变得柔顺和

---

① Gomme, *A Historical Commentary on Thucydides*, p. 66.

民主化］的马略，以及有着变色龙一样行为的阿尔喀比亚德（他在斯巴达是运动员，在忒腊克［Thrace］是酒鬼）。①像这样采取一种角色只不过意味着对行为方式的一种表面上的、有意识的改变。

简而言之，普鲁塔克关于性格转变和发展的设想并非原创，也不是希腊思想中罕见的。他跟随亚里士多德，将ἦθος［性格］与ἔθος［风俗习惯］联系起来，他的ἦθος［性格］大体上只限于人格（personality）的外显和公共要素。它当然可以因环境或刻意努力而转变；它的本质可以被外界观察到，所以普鲁塔克并不区分人格无意识的转变和单纯的演戏。另一方面，人格中给定的或遗传的那部分（φύσις），他从来没有清楚地说过会转变，尽管他对其堕落的可能性保持开放态度。②对于φύσις［天性］通过责任或是转变达到正面的发展，他未置一词。这些是其局限，对于现代感觉而言是一个缺失的方面，它们限制并损害了他的传记技艺，然而他若果真超越了这些局限，那才叫人吃惊。

三

关于普鲁塔克之前传记的发展，相关论述已有很多；③相较而言，

---

① 《阿尔喀比亚德传》23；阿尔喀比亚德在这里很大程度上被塑造成《论谄媚者和朋友》（de adulatore et amico, 51d）中的"谄媚者"（κόλαξ）。

② 必须记住，普鲁塔克在术语上与大多数古代作家一样前后不一。我此处视为根本的ἦθος和φύσις之间的区别，在普鲁塔克来说有时候是模糊的：《狄翁传》8、《德米特里厄斯传》2、《努马传》3.7、《吕山德传》2 与 23 比较。

③ A. Von Mess, "Die Anfänge der Biographie und der psychologischen Geschichtsschreibung in der griechischen Literatur," in *Rheinisches Museum Für Philologie* (70 - 71), 1915 - 1916, pp. 337ff., 79ff; D. R. Stuart, *Epochs of Greek and Roman Biography*, Berkeley, Calif., 1928; A. S. Osley, "Greek Biography before Plutarch," in *Greece & Rome* (15), 1946, pp. 7 - 20.

却没得出什么定论。这一体裁的"前历史",似乎由以下几类构成:苏格拉底文学、公元前4世纪的伊索克拉底(Isocrates)和色诺芬(Xenophon)的赞辞之类,以及诸如色诺芬和忒奥彭普斯(Theopompus)所撰史书中的传记性离题话。亚里士多德学派起到关键影响。正是由于逍遥派的学术研究,才导致哲学家和文人传记在希腊化时期激增。如我们所见,普鲁塔克所使用的ἤθη[性格]的各种分类正是源于《伦理学》和《修辞学》。但是,希腊化时期的传记湮没得没留下什么痕迹,和大多数希腊化时期的散文享有同样的命运。帝国早期对阿提卡风格的复兴为古典晚期和后来的拜占庭帝国传下来大量当时的作品和当时所崇尚的古典作品,其中并没有备受轻视的希腊化时期作品,毕竟复兴本身就是对希腊化时期的反动。所以,我们对于这一体裁的知识——至少希腊语部分——几乎全部依赖普鲁塔克。[①]就我们所知的全部来看,普鲁塔克式的βίος[传记]的规模和范围可以说是他自己的发明。那位作品得以留存下来的更早的罗马人奈波斯(Nepos),水平相对拙劣和浅陋:他不写赞词的时候,充其量就是在摘抄历史。

普鲁塔克本人非常清楚,他不是在写作历史:οὔτε γὰρ ἱστορίας γράφομεν ἀλλὰ βίους[我写的不是历史而是传记](《亚历山大传》1)。他几乎不写历史作品所包含的大主题——演说、战役、地理附记。他并不拘泥于叙述每件事;他可以在这一点上概括,在另一点上详述。他不限于编年纪,而是按自己喜欢的别的方式安排材料。[②]

---

① 罗马的传记又是另一番情形,见 W. Steidle, *Sueton und die antike Biographie*, Munich, 1951。

② 我们必须时时警惕这一点。一个例子是,《阿尔喀比亚德传》15 看起来是直线叙事,但是 15.6(佩特雷[Patrae]城墙)所述的事件发生在 15.3–5

他也不必采用奥林匹亚式、半诗化的壮阔历史风格，而是时而也能下降到一些琐事或者非正式的个人评论或哲学论证。但是当然，βίος［传记］通常基于历史，①但极少是基于单个历史。普鲁塔克的博闻强识，远超一个现代学者所能轻易想象的程度。即便当他的叙事主体必须遵循一位主要史家时，他也都汲取了来自哲学家、古史研究者、喜剧评论等等材料对其加以补充。要在普鲁塔克那里找到一个不管多长的段落，清楚知道它源于哪一材料，或者它对材料的拣择和概括一目了然，这很不容易。《科里奥兰努斯传》（*Coriolanus*）和《尼基阿斯传》（*Nicias*）可能为比较最终作品和原始材料提供了最好的机会，尽管其他传记也都间或呈现此种机会。

两种类型的加工似乎尤为突出。一种是在史家当作权宜和理性算计的地方凸显情感性的动机。这一类在《科里奥兰努斯传》中似乎大量出现。②我们应当记住，动机是古代历史写作中最可能受文学上的考虑而非事实影响的元素之一。另一种是将公共或群体行动归因于英雄本人的带头作用：佩洛皮达斯（Pelopidas）在留克特拉（Leuctra）之战、阿里斯提德斯在马拉松之战、塞多留斯与辛纳（Cinna）和马略在公元前87年都变得过于显要。③这当然可能更严重

所描述的阿尔戈斯的事件两年之前。整个这一章实际并非叙事，而是对阿尔喀比亚德政策的一个方面的讨论。

① 例外情况包括《提摩勒昂传》《斐洛皮门传》（*Philopoemen*）以及《阿拉图斯传》。关于前两人有更早的传记存在，而阿拉图斯本人的回忆录流传下来了。

② D. A. Russell, "Plutarch's *Life of Coriolanus*."

③ 《佩洛皮达斯传》15–17、《阿里斯提德斯传》5、《塞多留斯传》5.5、再加上《普布利科拉传》21, 另参 R. Flacelière 的评注（Budé edition, Paris, 1961, p. 55）。

地扭曲历史，而且并不总是能轻易察觉。一旦聚焦于一个人物，很自然会有这样的后果，在可用材料稀少时（比如关于佩洛皮达斯）尤其容易发生。

现在，我们必须从《对比列传》的内容转向其实际形式和布局：按照古代修辞学的说法，从 inventio［构思］转向 dispositio［谋篇］。我们立刻发现，尽管有许多变化，似乎的确有一个明显的、相当复杂的更受青睐的结构。这一结构更适合某些类型的生平，相比其他类型来说：比如，相较于《阿里斯提德斯传》和《努马传》（*Numa*），它更适合《阿尔喀比亚德传》和《苏拉传》。我下面将要讨论的《吕山德传》就很好地印证了这一点。这一结构用来写丘吉尔（Winston Churchill）会是理想模式。我们实际上可以将其分为九个部分：

1. 祖先；
2. 儿童时期的轶事显示出来的人格（personality）；
3. 少年（μειράκιον）时期的活动；
4. 进入政坛；
5. 第一个主要的高潮：加利波利（Gallipoli）；
6. 在战争与和平时的荒野；
7. 第二个主要的高潮：敦刻尔克（Dunkirk）及战争；
8. 1945年命运的戏剧性转变；
9. 战后政府、老年、死亡、葬礼、子女。

再加一个详尽的序言，几则离题话（比如，关于布伦海姆［Blenheim］，赫勒斯滂［Hellespont］的历史联想）以及与其他什么人物的对比，一个非常普鲁塔克式的框架就出来了。儿童时期和"荒野"会用很多奇闻轶事来处理。两次战争中的主要事件会以缩影样式来处理，但会有大量生动的叙事，许多都是从主人公自己的书中提取而来。一个既是ἱστορικός［历史人物］又是πολιτικός［政治人物］的英雄会因此得到特殊的称赞。

把想象扯得太远是不对的，但我认为，这个例子是一个方便的捷径，因为它把普鲁塔克安排材料通常坚持的大多数原则凸显出来：他对教化的强调——通过教化，ἦθος［性格］得以形成并第一次可见；初次登台、高潮、命运反转的精准描述，这些内容形塑整个叙事，使其令人难忘；注重叙事和描写之间的变化。①但有一点是这个模式明显失败的地方：它在普鲁塔克行动的所有层面上都没有显出σύγκρισις［比较］的重要性。这是要抓住的关键一点。

《对比列传》大多数卷次末尾的正式对比曾经备受称赞。不那么注重修辞的年代则认为它们不相宜。普鲁塔克的才智似乎都浪费在琐细的相似和相异上了。不过，这些练习在某种意义上是整部作品的肇端。它们来源于修辞学家的教室——近似于 de sollertia animalium ［动物智力］方面有关陆地动物和海洋动物何者更聪明的辩论。但是，正如《对比列传》超越了历史人物作为道德典范这一观念的限制，它们同样摆脱了这些修辞上的固定条款的约束。②普鲁塔克真实的叙事才能和深刻的道德严肃性保证了这一点。这些比较极少——即便有——歪曲列传中描绘的图景。不管怎样，它们总是最

---

① A. Weizsäcker, *Untersuchungen über Plutarchs biographische Technik*（Berlin, 1931）详细阐述了《对比列传》中 "时序性"（chronological）和 "形象性"（eidological）元素的观念。这种区别有价值，但这两者常常在很短的段落中交替出现，如果认为《对比列传》即由这两种类型的写作方式交替组成，就过于简单化了。

② 关于σύγκρισις作为初级修辞习作（προγύμνασμα），见 D. L. Clark, *Rhetoric in Greco-Roman Education*, New York, 1957, pp. 198f。

后写就。

相反，σύγκρισις［比较］的精神以其他更有效的方式展现出来。一个主角的性格可能会在与其他人的一连串比较中得以明晰。作为战略谨慎化身的法比乌斯就是如此接连被置于与五个不那么慎重的将领的联系当中。这些人中的三个——弗拉米尼乌斯（Flaminius）、米努西乌斯（Minucius）和瓦罗（Varro）因他们的轻率而吃了亏。其中第四位是马塞鲁斯，法比乌斯和他一起形成了无敌的联合：一个是罗马之盾，另一个是罗马之剑。只有在第五位对手西庇阿出现时，法比乌斯的谨慎才变得无效和负面；他的谨慎的确退变成了恶意的φιλοτιμία［爱荣誉］（25.3-4），使他想要阻挠西庇阿——只为这么做而这么做。因此，我们可以称之为"比较"（syncritical）的技巧通篇都有使用，以凸显主要人物的形象，并同时展现其美德与局限。这一技巧在《法比乌斯传》中得到最详尽的展现，但也出现在《伯利克勒斯传》中——主人公接连被拿来与基蒙、杜尔密德（Tolmides）和修昔底德形成对比——以及《马略传》《吕山德传》《安东尼传》和其他一些传记中。

Σύγκρισις［比较］是理解普鲁塔克谋篇布局的目的和方法的一个关键概念。同样不算稀奇的是，我们在他的风格中看到同样的倾向在更微观的领域起作用：比如数不清的比较和μέν...δέ［一方面……另一方面］句式。但是，正如他自己会说的，那是ἄλλη πραγματεία［另一回事］。

四

《吕山德传》不是最精彩的传记之一，但它为我试图引起大家注意的许多特征提供了方便的示例。这是一篇传记佳作，基本基于史家：色诺芬、忒奥彭普斯和（较少）埃福罗斯（Ephorus）。它从"素材研究"（source-criticism）视角得到过很好的研究。①

普鲁塔克从一个惊人的前言开始，意在抓住读者的注意力。他纠正当时在德尔斐（Delphi）盛行的讹误：他告诉我们，阿坎提亚人（Acanthians）宝库门口的雕像塑造的不是布拉西达斯（Brasidas），而是吕山德。让我们称之为 προοίμιον ἀπὸ οἰκείου ［合适的前言］，它遵循卢齐安笔下关于史家写前言的一条暗示（《论修史》［De conscribenda historia］, 53）：他说，史家应致力于确保 προσοχή ［专注］和 εὐμάθεια ［好学］，尽管他们不需要刻意寻求 εὔνοια ［友好］。如果讨论的主题"伟大""重要""熟悉"或者"有用"，就能确保 προσοχή ［专注］。普鲁塔克选择了熟悉的主题。这样诱捕了他的读者之后——并无意间透露了关于吕山德外貌的一些信息——普鲁塔克进一步讲主人公的家庭和教养。之后，他将拿吕山德（a）有抱负、φιλότιμος ［爱荣誉］、（b）狡猾和不诚实做文章。

在这一阶段，我们被告知，他的抱负是斯巴达教育的竞争精神的结果："将这一点归咎于他的 φύσις ［天性］没有多大必要。"不过，他对权威的服从和谨慎的 εὐκολία ［脾气］是自然天资。尽管普鲁塔克没有明说，但很容易看到，这些特点可能堕落成他后期生涯的虚伪。我们被告知，他同时还 μελαγχολικός ［忧郁］，即冲动和不稳定；②普鲁塔克后来（《吕山德传》28.1）说到这一点，他把事况的

---

① R. Dippel, *Quae ratio intercedat inter Xenophontis historiam Graecam et Plutarchi vitas quaeritur*, Diss. Giessen, 1898.
② 比较亚里士多德，《尼各马可伦理学》1150b25。普鲁塔克对这一事实的权威来自亚里士多德《问题篇》953a20。

发展跟吕山德日益变坏的脾气和加倍的残酷联系起来。我们还被提醒注意他事业上的一个ἴδιον［个人特点］或矛盾之处，也就是他使他的国家浸透着φιλοπλουτία［爱财］风气，而自己却未被腐化，实际上他自己身无分文。这一点在后面也会提及（《吕山德传》16–17）。

最初的人物描写之后，叙事紧接着展开（《吕山德传》3）。这可以被称为"缩影风格"（epitome style）。一个长段落，从整体陈述战争继续、阿尔喀比亚德重整雅典海军实力，到吕山德受命担任海军统帅的关键时刻。所有的叙述最终导向整个句子的最后一个词：ἐκπέμπουσιν ἐπὶ τὴν τῆς θαλάττης ἡγεμονίαν Λύσανδρον［他们任命吕山德为海军统帅］。但是，在详尽叙事开始之前，有一段或许是另一个ἀπὸ τοῦ οἰκείου［合适］的诉求，另一个"使历史活起来"的做法。吕山德去以弗所（Ephesus），把它从陷落的威胁中援救出来，使其免受附近的吕底亚（Lydian）居民的涌入可能造成的野蛮化；普鲁塔克补充说，吕山德造就了这个城市现在的伟大。

对吕山德在战争最后阶段所扮演角色的叙事占据了大约第4到第15章。这段太长，没法在这里分析。关于雅典人投降的年代有些问题。其中存在一种典型的歪曲，即把并非吕山德的主动行为归于他。在狡猾的吕山德与直率的卡利克拉提达斯（Callicratidas）的比较中，出现了一个突出的"对比"主题（《吕山德传》7）。

战争结束，接着讲古利普斯（Gylippus）的奸邪（《吕山德传》16–17），再接着是探讨斯巴达政体的愚蠢——他们认为，可以允许钱币的共有，以免挑起私人的φιλαργυρία［贪财］。所有这些同样是"对比"（syncritical）：吕山德个人的清廉在与古利普斯和斯巴达普通人的对比中得以凸显。

第18章写吕山德得到的荣誉。这是他权力和名声的顶点；下一章的开头清楚地标志着一次转变。他的 φιλοτιμία［爱荣誉］(《吕山德传》19.1) 总是让他的对手感到恼火，如今由于受到谄媚而致的傲慢变得越发严重，他形成了一种在善良和残酷上都更加极端的趋势。现在，除了消灭冒犯者，没有什么能安抚他的愤怒。这样的性格刻画自然而然引向对他被召回的叙述；但普鲁塔克令人意外地在这个节点上插入一长段关于 σκυτάλη［斯巴达卷轴］——《吕山德传》14 已经提过的古代奇物——的离题话。这一插入应该警告我们，不要过分细微地研究他的艺术动机。很难相信，普鲁塔克只是遵循了一份碰巧包含一则古物说明的材料，甚至更加难以置信的说法是，普鲁塔克认为，比起叙述雅典人的投降，此处（《吕山德传》19）从修辞上更适合这样一个情节上的停顿。我们最好把这样的文本安排说成注释误植。

吕山德原本希望法那巴佐斯（Pharnabazus）能给出有利于他的证词，结果法那巴佐斯比他更狡猾，瞒骗了他，所以吕山德费了些周折才得到监察官们允许，去利比亚（Libya）求取阿姆蒙（Ammon）神的神谕。他没有离开很久。他一回来，又被派去雅典维持三十僭主的统治，结果却遭泡萨尼阿斯（Pausanias）压制，尽管后者的政策在随后的事件中被证明是错误的。这里有更多的 σύγκρισις［对比］(《吕山德传》21–22)：吕山德忠心爱国，斯巴达王却是两面派。为了避免这一点看起来与他早年狡猾的名声相矛盾，普鲁塔克用了一系列奇闻轶事、对他 λόγοι［言辞］的引用来展示他面对对手时的直言不讳 (《吕山德传》22)。

接下来，我们转到一个新的重要主题和一种新的 σύγκρισις［比较］：吕山德与阿格西劳斯（Agesilaus）的关系。吕山德在这位新王的登基中扮演了关键性的角色；可是，一旦上任，吕山德就成了阿格西劳斯的眼中钉。当这两位第一次到达亚细亚，吕山德的名声盖过了国王的名声，但是阿格西劳斯很快反击并消灭了对手的影响力。此处，普鲁塔克省略了有关这两个φιλότιμοι φύσεις［爱荣誉的天性］之间竞争的另一段叙述（《阿格西劳斯传》7–8），两种叙事之间的比较很有启发性。有一点是，尽管两则传记都承认阿格西劳斯多多少少该受责备，但《吕山德传》让这一点看起来更严重，因为其中更突出阿格西劳斯应该回报吕山德对他登上王位的帮助。另一点是，在《吕山德传》中，吕山德的影响力衰退的各个阶段更复杂。首先，阿格西劳斯不再帮助他的朋友们。吕山德就告诉朋友们，如果想要什么，就直接去找国王，但他们仍然跟吕山德保持个人联系，这是吕山德受欢迎的证明。这比起初的情形更令阿格西劳斯恼火。对手的成功如果是他的个人品质所应得，而不是由于不可避免的环境时，总是更加令人烦恼。《阿格西劳斯传》略去了阿格西劳斯身上这种纯粹φθόνος［嫉妒］的证据，而是暗示，阿格西劳斯不是φθονερός［嫉妒］，只是非常φιλότιμος［爱荣誉］（《阿格西劳斯传》7）。

还剩两段插曲。第一段是吕山德打算革命，并将王位向所有赫拉克勒斯的后裔（Heraclids）开放（《吕山德传》24–26）。普鲁塔克在此有一长段来自某份哲学材料的叙述（《吕山德传》25 结尾），即有关吕山德用以支持自己的建议所用的神谕。第二段是波依俄提阿（Boeotian）战争和吕山德在哈利阿图斯（Haliartus）的死（《吕山德传》27–29）。在这里普鲁塔克再次宕开一笔，因为触及他的另一个特殊兴趣——波依俄提阿的古文物，另外还有大量关于哈利阿图斯地区的地方细节。

结尾一章（《吕山德传》30）像通常一样，安静而讲事实。《列传》并不一成不变地有结束语。吕山德死时贫穷。虽然他革命的想法为人所知，但他死后依然受到尊敬。向他女儿求婚的人们因发现这家如此贫穷进而退婚，他们终因此而受到惩罚。

这就是吕山德的传记。它至少对这位主人公做了心理学研究的勾勒。它画出了他事业的顶点和诸多失败，并拿他与卡利克拉提达斯、古利普斯、泡萨尼阿斯和阿格西劳斯相冲突的性格做了对比。它因多段离题话和许多波依俄提阿和德尔斐当地的材料而变得多样化。的确，有人怀疑它写于德尔斐——否则为什么普鲁塔克会说吕山德的纪念碑"在你从德尔斐前往喀罗尼亚的路边"（《吕山德传》29）？总之，它是一个由思维习惯和写作习惯、对过去的态度以及使普鲁塔克传记是其所是的广泛兴趣所构成的微观世界。①

---

① 一个关于《对比列传》的版本的注解可能有用。Ziegler 及其他人所编的 Teubner 版正在修订，这个版本提供了标准考据文本。Loeb 版在翻译上相当可靠，但在解释上没什么用。新 Budé 版由 R. Flacelière 编，现扩充至三卷（12 篇传记），这个版本要有用得多。H. A. Holden 编的旧单行本《武米斯托克勒斯传》《尼基阿斯传》《格拉古兄弟传》《苏拉传》《德摩斯梯尼传》《伯利克勒斯传》《提摩勒昂传》可能在学校里仍然有用，但应该谨慎使用。更多近来的版本，可能要提到 W. H. Porter 的《阿拉图斯传》和《狄翁传》、A. Garzetti 的《恺撒传》、D. Magnini 的《西塞罗传》、Ida Limentani 的《阿里斯提德斯传》、E. Manni 的《德米特里厄斯传》（这些意大利语版本收于 Biblioteca di Studi Superiori, La Nuova Italia）。

古典作品研究

《赫耳墨斯秘籍》成书考

柯本哈维（Brian P. Copenhaver）撰

肖　霄　译

[中译编者按] 本文是作者为其《赫耳墨斯秘籍》英译本撰写的导言（*Hermetica*: *The Greek Corpus Hermeticum and the Latin Asclepius in English Translation*, *with Notes and Introduction*, Cambridge, 1992），我们关注的是神秘的赫耳墨斯秘籍的古代流传状况和现代整理状况，因此在保留所有文献指引的前提下删掉了重复的芜杂注释。

荷尔与曼涅托

现代萨克卡拉（Sakkara）坐落在尼罗河以西几英里，三角洲尖端向南一点，那里是古代孟菲斯（Memphis）坟场遗址。从法老时代直至埃及的罗马征服者时代，它一直是下埃及的中心。神圣的埃及圣鹮是托特（Thoth）神化身的黑白相间的优雅之鸟，它们如今已不再造访孟菲斯的尼罗河。但是，托勒密家族和他们的罗马继承者仍在饮用圣河之水的时候，神鸟仍会大量来到岸边。

鸟群如此庞大，以至于想要用神鸟木乃伊向托特献祭的人们每年能够准备数千份这样的祭品，藉此用埃及圣鹮祭礼来证明他们的虔诚，就像欧西里斯-阿匹斯（Osiris-Apis）或者塞拉比斯（Sarapis）的崇拜者们在撒拉帕轮大神庙（Serapeion）使用公牛祭祀崇拜他们的神明一样，这座神庙在托勒密时期的孟菲斯可谓盛极一时。许多神祇住在撒拉帕轮神庙周围：拥有上百名号的之伊西斯，对她的崇拜当时已经开始从埃及传播到地中海盆地；治疗之神印何阗（Imhotep）或者印姆特斯（Imouthes），希腊人叫他阿斯克勒庇俄斯（Asklēpios）；还有月亮、信息和写作之神托特，希腊人叫他赫耳墨斯（Hermēs），和赫耳墨斯一样是亡魂的向导。

在萨克卡拉，撒拉帕轮神庙以北，考古学家们发现了为托特的埃及圣鹮（月亮属性的夜晚之鸟）和荷鲁斯的隼（太阳属性的白昼之鸟）所造的建筑。在这些建筑里，神鸟的仆人孵化它们、培育它们、敬拜它们，最终把它们制成木乃伊，葬于坛中。"埃及圣鹮安歇之殿"的回廊中埋葬的鸟总计四百万或者更多，这意味着在萨克卡拉地区活跃的四个世纪里，这些走廊中可能每年都堆放了上万只死去的埃及圣鹮。

公元前 200 年前不久，第四位托勒密王菲罗帕托（Philopator［爱父者］）统治晚期，埃及圣鹮祭祀开始了 36 年以上的混乱。大约在同一时期，孟菲斯以北位于三角洲达米厄塔（Damietta）一支的塞本尼托斯（Sebennytos）地区，诞生了一位以隼神荷尔（Hor）或荷儒斯（Horus）命名的男子。荷尔的出生地大约叫作庇-托特（Pi-Thoth），希腊语中叫作赫耳墨斯城（Hermopolis），但是，这座三角洲城不是南方远处坐落于上下埃及交会之处的现代阿什穆内因

(Ashmounein)的大赫耳墨斯之城。一些年来，直到托勒密六世斐洛米托（Ptolemy VI Philometor［爱母者］）统治时期，塞本尼托斯的荷尔都住在家乡附近的伊西斯之城（Temenesi），作为仆人侍奉伟大的女神。但是最终，在某个不为人知的日子里，他南行去往了孟菲斯和萨克卡拉的埃及圣鹮神殿。

到了公元前166年，荷尔从梦境中得知应当一心追随托特，可能要成为katachos［隐士］，隐居的神之仆从。早先还在伊西俄斯之城（Isiospolis）的时候，他牵涉一场饲养埃及圣鹮的丑闻，由于某些莫须有的罪名激怒了托特，但是从公元前174年开始，萨克卡拉的改革结束了长久以来对神鸟的误用，当时可能有骗子将空的埋葬坛交送给付钱购买其中木乃伊的人。

荷尔命人写下或在某些情况下亲自用通俗体文字在陶片上记录了这次改革，成了刻有铭文的陶罐碎片。其中记录了埃及圣鹮祭祀组织于公元前172年6月1日的一次会议；这场会议讨论了祭祀仪式的衰亡史，决定逮捕六位"埃及圣鹮的仆人"，将他们关押起来。陶片的内容以下列训诫开场：

> 据塞本尼托斯省抄写员荷尔，霍尼杰提夫（Harendjiotef）之子，无人能够背离任何与托特相关之事，诸神亲自掌管孟菲斯神庙，荷尔托特（Harthoth）亦在其中。为埃及圣鹮暨三倍伟大者托特之灵魂而行的恩惠也同样适用于隼暨卜塔之灵魂……荷鲁斯之灵魂。①

---

① 此处引文（以及关于塞本尼托斯的荷尔的全部其他素材）来自 J. D. Ray, *The Archive of Hor*, London, 1976, pp. 14-20, 73-80, 117-124, 132-136, 149, 159-160。

荷尔用来称呼托特的头衔是通俗体文字，等价于他在另一块陶片上用希腊文刻下的 megistou kai megistou theou megalou Hermou，两个最高级形式的"伟大"，后接同一单词的原级。无论是在埃及语还是在希腊语中，这一短语都是现存最早的这位神的三重形式头衔的例证。因此，荷尔的文字预告了后来的希腊语头衔 Trismegistos［三倍伟大者］。这个头衔用来称呼赫耳墨斯，对文艺复兴时期的基督教学者而言，这个名字意味着清洗圣化异教历史罪孽的一条新途径。在我们的时代，这个名字也仍然令学者着迷。

曼涅托（Manetho）是另一位塞本尼托斯的本地人。有一封书信虽然时期很晚，但是，拜占庭人辛斯勒（George Syncellus）认为，它是曼涅托写给托勒密二世费拉德法斯（Philadelphus［爱姊者］，公元前 282 – 前 229 年）的，这位埃及人介绍了他的《天狼星之书》（*Book of Sothis*），自称是"埃及神圣圣殿的大祭司和抄写员……住在赫利俄斯城（Heliopolis）"，也就是拉（Re）神之城。几部被归于曼涅托的作品中，最重要的真迹是他的《埃及史》（*Aegyptiaca*），用希腊文写成，为了让希腊世界产生埃及文化古老而具有权威的印象。

但是，希腊－罗马作家几乎没有注意到曼涅托的编年史，这些编年史如今在约瑟夫斯（Josephus）和各个基督教编年史作者的节录和摘要中得以保留。甚至在后来的基督教学者使用曼涅托编写的历史之前，它就已经被重作、删改或者歪曲了，因此到了 9 世纪早期，普遍历史编年史家（universal chronicler）辛斯勒按照自己的目的篡改它的时候，曼涅托的作品早已经历了繁复的筛选和改编。虽然残存的《埃及史》并不是可靠的史书，但是它给约瑟夫斯、优西比乌（Eusebius）、非洲的尤里乌斯（Julius Africanus）和其他研究更古历史的古代学者留下了深刻的印象，因为它至少为埃及王朝千年来的变迁提供了资料框架。

曼涅托写到，他身为祭司和抄写员，得以接触到档案文件；不管他说的是不是实话，他的作品在古代和中世纪的使用者眼中都变成了权威。僧侣辛斯勒介绍这封用假名写给托勒密的信时说，曼涅托知道——

> 塞里亚（Seiria）土地上的石碑……托特，第一位赫耳墨斯，在那些石碑上刻下了用象形文字写成的神圣语言，洪水之后从圣言译成了希腊语言……由阿伽陀精灵（Agathodaimon）——第二位赫耳墨斯，塔特（Tat）之父——的儿子在埃及神庙的圣殿中记录在书卷上。[曼涅托][将它们]献给……托勒密……，这样写道："既然你探求知晓宇宙中将形成什么，我便将呈给你我习得的神圣书卷，由你的祖先三倍伟大者赫耳墨斯写成……"这是他关于第二位赫耳墨斯写的书卷的译文的说法。①

因此，根据一位拜占庭僧侣的记载，从这篇他认为一千年前由埃及祭司写下的记录来看，名叫赫耳墨斯的神有两位。第一位是托特，他是本来用象形文字在石柱上雕刻神圣文字的那位。第二位赫

---

① W. G. Waddell, *Manetho*, London, 1944, pp. vii – xxviii, 14 – 17, 208 – 211; Helck, "Manetho," in *Der Kleine Pauly*, ed. K. Ziegler and W. Sontheimer, Stuttgart, 1969; Laqueur, "Manethon," in *Paulys Realencyclopädie der classischen Altertumswissenschaft*, XIV/1; Adler, *Time Immemorial*: *Archaic History and it Sources in Christian Chronography from Julius Africanus to George Syncellus*, Washington, D. C., 1989, pp. 1 – 14, 24 – 42, 55 – 71, 172 – 175; Garth Fowden, *The Egyptian Hermes*, Cambridge, 1986, pp. 29 – 31, 53 – 57, 214.

耳墨斯名叫三倍伟大者，是阿伽陀精灵之子，塔特之父；洪水过后，他把铭文转写成书卷，这些书又从埃及语翻译成希腊语。虽然最后一位托勒密王克莉奥帕特拉七世（Cleopatra VII）是她的家族之中第一位说埃及语的人，但是如果曼涅托能向她的前任者确保希腊人可以获取古代本土智训可敬的积淀，那么她的前任者肯定会龙颜大悦。辛斯勒提到洪水，这样的线索恰好让基督徒们最终得以将古代赫耳墨斯神学编入他们自己的学述和系谱之中。

新柏拉图主义者扬布利柯（Iamblichus）公元300年左右写作的长篇论述《论秘仪》（On the Mysteries）中指出：

> 古代抄写员们作品中的观点就像仍然在世的智者们的观点一样各有千秋……［根据］昔日祭司各不相同的分类记载，赫耳墨斯将全部学说编集成了两万卷（如塞琉古所说）或三万六千五百五十五卷（如曼涅托所说）书籍。①

其实最早的赫耳墨斯文献并没有那么多留传下来，其中有些大概早至公元前4世纪，《赫耳墨斯秘籍》中大概有二十多篇希腊语作品，被视作由一位或多位赫耳墨斯角色（三倍伟大者赫耳墨斯、阿伽陀精灵、阿斯克勒庇俄斯、阿姆蒙、塔特）所著，或与他们有关，但是主题不尽相同——占星术、炼金术、魔法以及在现代英语中被称为"神秘学"的其他信仰和习俗。②

---

① Iamblichus, *On the Mysteries*, 8.1.260 – 261.
② A. -J. Festugière, *Herméstisme et mystique païenne*, Paris, 1967, pp. 30 – 32; *La Révélation d'Hermès Trismégiste*, Paris, 1950 – 1954, pp. 89 – 308.

《赫耳墨斯秘籍》的世界

《赫耳墨斯秘籍》在古埃及诞生、发展,并达到如今可以看到的独立成篇的状态。但是,这并不是法老们的埃及。亚历山大在公元前332年来到埃及,在尼罗河克诺珀斯(Canopic)河口西面建立起一座以他自己的名字命名的城市,当时最后一个王朝的最后一位法老内克塔内布二世(Nectanebo II)早就逃离了阿尔塔薛西斯三世(Artaxerxes III)的波斯军队。

从普萨美提克一世(Psammetichus I)的时代开始,希腊人就已经活跃在埃及了,公元前7世纪时,他允许米利都人建立名为诺克拉提斯(Naucratis)的三角洲殖民地。亚历山大在孟菲斯以西很远的利比亚的锡瓦(Siwa)绿洲求请阿姆蒙的神谕时,在场的祭司向他保证他是神的儿子。一个更加大胆的埃及故事声称,亚历山大的母亲奥林匹亚丝(Olympias)和内克塔内布本人之间有过一段罗曼史。

亚历山大的将军托勒密在他的君主去世后于公元前323年控制了埃及,于公元前305年自称托勒密救主(Ptollemy Soter)。接下来的三个世纪里,他的王朝中有20位君主继任,直到克莉奥帕特拉七世于公元前30年自杀。他的所有男性统治继承人都叫托勒密,而这个家族也产生了六位名为克莉奥帕特拉或贝勒尼基(Berenike)的女王。托勒密一世甫在埃及掌权,便加入了分割亚历山大的帝国的长久冲突之中。到公元前3世纪末,埃及已经同西亚的塞琉古王国(Seleucids)打了五场战争。到了托勒密五世神显者(Epiphanes,公元前180年中毒身亡)执政时期,埃及外扩野心的范围已经缩小到塞浦路斯岛和北非的古利奈地区。①

公元前170年，安提俄克四世神显者（Antiochus IV Epiphanes）入侵时，埃及面临了更大的危险，但是在公元前168年，罗马以一种令人震惊的姿态阻止了塞琉古国王——珀律比俄斯（Polybius）说他"防患于未然，过度傲慢"。这位史学家告诉我们，元老院的使节发现安提俄克时，拿起一根手杖，在这位伟大的国王周围画了一个圆圈，命令他只要不下定决心离开埃及，就不得跨过这条线。安提俄克在罗马生活过，领略过它的强大，于是遵命了。他的退出验证了塞本尼托斯的荷尔于同年报告的一场"有关亚历山大里亚（Alexandria）的安危和安提俄克的远行"的梦。

早在公元前273年，托勒密二世费拉德法斯就已经懂得与罗马交好的重要性，到了公元前3世纪末期，罗马就已经与埃及有交易，并向其提供政治援助。公元前168年那场戏剧性的武力干涉之后，罗马在托勒密家族土地上的权力比他们自己更高，但是认为没有必要在埃及政治冬眠的这段时期行使其权力。只有公元前1世纪西方的冲突加速了共和国的消亡时，埃及才重新给罗马带来棘手的问题。公元前80年，苏拉（Sulla）亲自挑选任命了一位托勒密；公元前49年，庞培（Pompey）成为托勒密十三世的监护人，同时废黜了托勒密十三世的姐姐克莉奥帕特拉七世。公元前48年，恺撒（Julius

---

① Alan K. Bowman, *Egypt after the Pharaohs*, 332 B. C. – A. D. 642: *From Alexander to the Arab Conquest*, Berkeley, 1986, pp. 22 – 29, 235 – 236；本节接下来的部分主要来自 Bowman 的新书，还有 Naphtali Lewis, *Life in Egypt under Roman Rule*, Oxford, 1983。参考书目中有许多相关作品，尤见 Franz Cumont, *L'Egypte des Astrologues*, Brussels, 1937；P. M. Fraser, *Ptolemic Alexandria*, Oxford, 1972；Garth Fowden, *The Egyptian Hermes: A Historical Approach to the Late Pagan Mind*, Cambridge, 1986；Lewis, *Greeks in Ptolemaic Egypt*, Oxford, 1986。

Caesar）在法萨卢斯（Pharsalus）打败庞培后，作为胜利者前往埃及。恺撒发现埃及人谋杀了他的对手，于是让克莉奥帕特拉复位，并和她共处了两个月。她十分喜爱这位伟大的指挥官，给她的孩子取名为托勒密·恺撒里昂（Caesarion）。六年后，女王与恺撒家族的另一个威胁安东尼（Mark Anthony）开始了一段长时间的交往，并和他生了三个儿子。安东尼在埃及的风流艳事，让屋大维（Octavian）可以轻而易举地诽谤他在堕落的东方纵情酒色。公元前31年，屋大维的海军在亚克兴角（Actium）获胜，攻占了亚历山大里亚，迫使安东尼与克莉奥帕特拉自杀。

公元前27年，屋大维成为奥古斯都，但是，他在公元前30年就已经正式将埃及并入其帝国版图。接下来的三个世纪里，埃及的命运随着罗马和平（Pax Romana）的节律起伏。第一位帝王犹记得埃及成为属国之前在内战中扮演了什么样的角色，因此使用了特殊的行政和军事政策，以确保埃及比其他行省受到更紧的束缚。虽然罗马对埃及的政治能量进行了压制和分割，以使她成为帝国的安全粮仓，但是这个最富庶的行省之一的财富和位置一直都意味着某种程度的风险。

有叛变意向的犹太王国（Judea）就在她附近，尼禄在公元67年派遣韦斯巴芗（Vespasian）前去，韦斯巴芗后来在公元69年的内战中获胜；首先提名他当皇帝的是亚历山大里亚的人民。公元115年至117年的叛乱中，亚历山大里亚的犹太人蒙受了灭顶之灾，当时，从昔兰尼（Cyrene）来了一位弥赛亚的消息煽动了城中叛变，从罗马那里领受了严苛的报复。但是大体上讲，帝国与埃及之间的关系更加缓和了。哈德良（Hadrian）于公元130年至131年带着情人安提诺乌斯（Antinous）来到尼罗河，他们的宁静生活最终被这位年轻男子的溺亡打破,这促使皇帝建立了新城安提诺波利斯(Antinopolis),并将他在趣伏里(Tivoli)附近拥有的那座非凡的庄园装点得更具埃及风情。

卡拉卡拉(Caracalla)在公元215年的行程,是最暴虐的一次皇帝视察。亚历山大里亚的不忠点燃了他的怒火,驱使他采用了屠城和流放的严酷措施。到了公元3世纪晚期,伴随着来自波斯萨珊王朝势力的威胁,罗马对埃及的控制减弱,吸引了帕米拉(Palmyra)的叙利亚统治者进军埃及,导致奥勒留(Aurelian)在公元273年摧毁了他们的城市。

公元3世纪90年代的叛乱让戴克里先(Diocletian)不得不在298年围攻亚历山大里亚,公元302年他回到该城,他是到访埃及的最后一位皇帝,随后于公元303年在尼科米底亚(Nicomedia)开始了对基督徒的迫害。

迫害随着伽列里乌斯(Galerius)在公元311年的一个法令而中止,可是他不久就去世,镇压短暂恢复,直到公元312年君士坦丁(Constantine)战胜马克森提乌斯(Maxentius)之后才永久终止。新的帝国宗教政策、公元330年君士坦丁堡的建立,还有其他行政措施,标志了埃及历史中罗马时代的终结与拜占庭时代的开端。

埃及的命运如今再度看向东方,看向新的罗马,她的文化则获得了深刻的基督教特征。多神教信仰不只是简简单单地消失了,在希腊化程度更深的埃及人中更远非如此,但是有些学者相信,在公元4世纪末之前,绝大多数人口都皈依了基督教。埃及的基督教在古典晚期和中世纪早期的世界中形成了一股势力,产生了沙漠修行制度的社会创新和亚历山大神学的知识创新。

在埃及本地,基督教在世俗事务和宗教事务上都具有很大权力,其核心是亚历山大里亚的总主教。教义争论在公元451年的迦克墩公会议（Council of Chalcedon）上达到了巅峰。从那以后，埃及的科普特教会支持一性基督论，另有一系列其他派别的总主教支持迦克墩公会议认定的相反观点。到了公元618年，来自波斯的宿敌变得足够大胆来占领亚历山大里亚，十年之后才撤退，但是这是基督教埃及公元642年蒙受的灾难之前最后的平静，那时拜占庭的最后一批军队放弃了这个国家，把它交给了伊斯兰的新军队。

文化和政治的延续，让亚历山大的到来和拜占庭人的离去之间的将近十个世纪变得统一起来，而埃及的托勒密、罗马和拜占庭的君主各自具有不同的统治方式。托勒密家族来自地方，却是异国的君王，他们通过一小撮同样来自异国的官员进行统治，将国家划分成名为"行政区"（希腊语"nomoi"）的辖区，并构建出一个使得想要敷衍新统治者的埃及人不得不接受某种程度——尤其在语言方面——的希腊化的行政体制。

随着托勒密家族力量的衰退，希腊人和埃及人之间可能本已模糊了一些的差异又被效率更高的罗马人巩固并加深了，这些罗马人管理埃及是为了他们自己帝国的利益。罗马保留了托勒密王朝的行政区，但是剥夺了辖区长官（stratēgoi）的军事控制权，将他们列于帝国任命的长官之下。罗马在埃及的行政体制是无武装的行政部门，只向皇帝负责，皇帝同时掌控分立的军事设施。

与托勒密家族不同，罗马人虽然很长时间内都不允许宁死不屈的亚历山大里亚人拥有组建五百人会议（boulē）的荣幸，但是最终允许城镇发展城市议会和其他希腊式地方政府的制度。比起罗马人，拜占庭皇帝没那么想要通过帝国的直接操控将埃及与其他行省区分开来，而且他们还改革了官僚制度，不过并没有对基督教会在世俗事务上日益增长的影响给予应有的重视。

对于罗马和拜占庭皇帝而言，埃及的主要价值在于经济方面。尼罗河谷为罗马供应三分之一的粮食，埃及也盛产葡萄、橄榄、枣和其他食物。在托勒密家族治下，灌溉和其他农业辅助手段得到了改良，在现代以前，任何时代都对罗马时代经济的实力和复杂性望尘莫及。罗马人治下的人口数量达到了古典时期的巅峰，多达八百万。

亚历山大里亚城最大，远超其他城市，在奥古斯都（Augustus）治下人口可能增长到了五十万；有几十个城市的规模只有十分之一或更小，还有几百个远为更小的村庄。诸如奥克西林库斯（Oxyrhyncus）或赫耳墨斯之城这样的中心区域有多达三万人居住。亚历山大里亚和其他三个城市具有特殊的政治地位：诺克拉提斯、托勒美斯（Ptolemais）和安提诺波利斯。这些城市的居民为他们希腊式的建制感到特别自豪，但是正如可以从语言和文学的希腊化中看到的那样，除了在乡下以外，希腊风格在埃及各地都是占主导地位的文化模式。

直到罗马时代早期，用埃及通俗体文字写下的记录都十分常见，公元1世纪之后变得稀少。象形文字铭文的日期均被推定为公元4世纪末之前。科普特语在公元3世纪出现，当时教会认为仍然有必要使用埃及方言，但是想要使用经过调整的希腊字母来书写它。在军队和政府以外，拉丁语从未得到过广泛的使用。希腊时期及后世留下的许多纸莎草纸暗示着，希腊人和希腊化的埃及人能够全面接触到希腊文献。

在罗马治下的埃及，希腊文化足够丰富，足以催生如阿特纳奥斯（Athenaeus）一样渊博的学者、普罗提诺（Plotinus）一样深刻的哲学家，以及俄里根（Origen）一样睿智的神学家。埃及本土字母在托勒密王朝时代仍然富有活力，但是很快染上了希腊色彩。罗马人对外国人的厌恶在埃及终于有的放矢，埃及在拉丁语文献中成为富饶和堕落的代名词。尤维纳尔（Juvenal）在《讽刺诗集》（*Satire*）第十五篇中对埃及乡村宗教的侮辱是罗马种族主义这一方面最广为人知的佐证：

> 谁人不知疯狂的埃及选择了什么样的怪物去热爱？
> 有人参与鳄鱼崇拜；
> 有人向食蛇的埃及圣鹮躬身；
> 别处闪耀着金色的雕像，却是个长尾的神猴！

从台伯河畔传来的话语中对托特的尼罗河圣鸟没有丝毫敬意。①

希腊人首先在托勒密家族统治时期大量来到埃及，国家的新君主也对犹太人表示欢迎，他们早在6世纪就回到了埃及。亚历山大里亚的前景吸引了一部分人；另一部分人是为了躲避危险，比如犹太王国的马加比起义（Maccabean revolt）。罗马人依照他们的宗教习俗来保护犹太人，并且赋予他们其他一些受到埃及人憎恨的特权，特别是在亚历山大里亚。

罗马人用"埃及人"这个词语称呼每个住在埃及而既不是罗马公民也不是住在城里的希腊人或犹太人的人——依照罗马人的标准而定。直到公元212年罗马公民权扩大之前，这几类人都享有多种法律、社会和经济利益，这让本地人倍感痛苦，他们许多人，尤其是城市人，都以自己的希腊血脉为傲。罗马的行政体制巩固了这种讨厌的划分，想要消除埃及人的社会流动性，让他们的政治变得混

---

① Juvenal, *Satire* 15. 1–4, trans. R. Humphries, Bloomington, 1958, p. 175.

乱，从而将埃及豢养得肥美而瘫痪。不是罗马公民的老兵退役之后可以成为公民，但是法规禁止埃及人参与开启这扇大门的军旅生涯。如果一位老兵把积蓄兑现，在村里购买土地，埃及人就只能对他的好运嗤之以鼻，嫉妒他可以免于税赋了。

人人都想当某种意义上的罗马人或希腊人，而罗马人轻蔑地认为所有人（他们自己除外）都受制于"埃及律法"——换句话说就是罗马法以外的任何法律。如果一个人不能证明父母都是希腊人，他们就不把他当作希腊人。通向声名威望的关键是希腊主义，通向权势力量的关键是罗马公民权，所以可以自诩希腊身份或罗马权利的人当然都会炫耀自己的地位，惹邻人厌恶。罗马人取笑埃及人乱伦似的婚姻，不明白同族通婚可以保护人们免受在希腊血统和罗马国籍的特权小圈子外结婚的风险。

公元前3世纪中期的《俗体埃及语编年史》（*Demotic Chronicle*）里面出现了埃及本土主义文学的迹象，其中讲述怀旧的故事，说法老治下的日子更加美好。《陶匠预言》（*Potter's Oracle*）也号称发生在法老时代，但是它出现在公元前2世纪晚期，罗马时代又一次出现，并做出更黑暗的天启式承诺：饱受憎恨的异乡人之城亚历山大里亚终将灭亡；古代孟菲斯将被重建。《异教殉道者行传》（*Acts of the Pagan Martyrs*）道出了不同的怨言，具有更鲜明的希腊风格而非埃及风格，怀有更强的反罗马情绪。

行传的主角是亚历山大里亚人，为他们的城市自豪，对犹太人心怀恶意，为了秉持希腊人的权利，他们随时愿意与罗马皇帝正面交锋。整个公元1世纪里，想要成为希腊人的亚历山大里亚人主要将怒火发泄在了犹太人身上，大屠杀首先在公元38年爆发，后来又有两次。但是，公元115年至117年，罗马清剿了亚历山大里亚的犹太人之后，这座城市将恨意转向了帝国的中枢，并一直保持到下个世纪——向皇帝的敌人提供支持，拥立新的法老，集会举行公开抗议，发动暴乱并以其他方式威胁罗马的秩序，公元215年，这座城市迎来了卡拉卡拉的复仇。

希腊和罗马帝国主义自然为宗教留下了印记，但是——对犹太人的迫害是一个重要的例外——埃及通常包容外来居民的信仰，他们反过来也让自己的信仰适应埃及的环境。下面这段公元前238年的铭文展现了埃及人在保持自身习俗原封不动的前提下回应新现实的方式：

> 由于守护神托勒密王……还有他的姐妹和妻子贝勒尼基女王，不断向神庙施予许多伟大的馈赠……并且持之以恒地照料圣牛阿匹斯（Apis）、黑公牛（Mnevis）还有其他著名的圣兽……花费了昂贵的开支……愿祭司们……给托勒密王和贝勒尼基女王……还有他们的父母兄妹神、他们的祖父母救主神……增添荣耀……愿所有神殿中的祭司……也应被称为守护神的祭司。

法老时代之后一直沿用传统风格建造大规模神庙，饰以希腊或罗马统治者的画像，他们的外表是彻底埃及化的，身份只能通过王室的面具来辨认，公元3世纪中期的皇帝德西乌斯（Decius）是最后一例。由于埃及宗教形式奇特并且（有时）惹人反感，它能流传下来就更加令人惊讶了。希腊世界里，祭司的职位是一种暂时的市民职能，但是在埃及，祭司形成了一个独特的世袭群体，通过服饰、举止和职业与社会人士区分开来。更古怪的是数目众多的埃及诸神，人身兽首——上下颠倒的半人马和萨图尔（satyr）。

希腊人和罗马人作为回应，在希腊神话中找到了埃及神明的对应——托特对应赫耳墨斯，印何阗对应阿斯克勒庇俄斯，宙斯对应阿姆蒙等等——不过出现的组合更加复杂多变，不是几个简单对照可以说明的。有些埃及神无需改动就可以吸引外国人；就算在罗马，公元前50年一位爱国主义者呼吁破坏伊西斯神庙的时候，也没有足够胆大的工人来动手。

对于异乡人而言，信仰融合有时候是一样政治手段，最著名的例子是托勒密一世治下造就的塞拉比斯崇拜。既然欧西里斯和死亡与重生有关，那么自然可以假设濒死的阿匹斯之牛成了欧西里斯，产生了融合版的奥萨拉匹斯（Osarapis）或奥拉匹斯。雕塑家将塞拉比斯的头部塑造成宙斯的模样，标明托勒密想要向埃及人说明他们的信仰可以与希腊人的信仰融合。如果说塞拉比斯的兴盛意味着什么，那么托勒密的新神可谓恰到好处。皇帝崇拜是另一样埃及人无法理解的外国宗教习俗，罗马人看来却十分便捷。埃及、罗马和希腊的宗教用途多半能轻松互通有无。①

和犹太教一样，基督教称唯有自家是真理，因此变得加倍专横，但是一开始在埃及并非如此。因为最早的基督徒来自犹太王国，所以他们的福音很快传到了毗邻的尼罗河流域，在那里，亚历山大里亚的广大犹太人口能够轻易理解并有时能够接受新约中的说法。希伯来语圣经的希腊语版本《七十士圣经》让亚历山大里亚的犹太人做好了充分的准备，用希腊语阅读福音和使徒书。既然埃及人知道欧西里斯复活的传说，他们就也有可能理解基督教的某些特色。现存的有约公元100年的埃及纸莎草纸中的福音残卷，还有公元3世

---

① John Ferguson, *The Religions of the Roman Empire*, London, 1970, p.74.

纪俗家弟子留下的灵知派基督教的直接文献证据。虽然多神教到了这时已经在衰落，但是旧宗教并没有径直消失。

另一方面，埃及的多神教徒在公元249年至251年德西乌斯的迫害之前，也并没有经常攻击基督教徒，在那之前没有任何来自罗马政府的麻烦。德西乌斯担心基督教会削弱他军队的忠诚，于是折磨并屠杀了帝国上下许多信徒——包括埃及，如纸莎草纸证明所示，这些大概本来是为了证明有嫌疑的基督教徒愿意"献祭并向诸神展现虔诚"。

甚至在从戴克里先政策向君士坦丁政策的划时代的转变之后，公元4世纪也有大量的多神教信仰的证据留了下来，但是基督教对多神教徒的迫害已经开始。公元385年，一位巡访的拜占庭官员禁止献祭，并下令关闭神庙，不过总主教忒俄普菲鲁斯（Theophilus）在四年后试图将一座神庙改造成教堂时仍然引发了暴动——他还是摧毁了该神庙。到了5世纪初期，只有南方一些地区还在继续反抗教会，不过6世纪仍然有人信奉希腊多神教。诞生在这些冲突中的基督教神学得到了亚历山大里亚文化沃土的滋润，并且受到了在埃及植根的希腊、犹太和伊朗的影响的塑造。

到了2世纪晚期，某些基督徒甚至对自家教众的言论也产生了敌意，当时这些言论还没有中央机构的强力约束，仍然在地中海宗教的温室中蓬勃生长。有一套信仰最终被追随者标榜为"正统"，挑战并最终征服或至少取代了其他被称作"异端"的观点——灵知派、摩尼教、一性论（Monophysite），还有其他很多很多。①在埃及，就

---

① 纸莎草纸证明见 Robin Lane Fox, *Pagans and Christians*, New York, 1987, pp. 419-423, 450-462。

在这些文化与宗教的混乱之中，在托勒密家族、罗马人和拜占庭统治尼罗河谷的几百年间，某些我们不知身份的人们写下了如今叫作《赫耳墨斯秘籍》的作品。

在距离埃及很远的多瑙河流域，于公元 174 年发生了一个著名的事件，表现了那个时期的宗教混乱，告诉了我们关于另一套神圣经文《迦勒底神谕》（Chaldaean Oracles）的一些事情。那一年，马可·奥勒留（Marcus Aurelius）开始写作《沉思录》（Meditations），那是多瑙河部落和廊下派皇帝之间战争的第八年。拜占庭时期史学家卡西乌斯·狄俄（Cassius Dio）的一份摘要解释道，帝国的军队征服了马科曼尼（Marcomanni）之后，与夸蒂（Quadi）发生了冲突，第十二雷电军团（Legio XII Fulminata）受困在一个封闭的地方，经受着烈日的炙烤。一片云层奇迹般地突然爆发出闪电，让野蛮人心惊胆战，从天而降的雨水缓解了罗马人的焦渴。拜占庭时期的摘要作者认为，雨水并不是名叫阿尔努匹斯（Arnouphis）的埃及魔法师通过向"大气中的赫耳墨斯"祈祷的结果，反而说是他自己的上帝听到了第十二军团基督教官兵的恳求。还有许多作者对这段轶闻产生了兴趣，他们有的坚称召唤来雨水的是皇帝本人。一部拜占庭词典中保留下来的版本提到：

> 迦勒底哲学家尤利安努斯（Ioulianos），名为 theourgos［秘术师］的尤利安努斯之父……著有关于秘术（theurgy）、秘仪和诗体神谕的作品，还有许多……其他关于这种知识的神秘书籍……据说有一次，罗马人因干渴而筋疲力尽，他让乌云即刻聚集，产生激烈的雷暴，不断生出雷电，尤利安努斯通过某种法术完成了此举。但是，有人说这个奇迹是埃及哲学家阿尔努

匹斯创造的。①

托特之仆阿尔努匹斯的对手是两位尤利安努斯中较年轻的，二者都叫"迦勒底人"。父亲只是哲学家，儿子是秘术师；我们所知的题为《迦勒底神谕》的晦涩残卷可能是这位儿子写下或改编的。公元3世纪晚期从阿尔诺比乌（Arnobius）开始直到5世纪晚期的基督教作者叙涅西乌斯（Synesius）都知道《迦勒底神谕》，但最重视它的是波菲利（Porphyry）和更晚的多神教新柏拉图主义者；普罗提诺是他学派中唯一一个忽视它的人。这些神谕的格式和其他希腊神谕一样，是六音步诗歌，主题是哲学神学与秘术仪式。

把神召唤到雕像或人媒之中，目的是帮助人类灵魂逃脱身体的樊笼，向上升入神性。《迦勒底神谕》的神学给这些仪式的规定提供了知识依据。在某些细节上，特别是在"第一智性"和"第二智性"的概念上，迦勒底的体系类似于公元2世纪新毕达哥拉斯学派学者努墨尼乌斯（Numenius of Apamea）的学说。波菲利写过一份《迦勒底神谕》注疏，已经散佚，到了拜占庭时代和后来，他的众多追随者的复杂学说都带有他的这份痴心。这份神谕以"迦勒底"冠名的原因不得而知，只是习惯上认为这份神学智训的作者是某位东方圣人。②

---

① Suda I, 433.4（Adler, *Time Immemorial*, Vol. 2, pp. 641 – 642）; A. B. Cook, *Zeus*: *A Study in Ancient Religion*, Cambridge University Press, 1914 – 1940, Vol. 3, pp. 324 – 333.

② Hans Lewy, *Chaldaean Oracles and Theurgy*: *Mysticism, Magic and Platonism in the Later Roman Empire*, Paris, 1978, pp. 3 – 13, 34 – 43, 60, 461 – 471, 487 – 496; E. R. Dodds, *The Greeks and the Irrational*, Berkeley, 1951, pp. 283 – 299; Dodds, "New Light on the Chaldaean Oracles," in Hans Lewy, *Chaldaean Oracles and Theurgy*, pp. 694 – 701; Pierre Hadot, "Bilan et perspectives sur les Oracles Chaldaïques," in Hans Lewy, *Chaldaean Oracles and Theurgy*, pp. 703 – 719.

《迦勒底神谕》里面提到的至高存在是居于首位的父性智性，绝对先验；第二位神匠智性由父性智性而生，对秩序宇宙了如指掌；在首位智性内部还有一位阴性力量，名为赫卡忒（Hecate），她产出了世界之灵，或本身就是世界之灵。可认知的领域和可感知的领域之间的相互影响藉由赫卡忒来传导。"一切"的下段是"物质"，由神匠创造。物质世界是肮脏的坟墓，是一座监牢，崇高的人类灵魂必须逃脱出来，脱掉低级灵魂下落穿越星辰时获得的 ochēma［战车］或 chitōn［长袍］。禁欲的做派和恰当的仪式可将灵魂从命运的星相束缚中解放出来，保护它不受恶魔力量影响，恶魔力量充满了神界和人界之间的实体（ontological）空间。①

《迦勒底神谕》在其神学和秘术中见证了倾听诸神如何谈论自己的意愿，在基督教的最早几个世纪中，多神教信徒仍有这样的强烈愿望。公元1世纪晚期，普鲁塔克（Plutarch of Chaeroneia）有段时间似乎觉得古老的神谕已经衰微。但是雅典的柏拉图主义者阿穆摩尼乌斯（Ammonius），普鲁塔克的老师，亚历山大里亚哲学家的学生，仍然前往德尔斐（Delphi）向阿波罗询问他在神圣等级中的排位。一个世纪以后，普罗提诺死后，他的学生波菲利派人去向阿波罗询问他老师灵魂的命运，神明的答复令人宽慰，显得神很了解普罗提诺的术语。

含有神学内容的神谕回答了关于灵魂和神性的重大问题，这样的神谕不止来自德尔斐，还有克拉罗斯（Claros）、迪第玛（Didyma）和地中海地区东部其他地方，官方代表团和个人在新纪元的头

---

① John Dillon, *The Middle Platonists: A Study of Platonism, 80 B. C. to A. D. 220*, London, 1977, pp. 392 – 396.

三个世纪里去那些地方求神问卦，回家写下他们在公共祭祀场所的所闻。就20世纪早期而言，光是来自克拉罗斯的官方铭文就可找到超过三百条；这样冠冕堂皇、趾高气扬地展示宗教奇珍的做法可不是穷人家的普通年鉴。而且，其中有些还显示阿波罗的哲学学得不错。

希腊时代以降，传统希腊多神教与亚历山大和其后的征服者占领的国家新发现的神明之间的对应关系相互纠葛，使得地中海东部的神学变得复杂。就连不含神学意蕴的简单祭祀行为也要求崇拜者称呼神名，所以需要了解神的正确名称和头衔。这种身份危机的一种应对方式是信仰融合，将几位神融合成一个；唯一神教（monotheism）、一神教（henotheism），或者简单解释一下地位较低和较高的神之间的关系，可能都能解决同样的问题。如果在祈祷或仪式中不知怎样称呼某位神明，就可能衍生出更深刻的神学困惑。公元2世纪时，一群来自小亚细亚西南部奥诺安达（Oenoanda）的使者向北来到海边的克拉罗斯，他们想说的似乎不只是命名法而已，下面是他们返乡后在祭坛上刻下的话语的一部分：

> 自生、未受教、无母、不可撼动，
> 不可命名、有名无数、栖身烈火，
> 这就是神：我们是神的一部分，是他的天使。
> 那么，关于神的本质，
> 神便向询问者做此答复。

拉克坦提乌斯（Lactantius）和其他基督教徒引用了这几行话，并不稀奇；这样的语言据说"充满否定神学（negative theology）意味，证明了异教徒有意反驳多神教。新柏拉图主义的多神教徒也有类似的动机，这在公元 3 世纪晚期驱使波菲利在《来自神谕的哲学》（*Philosophy from Oracles*）中搜集了相关素材。无论波菲利这部作品是否流露出《迦勒底神谕》的痕迹，目标群体都显而易见。《迦勒底神谕》中一组三位的神格看来不仅反映了柏拉图《斐勒布》（*Philebus*）里面的形而上学，而且还预兆了普罗提诺的原质（hypostasis）和奥古斯丁（Augustine）的三位一体。①

另一份被认为是俄耳甫斯（Orpheus）所作的神圣文本《叙事诗神谱》（*Rhapsodic Theogony*，或称 *Sacred Discourse in Twenty - Four Rhapsodies*）中出现了另一例可信度稍低的一组三位——克洛诺斯（Kronos）、瑞亚（Rhea）和宙斯——古人在其中读出了同样的神学思想。新柏拉图主义者认为俄耳甫斯是最崇高的神学家，主要归功于这部神学文献，但是他其实早在古代就已声名鹊起。他源出于希腊外邦的忒腊克（Thrace，旧译"色雷斯"）和斯基泰（Scythia），那里的巫师信奉一种迷狂宗教，进行灵魂之旅，并且将教义和俄耳甫斯以及其他传说中的修士联系在一起。有关俄耳甫斯的某些传说，特别是他到阴间的旅程，与巫师的迷狂十分契合，因此，这些思想在公元前 7 世纪或前 6 世纪进入伊奥尼亚（Ionia）时主要用他的名字来指代。而且公元前 6 世纪时，希腊人从东方听说了被他们称作俄耳甫斯教的宇宙学；这些新的传说认为，宇宙是从蛋中孵化的，时间是创生世界的神。

这些关于诸神诞生的故事，还有其他关于灵魂起源和命运的叙述在公元前 6 世纪和前 5 世纪被归为俄耳甫斯所作，后来人们通常将他和广泛的神学素材联系在一起。因此，虽然存在许许多多这位

---

① R. T. Wallis, *Neoplatonism*, London, 1972, pp. 105 - 106, 132 - 133.

传说人物写下的俄耳甫斯教文献，但是没有任何单一的俄耳甫斯教义或俄耳甫斯崇拜。毕达哥拉斯学派——或许也包括宗师本人——有时会把自己的著述归为俄耳甫斯所作，酒神崇拜（Bacchic cults）的践行者也称他为同伴。欧里庇得斯、柏拉图还有其他古典时期的作者对他了如指掌，他们对俄耳甫斯教素材的弘扬亦让他流芳后世。①

有一群俄耳甫斯崇拜者居住在公元2世纪或3世纪的小亚细亚西部。他们在祭礼上伴着火把的光芒向几位神——绝大多数都是荷马史诗里的普通人物——唱颂祷歌，献上香薰和祭酒。或许是这个派别的某位成员写下了现存的87首《俄耳甫斯教祷歌》，看起来是一部连贯的歌集。从献给狄俄尼索斯（Dionysos）的祷歌数量（8首）上来看，他是这个宗教中最尊贵的神。祷歌从30行到6行不等，绝大多数都专讲神的名称和特征。祷歌表达的希望都很普通：健康、富庶、和平等等。祷歌里有些词语证明作者懂得秘仪的语言。

其他借俄耳甫斯之名者具有不同的目的。新毕达哥拉斯学派的《俄耳甫斯教文献》（Orphica）复兴了早期毕达哥拉斯派学者的文学习惯，俄耳甫斯教的犹太学徒则在他与缪塞俄斯（Musaeus）传说中的关联上大做文章；他们称他其实是摩西，并且是俄耳甫斯的老师——而不是他的学生。在一份大约来自公元前1世纪的俄耳甫斯教《誓约》（Testament）中，俄耳甫斯撤回了他的多神教，向缪塞俄斯传授一神论。下一个世纪在亚历山大里亚出现了综摄性的《俄耳甫斯教文献》。古典时代晚期的任何希腊哲学学派或宗教都难以抗拒

---

① W. K. C. Guthrie, *Orpheus and Greek Religion*, London, 1952, pp. 69 – 70, 256 – 257; M. L. West, *Orphic Poems*, Oxford, 1983, pp. 1 – 26, 68, 227 – 228, 259 – 260.

八面玲珑的俄耳甫斯。甚至还有《俄耳甫斯教文献》讨论技术性的《赫耳墨斯秘籍》中讨论的占星术、炼金术、魔法石等等话题。①

不过，启发了新柏拉图主义形而上学和神学的俄耳甫斯教文本是《叙事诗神谱》。公元 6 世纪初期柏拉图学园的最后一位带头人达玛斯基乌斯（Damascius）发现了三份不同的俄耳甫斯教神谱，后来的学者又发现了另外三份，最早的可追溯到约公元前 500 年。"叙事诗"指代全文的 24 个部分，编号方式同荷马作品，它们讲述的神谱和神话故事复杂得难以置信。新柏拉图主义者熟知的《叙事诗神谱》版本看来早在公元前 1 世纪就开始流传了。

有个例子可以说明柏拉图的追随者们在这份古怪的俄耳甫斯教神话中读出了什么，它比赫西俄德（Hesiod）《神谱》中的故事更复杂，更矛盾。俄耳甫斯教的叙事诗作者说，原初状态的世界由一位名为"显像者"（Phanēs）或"头生者"（Prōtogonos）的神造出，宙斯将显像者吞噬之后产生了人类所知的这个世界。

从新柏拉图主义视角来看，显像者的宇宙对应着柏拉图可理解的理型（Idea）世界，宙斯产生的则是可感知的物质秩序宇宙。从公元 5 世纪早期雅典的普鲁塔克（Plutnrch of Athens）的时代开始，直到公元 6 世纪晚期亚历山大里亚学派的奥林匹奥多罗（Olympiodorus），新柏拉图主义者一次又一次回归俄耳甫斯教神谱。在新柏拉图主义者中，公元 5 世纪下半叶的雅典学园主持普罗克洛（Proclus）著述最多，他也是俄耳甫斯诠释者，他对《俄耳甫斯教文献》的倾心或许来自扬布利柯（Iamblichus）或波菲利。

十二卷《女巫预言》（*Sibylline Oracles*）含有另一套传承至今的

---

① Ivan M. Linforth, *The Arts of Orpheus*, Berkeley, 1941, pp. 180–189.

神圣智训,谱系同样冗长复杂,编写于公元前2世纪和公元7世纪之间,由一位拜占庭的编辑者在这段时期的末期辑录。现存文集中大约有一半内容可以追溯到埃及的犹太群体,其他部分可以追溯到叙利亚和小亚细亚。最主要的话题是松散多神教框架中的犹太教天启,有基督教成分插入。

《女巫预言》像俄耳甫斯教的《叙事诗神谱》和《迦勒底神谕》一样,体裁也是诗歌(六音步诗节),主要是关于社会灾难的标准天启式概要,发生在从创世到审判再到黄金时代以后的普遍历史的语境中。这位女巫年长得足以亲眼观看过战争、洪水、瘟疫和饥荒接踵而来;她就像《圣经》中的以赛亚(Isaiah)或耶利米(Jeremiah)一样,依据当前的事件或者近期的历史做出预言,但是她证明自己预言为真的方式是自称有一千岁。她的主旨是:偶像崇拜和动物崇拜要遭诅咒;只有唯一的神值得崇拜。

这位女巫的语言足够模棱两可,可以让许多询问者感到满意。《女巫预言》的第三卷是文集最老的部分之一,日期在公元前2世纪中叶。它可能成文于孟菲斯以北的埃及城市莱翁特坡利斯(Leontopolis),托勒密六世斐洛米托治下,来自伟大的犹太教大祭司家族的俄尼亚四世(Onias IV)在那里建造了一座神庙。这第三卷书对托勒密家族加以赞许,承诺"神将从太阳派来一位国王",与《陶匠预言》相互呼应。①

第四卷的复合文本脱胎于公元1世纪晚期犹太教人士对更早的希

---

① *Sibylline Oracles* 3.635 – 656; J. J. Collins, "Introductions to the *Sibylline Oracles*," in *The Old Testament Pseudepigrapha*, New York, 1983; H. W. Parke, *Sibyls and Sibylline Prophecy in Classical Antiquity*, London, 1988; D. S. Russell, *The Jews from Alexander to Herod*, Oxford University Press, 1967.

腊素材的修订。第四卷可能来自叙利亚,第五卷则带我们回到莱翁特坡利斯,在那里,公元2世纪早期的埃及犹太人已经开始对他们的多神教邻人感到不满了。第十二卷来自公元3世纪中期,更有可能来自亚历山大里亚而不是莱翁特坡利斯。在描述马可·奥勒留的统治的时候,卷十二中的女巫预言"他的祈祷将让雨水反季落下"——这是对别处归功于迦勒底秘术师尤利安努斯的雨水奇迹的另一份记载。①

维吉尔(Vergil)的第四首《牧歌》(Eclogue)可能受到过一位犹太教女巫的影响。他称之为"库迈式的(Cumaean)诗歌",但是狮子在羔羊身边躺下、神圣的孩童开创新的正义时代的和平黄金时代的幻景也含有许多非古典的内容,不过也缺少与《女巫预言》的直接呼应。《埃涅阿斯纪》第六卷中,维吉尔让主人公去库迈寻找阿波罗神庙,向女巫问询,女巫引领主人公下到冥府(Hades),到至福乐土(Elysian fields)见到父亲安喀塞斯(Anchises);父亲说起埃涅阿斯和罗马将经过艰苦奋战赢得荣耀,这印证了女巫的预言。

维吉尔弥赛亚式的《牧歌》自然而然打动了基督教的作者们,但是埃涅阿斯发生在库迈的戏剧为古典时期更广阔的文学界留下了更大的烙印,其中女巫的形象早就深入人心了。她的名称起初或许是人名,这种形式的预言在将近公元前7世纪末期的时候已出现在小亚细亚西北部。赫拉克利特(Heraclitus)留下了现存最早一份提到她的文本,古代伊奥尼亚的城市知道她的姊妹,公元6世纪晚期的意大利边陲城市库迈也是如此。

现代考古学可能已经在那不勒斯附近那片诡异的施法之处发现

---

① *Sibylline Oracles* 12.187 – 205; John R. Bartlett, *Jews in the Hellenistic World*, Cambridge, 1985, pp.39 – 41.

了她的洞穴。一份更古老的传说提到，罗马君王塔奎尼乌斯（Tarquinius Superbus）从一位女巫那里买来了预言书，瓦罗（Varro）认为这个故事与库迈的神谕有关。看来罗马人的确很早以前就把一套诗体希腊语神谕存放在卡比托利欧山（Capitoline）了。存放它们的朱庇特神庙公元前83年被毁之前，女巫之书数次在公元前5世纪早期以后指导了罗马人该做什么（已知的例子约50次）。

如果某些公共灾难或怪异现象警醒人们诸神心情不悦，元老院就会指派书卷的看守者前去查询，建议通常是建造神庙或者开始新的祭祀——极少有活埋两个高卢人和两个希腊人之类的恐怖方法，这种做法初次记载于公元228年。这些书卷的价值如此之大，以至于共和国在朱庇特神庙遭到摧毁几年之后还派人去搜寻替代版本。奥古斯都和继任者们同样对它表示了尊重，至少也是作为一种宣传手段，不过施行了严格的管控。①

受到女巫影响的希腊语文学中，最重要的是公元前3世纪早期由吕哥弗隆（Lycophron）在亚历山大里亚写就的《亚历山大城》（*Alexandra*），他把荷马的卡珊德拉（Cassandra）变成了一位女巫，让她在迷糊的暴怒中发狂。但是等闲读者了解女巫预言并非主要通过高雅文学；专职收集神谕，以便即刻在更广泛的社交圈内传播并加以解释的人叫作 chrēsmologoi 或"神谕贩子"。亚历山大·波里希斯托（Alexander Polyhistor）在《迦勒底史》（*Chaldaean History*）第三卷引用了巴别塔的圣经故事，因此我们知道《女巫预言》在公元前1世纪晚期已经传播到罗马。维吉尔在公元前40年左右创作了第

---

① 维吉尔《农事诗》4.4；H. W. Parke, *Sibyls and Sibylline Prophecy in Classical Antiquity*, pp. 14, 51 – 64, 72 – 93, 137 – 147, 190 – 212。

四首《牧歌》。公元 2 世纪中期赫尔马斯（Hermas）之后的早期基督教作者十分熟悉维吉尔的女巫等等。亚历山大里亚的克雷芒（Clement of Alexandria）认为他们是可以利用的多神教徒，德尔图良（Tertullian）则认为他们一无是处。

然而，到了 2 世纪晚期，有些基督教徒就像信任圣经先知那么信任女巫。忒俄普菲鲁斯是第一位大量援引《女巫预言》的基督教徒，尤其是第三卷，但是其来自基督教的主要拥趸也是《赫耳墨斯秘籍》的主要拥护者——拉克坦提乌斯。他的《神圣原理》（*Divine Institutes*）含有数百条《女巫预言》六卷书中的简短引文，并且他把十位女巫的名字以其传统形式传播到了中世纪。优西比乌记录了君士坦丁皇帝的一场演说，使用《女巫预言》第八卷的方式描述审判日，但是，这位皇帝与拉克坦提乌斯和其他教会长老不同，更多是将女巫看成多神教女祭司，而不是圣经里的那种预言家。奥古斯丁读过拉克坦提乌斯关于女巫预言的叙述之后，终于承认库迈、厄立特里亚（Erythraean）和其他地方的女巫属于天国之城，但是又在别处对此产生了质疑：

> 据说，非犹太教的女巫或者女巫们、俄耳甫斯、某位赫耳墨斯或者另一位，还有各种预言家、圣人、修士或哲学家说出或预言过关于神子或父神的真理。其实，这从某种程度上反驳了多神教徒的愚蠢，却并不能支撑他们的威信，因为我们展现了对那位他们不能为之缄口的神的崇拜，他们有时敢于教导亲族崇拜偶像和恶魔，有时却不敢禁止他们。①

---

① Augustine, *Against Faustus*, 13.1, 2, 15, 17, in Migne, *Patrologiae Latinae cursus completus* 42: 281–282, 290, 292; *City of God*, 18.23.

在奥古斯丁眼中，女巫只要与俄耳甫斯和赫耳墨斯沆瀣一气，就不适合作为基督教徒的伴侣——尽管如此，斯蒂法诺的乔万尼（Giovanni di Stefano）后来于1488年在锡耶纳大教堂（Cathedral of Siena）的地砖上刻下伟大赫耳墨斯的形象，周围还是有十位女巫，在1512年米开朗琪罗绘制的天花板上，也仍然有十位女巫陪伴着先知。奥古斯丁对女巫的态度模棱两可，原因之一是拉克坦提乌斯和其他人将她的书和《俄耳甫斯教文献》《赫耳墨斯秘籍》和《迦勒底神谕》等等联系在一起，这些书容忍了奥古斯丁眼中看来是魔鬼圈套的魔法仪式。

技术的与理论的《赫耳墨斯秘籍》

研究《赫耳墨斯秘籍》的两位现代专家斯科特（Walter Scott）和费斯蒂吉埃（André‑Jean Festugière）区分了归于赫耳墨斯的"通俗"神秘学作品和本书译出的"学术"或"哲学"著作。批评家们曾经对这种分类法的意义与历史依据提出过质疑，例如，某篇的作者是否会认同这种分类？佛登（Garth Fowden）有力地论证到，不论实际的、理论的、魔法的还是哲学的《赫耳墨斯秘籍》全文，均可看成对同样背景所做的回应，这背景就是托勒密、罗马和早期基督教时期非常复杂的希腊‑埃及文化。[①]

[①] Walter Scott ed. and trans. , *Hermetica*: *The Ancient Greek and Latin Writings Which Contain Religious or Philosophic Teachings Ascribed to Hermes Trismegistus*, London, 1968, Vol. I, 1 – 2; A. ‑ J. Festugière, *La Révélation d'Hermès Trismégiste*, Paris, 1950 – 1954, Vol. 2, 1 – 2; Jean ‑ Pierre Mahé, *Hermès en haute ‑ Egypte*, Quebéc, 1978 – 1982, Vol. 2, pp. 21 – 22; Garth Fowden, *The Egyptian Hermes*: *A Historical Approach to the Late Pagan Mind*, Cambridge, 1986, pp. 1 – 4, 140 – 141, 161 – 213.

考虑到版本源流和相互关联,说两种形式的《赫耳墨斯秘籍》来自共同的环境听起来是对的,但同样应当考虑另外两件事情。首先,人们将《赫耳墨斯秘籍》的 17 篇希腊语文本当作不同的文本来对待,即使这可能只是因为文本传播过程中发生的意外或者拜占庭时代编辑者的偏见;第二,这 17 篇希腊语 logoi[论说]与占星学没什么关系,与魔法关联极少,与炼金术全无瓜葛。它们考量的反而是神学问题,或者宽泛意义上的哲学问题:他们向人类揭示有关神圣、人类和物质事物的起源、本质和道德特征的知识,好让人们能用这知识救赎自我。

同样虔诚的哲学或者哲学的虔诚,即神学、宇宙起源学、人类起源学、伦理学、耶稣救世论和终末论的混合,是拉丁文的《阿斯克勒庇俄斯》、司托拜俄斯(Stobaeus)《文选》(Anthology) 中收录的四十篇赫耳墨斯主义文本和片段的特征,随《纳克罕马狄文献》(Nag Hammadi Codices) 一同发现的三篇《赫耳墨斯秘籍》、亚美尼亚的《定义》(Armenian Definitions) 以及《维也纳残卷》(Vienna Fragments) 同样如此。虽然这些作品多有神秘学信仰,特别是占星学的痕迹,而且这些内容甚至在本书未译的三四篇文本中占据主要地位,但是其实它们核心的哲学和神学关怀足以将它们与费斯蒂吉埃神父所说"通俗的赫耳墨斯主义"的内容区分开来。①

---

① 司托拜俄斯的《文选》见 A. D. Nock and A. – J. Festugière ed. and trans., *Corpus Hermeticum*, Paris, 1972, Vol. III – IV;《纳克罕马狄文献》见 Douglas M. Parrott ed. and trans., *Nag Hamadi Codices V, 2 – 5 and VI with Papyrus Berolinenis* 8502, 1 and 4, Leiden, 1979, Vol. VI, pp. 1 – 7, 341 – 351, 320 – 406;《维也纳残卷》见 Mahé, "Fragments Hermétique dans les Papyri Vindobonenses Graecae 29456 r° et 29828 r°," in E. Lucchesi and H. D. Saffrey eds., *Mémorial André – Jean Festugiére*, Geneva, 1984。

约公元200年，基督徒亚历山大里亚的克雷芒知道有"四十二卷赫耳墨斯"对埃及祭司宗教仪式不可或缺；这份清单或多或少类似于公元前2世纪埃德富（Edfu）一座埃及神庙墙上刻下的对神圣文本的描写，克雷芒说清单中的四份文本是"赫耳墨斯的占星学书籍"（克雷芒，《杂记》[*Miscellanies*] 6.4）。克雷芒的报告符合我们对公元前3世纪就开始发展的希腊埃及占星学的碎片性了解。虽然希腊语作品《征兆集成》（*Salmeschiniaka*）来自公元前3世纪或前2世纪，大概是亚历山大里亚编写而成，讨论被视为神明的星辰的布局，但是它的题目和其余特征暗示它可能源于巴比伦，不过这种关联没有任何证据。

公元前2世纪中期，一位不知名的作者把他的占星学手稿托名于两个人物，一个是5个世纪之前在位的法老内切普索（Nechepso），一个是大祭司托西里斯（Petosiris），据说托西里斯受到赫耳墨斯的启迪，可能是公元前4世纪的一位历史人物。这份承载了内切普索和托西里斯之名的手稿残片留存至今，主要是在公元2世纪使用希腊语写作的一位罗马占星学家瓦伦斯（Vettius Valens）的《选集》（*Anthology*）中。

我们所知占星学的《赫耳墨斯秘籍》之中最重要的是《赫耳墨斯之书》（*Liber Hermetis*）拉丁语本，希腊语原文包含可追溯至公元前3世纪的元素。这本《赫耳墨斯之书》讲述旬星（decans），即埃及的一种将黄道带分成34个区间的特殊方式，各自具有一系列占星学属性。有些赫耳墨斯文本的议题紧凑，将占星学理论应用在具体事件上：《论雷霆》（*Brontologion*）分析雷霆的重要性，因为在不同月份均可听到雷声，《论地震》（*Peri seismōn*）将地震和星相征兆联系在一起。《医者数学》（*Iatromathēmatika*）或者关于占星医药学的论文应用范围更广,如讨论人类微观世界和宇宙宏观世界之间关联的理论的医学意义的《名为〈多重衍生〉的阿斯克勒庇俄斯之书》(*Book of Asclepius Called Myriogenesis*)。

占星植物学和矿物学也是备受青睐的话题。《赫耳墨斯向阿斯克勒庇俄斯所述的圣书》(*Holy Book of Hermes to Asclepius*),将植物学描述建立在植物与旬星之间的关联的基础之上,《十五种星辰、石头、植物和影像》(*Fifteen Stars, Stones, Plants and Images*)则指出特定的星星决定了药学功能。[①]

炼金术是对早期赫耳墨斯主义作者颇具吸引力的另一种神秘学智训,它最早在文献中留下痕迹是公元前200年后在波鲁斯(Bolos Democritus of Mendes)的作品中;这份作品的残章表明,波鲁斯描述了涉及金、银、宝石、染料和其他作为炼金术主要原料的物质。在波鲁斯之后,基督教时代以前,假托赫耳墨斯、阿伽陀精灵、伊西斯和他人之名的炼金术著作开始出现。这些炼金术托名作中最晚的来自公元2世纪或3世纪,如今我们掌握的只有片段——至多30篇左右——出自提及赫耳墨斯或者另一位赫耳墨斯主义形象的较晚的炼金术著作。

这些文献中篇幅较长的残篇之一是《无题》(*Anepigraphos*),引述权威的赫耳墨斯阿伽陀精灵,讲述与造银有关的寓言,名为"月亮",方法是把不同的物质放在一起烹煮溶解。另一篇《女先知伊西斯向她的儿子荷鲁斯所述》(*Isis the Prophetess to her Son Horus*)中,

---

① S. J. Tester, *A History of Western Astrology*, Boydell Press, 1987, pp. 21 – 22; W. Gundel ed., *Neue astrologische Texte des Hermes Trismegistos*, Munich, 1936; W. Gundel, *Dekane und Dekansternbilder: Ein Beitrag zur Geschichte der Sternbilder der Kulturvölker*, Darmstadt, 1966.

天使阿姆那埃尔（Amnael）揭示了炼金术的秘仪：正如麦子生成麦子或人诞育人，金子也繁衍出金子。约公元300年生活在亚历山大里亚的出生于帕诺波利斯（Panopolis）的佐西姆斯（Zosimus）知道这些炼金术的《赫耳墨斯秘籍》。研习《赫耳墨斯秘籍》的人对佐西姆斯颇有兴趣，因为他把赫耳墨斯主义通神论和炼金术士的实用意图混合在一起，至少留下了两部对更广义的赫耳墨斯主义体系有所启发的作品，尤其是关于"通俗"和"学术"著作之间亲缘关系的话题。①

《库拉努斯文集》（*Kuranides*）第一卷序言说，

> 三倍伟大者赫耳墨斯神从天使那里领受这本书，作为神最伟大的馈赠，并将它传递给了所有适合接纳秘密（mustika）的人。

这本书还自称是另外两本书的汇编，一本由库拉努斯（Kuranos）所著，库拉努斯可能是波斯名字居鲁士（Cyrus）的一个变体，另一本由哈玻克拉奇翁（Harpocration）所著，他生活在帝国时代晚期（并不是修辞学家哈玻克拉奇翁［Valerius Harpocration］），其余信息不详。这部作品中援引一份《古书》（*Archaikos Biblos*），大概是早期动物寓言集。现存的《库拉努斯文集》共六卷，头一卷有24

---

① Max Wellmann, "Die *Φυσικά* des Bolos Demokritos und der Magier Anaxilaos aus Larissa, Teil I," in *Abhandlungen der preussischen Akademie der Wissenschaften*, Jahrgang, Berlin, 1928, pp. 1 – 6; Robert P. Multhauf, *The Origins of Chemistry*, London, 1966, pp. 82 – 85, 92 – 116; R. J. Forbes, *Studies in Ancient Technology*, Leiden, 1955, Vol. I, pp. 131 – 142; Jackson, *Zosimus of Panopolis on the Letter Omega*, Scholars Press, 1978.

章，逐一对应章节中讨论的植物、鸟类、鱼类和石头名称开头的希腊语字母。第二卷《库拉努斯集》（*Kuranis*）有47个按字母顺序排列的章节，关于四足兽类及其药用属性；另外四卷遵循同样的思路讨论鸟类、鱼类、植物和石头。除最后两卷以外，其他所有抄本都认为，作者是三倍伟大者赫耳墨斯，但是根据语文学可将它们追索到同一位波鲁斯，他是炼金术智训的源头。如果波鲁斯是它们的始作俑者，那么《库拉努斯文集》就是他开创的广泛论述自然现象，强调其医学和魔术用途的文献流派中现存的最大的希腊语文本。①

另一份经常提到赫耳墨斯及随从的长篇文本是希腊语和通俗体魔法纸莎草纸，治愈术和魔术也是其重点内容。学者们划归此类的文本时间跨度很大，从公元前2世纪到公元5世纪，内容主要是实用性咒语，用来召唤鬼神、带来幻象或梦境、预示未来、隐形、求爱、御敌、擒贼、实现欲望或者从屋中驱虫。出于上百种原因，写下纸莎草纸的人们需要魔法咒语和一份谱表，列出可以召唤的神与精灵。赫耳墨斯自然是其中之一，如《希腊魔法纸莎草纸》卷七919-924：

> 应当把赫耳墨斯的神奇胜利咒语置于凉鞋中：取一块太阳般的金牌，用铜制的尖笔在上面刻写，想要什么就把它放在上面，看看对船、对马会有什么效果，结果会让你大吃一惊。字符如下：［魔法符号，后面是］THOOUTH，赐佩戴者以胜利、力量和成功吧。②

---

① Dimitris Kamaikis, *Die Kyraniden*, Meisenheim, 1976, pp. 1-5, 14-21, 112, 188, 244, 300, 309; Wellmann, *Marcellus von Side als Arzt und die Koiraniden des Hermes Trismegistos*, Leipzig, 1934.

② H. D. Betz, *The Greek Magical Papyri in Translation, Including the Demotic Spells*, University of Chicago Press, 1986, pp. xi-xxii, xli-lviii, 142.

有些纸莎草纸没这么有抱负,但在风格上更有想象力;《希腊魔法纸莎草纸》卷五 370 - 446 给出了如下配方:

从健康的月桂树上取 28 片叶子,取干净的泥土、苦蒿种子、面粉和草药牛鼻(Misopates orontium [译按] 因花朵酷似牛鼻而得名)……一起打碎,加上……埃及圣鹮蛋液,混合成质地均匀的面团,在月升之时做成身披长袍的赫耳墨斯人像……让赫耳墨斯手持传令手杖。把咒语写在圣职专用的纸莎草纸或者鹅的喉管上……插到人像中以获得……启迪(enpneumatōsis)……[把咒语放]在赫耳墨斯脚下……就像在圣坛上进香那样诵读。

赫耳墨斯,世界之主,在人心中,
哦,月神的圆环,球形
方形,言说之辞的创立者,
正义之源的辩护者……
……你用你的灯
为大地深渊之下的人带去喜悦,
带给结束了生命的凡人。据说你是
事件和神圣梦境的预言者,
日日夜夜传出神谕;你用治愈术
治好凡人的一切痛苦。
来这里吧,受祝福者……
……满怀恩惠地出现
并满怀恩惠地为我完成使命吧,
我是虔诚的人……
不要欺骗,出现吧,向我预言。

虽然咒语中限定的赫耳墨斯人像可能会被做成粗糙的小玩偶，但是咒语给这位神增添了广泛的功能，延伸到宇宙学、语言、正义、死亡、预言和治疗上面。魔法纸莎草纸类似于占星学的、炼金术的和自然－历史的《赫耳墨斯秘籍》，向读者承诺了一种秘术技艺，一种为了或多或少具体直接的原因而操纵神圣和自然世界的方法。因为，这种特殊指示在哲学的《赫耳墨斯秘籍》中极少出现，只有极少几处零散的祭仪或祷文的说明中才有，所以佛登用"技术"来描述更具实用价值的文本比费斯蒂吉埃用形容词"通俗"更好。没有理由认为一类《赫耳墨斯秘籍》比另一类某种意义上讲更加通俗。

贝茨（H. D. Betz）将技术性的《赫耳墨斯秘籍》描述为"另一类文档"：

> 它们与占星学、魔法、炼金术和相关联的托名科学有关……[与理论性文本]有根本区别……两种类型的作者的共同点在于将他们写下的文字归于赫耳墨斯，此外无一共同之处……他们具有不同的精神层面……因此，我们无视由[这个]头脑创作的大量垃圾是正当的。①

贝茨还谈起迪特里奇（Albrecht Dieterich）于1905年开设的关于魔法纸莎草纸的开拓性的研讨班，回想起一个时代：

> 那时，魔法如此彻头彻尾地受到历史学家和语文学家的厌弃，以至于宣布研讨班的时候没有提到"魔法"一词……这种厌恶……可以达到多深的地步可以通过维拉莫维茨（Ulrich von

---

① H. D. Betz, *The Greek Magical Papyri in Translation*, pp. xliii, li.

Wilamowitz‐Molellendorf)所说的一番话来阐明:"我有次听到一位著名学者抱怨说,这些纸莎草纸被人找到,是因为它们剥夺了古典时代的古典主义的高贵荣光。"

魔法(mageia)一词在希腊语和拉丁语的《赫耳墨斯秘籍》中出现过一次(《司托拜俄斯的赫耳墨斯秘籍》[*Stobaei Hermetica*],23.68),魔法理论的另一个关键术语sumpatheia在《赫耳墨斯秘籍》中出现过一次(8.5)。

如果佛登称"技术性的和哲学的书卷……是某种实际精神之'道'……相互关联的不同层面"是正确的,那么在哲学著作中就应能找到技术性的《赫耳墨斯秘籍》实际应用背后的理论。但是,如果要在《赫耳墨斯秘籍》《阿斯克勒庇俄斯》、司托拜俄斯的文选或者纳克罕马狄出土文献里面寻找类似于普罗克洛《据希腊人论圣职之艺》(*On the Hieratic Art according to the Greeks*)里面的魔法理论,尽管有一些段落要求存在某种关于占星学、恶魔学或相关话题的理论框架,却并没有同类内容。

理论的《赫耳墨斯秘籍》展现的不是魔法理论,而是通过知识或gnōsis[灵知]实现的救赎理论,这种理论是对宗教(诸如灵魂命运等等的崇高关怀)和魔法(较卑微的意图的简单工具)之间不做任何清晰、严格区分的文化的产物。①

---

① Festugière, *L'Idéal religieux des Grecs et l'évangile*, Paris, 1932, pp. 281-328, esp. p. 327; David E. Aune, "Magic in Early Christianity," in *Aufstieg und Untergang der römischen Welt*, Principat, 17.4, 1984, pp. 1507-1516, 1536, 1557; Copenhaver, "Hermes Trismegistus, Proclus and the Question of a Philosophy of Magic in the Renaissance," in *Hermeticism and the Renaissance: Intellectual History and the Occult in Early Modern Europe*, Washington, D.C., 1988, pp. 79-90;关于《赫耳

例如，上文引自《希腊魔法纸莎草纸》卷五的咒语的目的是 enpneumatōsis 或"启迪"，字面意思是"使……充满 pneuma［吹息］"。向赫耳墨斯寻求这样的启迪是一种宗教意图还是实用目的？我们了解的 pneuma 在灵知派和早期基督教中的角色，还有它在廊下派物理学和盖伦式（Galenic）医药学中的地位应当让我们确知，这个问题暗示的二分法是错误的，从没真正有过。①

最广义的救赎——人被迫面对命运时的解救——是理论性和技术性《赫耳墨斯秘籍》的共同关怀，不过后者一般宣扬从疾病、贫穷和人际矛盾的庸常不幸中的普通解脱，前者则提供了通过认识神明、他者和自身来实现救赎的宏大视野。

如佛登和其他人的论述，这种分类只能是粗略的、暂时的，并不全面适用。虽然司托拜俄斯《选集》中的段落常被视为"哲学的"，而这个术语既适合其中绝大多数文本，也适合《赫耳墨斯秘籍》本身，但是司托拜俄斯的某些材料显然可以视作技术性的。《文选》卷六（*Excerpt VI*）探讨占星学，特别是旬星和它们的"儿子"星之精灵。费斯蒂吉埃着重指出，这篇文章的结尾承诺，

> 并未无视这些事物的人可精确理解神，并且，若能斗胆说出，他甚至可亲眼看到神，看到了神就会受到赐福。

用费斯蒂吉埃的话来讲，这篇文本的结论是："完美契合愿为所

墨斯秘籍》和《阿斯克勒庇俄斯》中理论和仪式最为相近的段落，见《赫耳墨斯秘籍》1.9、11、13、25、27，2.6，3.2，8.5，10.14、22-23，12.15-16，卷 16；《阿斯克勒庇俄斯》2-6、23-24、37-38。

① 《赫耳墨斯秘籍》1.5 关于"吹息"的注释；Shmuel Sambursky, *Physics of the Stoics*, London, 1962, pp.1-7, 21-23, 29-44。

有教旨加上虔诚和 gnōsis［灵知］美名的赫耳墨斯主义的品味。"换言之，赫耳墨斯主义作者认为，关于旬星的技术信息适合作为有关 gnōsis［灵知］内容的导言。《文选》卷24–26形成连贯的一组，描述灵魂的星辰起源，还有源于占星学构造和基础构造的变化的进入身体内部的灵魂之间的差别，藉此描述灵魂的功能。司托拜俄斯的《赫耳墨斯秘籍》卷26总结道，

> 呼吸（atmos）……与灵魂混合，迫使它们一起成为一个共同的性质，不论便利与否。灵魂从开始就保持宇宙呼吸之间的共性和亲密关系，藉此坚守自身的良好秩序。

基于上文引用的赫耳墨斯主义 enpneumatïsis［启迪］秘法，可以假定，对某些想要神明启迪的人而言，这份关于灵魂之中呼吸的叙述或许是有意义的。司托拜俄斯《文选》中最长最有趣的是《宇宙的贞女》(Korē Kosmou)，其中直接提到，

> 意欲向诸神举起双手的先知，都不曾无视任何存在之物，故哲学和魔法（philosophia men kai mageia）得以滋养灵魂，医药得以治愈身体。

这说明一切知识（医药学知识、魔法知识等等）都承载着对灵知救赎的追求。或许，《阿斯克勒庇俄斯》中著名的"造神"段落（23–24，37–38）里面，与魔法最接近的就是哲学，这些段落表明物质性物体可受人操纵，从而吸引神明下界进入雕像内部，并由此赋予它灵魂。

奇怪的是，赫耳墨斯主义魔法的反对者中，论战最强烈的是炼金术师佐西姆斯，他形容它是钝了的工具，无法达到需要由非物质

性器具来完成的目的：

> 琐罗亚斯德（Zoroaster）……高傲地宣称，命运的各种邪恶，不论是特殊的还是普适的，都可以凭借化身言语的魔法来驱逐。但是，赫耳墨斯在《内中的生命》（*The Life Within*）里面甚至指责魔法，说即使魔法是好的，了解了自身的属灵之人也无需通过魔法来指挥事物，他也不需要限制必然性，而是应当任其发展，终至结果。他只是应当继续寻找自己，而当他理解了神……就任命运为所欲为吧。

从他的其他作品中可以明显看出，佐西姆斯并不是想要将一切物理操作排除在吹息的作品之外；的确，他自己的炼金术和关于实际祭祀的指示是混在一起的。同时，他关于魔法的评述，如反对《宇宙的贞女》的内容，证明当时已经存在与"魔法""哲学"和"宗教"等等术语的现代用法大致类似的范畴，频繁把它们混在一起的人本来是可以区分的。

在《纳克罕马狄文献》的第六篇文章《关于第八和第九的论说》（Discourse on the Eighth and Ninth）中，显然可以看出目的和用法是混乱的。这篇作品是佛登所说的赫耳墨斯主义文本的主要范例，这类文本涉及"哲学 paideia［教诲］"的最终阶段，入教者要采取这最后几个步骤来认识他真正的本质，之后在认识神的过程中获得神性。

《纳克罕马狄文献》卷六第 6 节与《赫耳墨斯秘籍》某些部分都有这些崇高的意图，特别是《赫耳墨斯秘籍》卷一和卷十三。但是，依佛登的分类方法来看，其他十七篇希腊语文本的绝大多数都是"预备性的"。它们描述了入教者在享受《赫耳墨斯秘籍》卷十三或《纳克罕马狄文献》卷六第 6 节之中提出的重生之前，向着他们必须获得的智慧前进的各种较低级阶段。①

如果精神成长的各个预备阶段有所不同，那么它们之间的变化或许能够解释《赫耳墨斯秘籍》令读者困惑了多年的一个显要特征，也就是说组成它的各篇文章之间甚至每篇 logos［论说］内部表面上的巨大分歧。学者绞尽脑汁进行分析，将部分《赫耳墨斯秘籍》系统阐释为一元论或二元论、乐观主义或悲观主义，但是佛登提出应该认为这些变化是继发的，而并不是矛盾的。

因此，认为秩序宇宙是好的并值得理解，这种积极观点适合入教者早期阶段的劳作，故而有文本专注讨论身体的需求仍旧崇高的时期，认为世界邪恶且不值得思考的负面看法则更适合精神旅程中的下一站，故有不同的文本讨论更接近极致 gnōsis［灵知］的题目，这必然伴随着从身体的解放。不论如何，文本本身表现了赫耳墨斯主义作者并没有遵守现代评论家为他们的作品规划的条条框框。

例如，《纳克罕马狄文献》卷六第 6 节只是在寻求"伟大的神圣幻象"，不过它也包含两篇祭祀段落，与魔法纸莎草纸（其中一篇包含与《阿斯克勒庇俄斯》结尾同样的祷文）并非格格不入。在第二个这样的段落里，入教者说道：

> 我通过向你唱诵赞诗来表达感谢。因为我已从你那里得来了生命，而你使我变得智慧。我赞颂你。我呼唤隐藏在我心中的你的名字：a ō ee ō ēēē ōōō iii ōōōō ooooo ōōōōō uuuuuu

---

① 《纳克罕马狄文献》VI. 6. 56. 12 - 22，61. 4 - 17；参 57. 5 - 25，63. 9 - 14。

ōōōōōōōōōōōōōōōōōōōōōōō。你是存在于精神之中的那人。我虔敬地向你唱颂赞诗。

秘法家赫耳墨斯随后指示他的"儿子为狄俄斯波利斯（Diospolis）的神庙用象形文字写下这卷书，题为'第八揭示第九'"。三倍伟大者与他的门徒之间的这份对话肯定了扬布利柯对埃及神学的看法：

> 他们当然不只是揣测这些事物。他们建议通过祭司秘术向着命运之上更高级更普遍的阶层上升，上升到神与神匠，无有物质挂碍或其他辅助，只观察时间本身。赫耳墨斯也给了这样的指导，先知比图斯（Bitus）发现了它，为阿姆蒙王翻译出来，在埃及塞易斯（Sais）的圣殿中以象形文字刻写。

虽然扬布利柯看上去认为赫耳墨斯主义秘术没有任何"物质挂碍"，但是不能说《阿斯克勒庇俄斯》亦然，它在其"造神的艺术中"容许"一种源自物质之本质的舒适力量"，并且在描述被召唤下来赋雕像以生气的神明时，甚至提到"一种植物、石头和香料的混合物"。《希腊魔法纸莎草纸》卷四 475-829 曾被称作"密特拉祷文"（Mithras Liturgy），开头召唤"药草和香料的汁液"，并向吹息、火、水和土的基础力量致意，伴随着魔法纸莎草纸几乎每页都出现的那种秘仪的声响：

> EY EIA EE，水之水，我内中最早之水，OOO AAA EEE，土的物质，我内中最早之土质物质，YE YOE，我的整个身体。

但是，同样的召唤也可以用来寻求身体元素之外的解脱：

> 向着永恒的出生还有……我潜在的本质，好让……我得以注视不朽。

正如扬布利柯所说，这篇著名的文本规劝入教者通过秘术升华到一种神圣的重生；其手段是具体的、技术性的，不过它使用的程序隶属一个母式理论，在《赫耳墨斯秘籍》和《阿斯克勒庇俄斯》中有更透彻的探讨。

赫耳墨斯集

诺克（A. D. Nock）编纂《赫耳墨斯秘籍》时使用了从14世纪到17世纪的28份抄本，但其中15份只含有前14篇文本，有的甚至更少。两份包含全部17篇 logoi［论说］的抄本也保留了《赫耳墨斯秘籍》卷一第18节中普塞洛斯（Michael Psellus）所作的一处评论，他是11世纪重要的拜占庭学者。普塞洛斯在这异教的宇宙起源论中看到了《圣经·创世记》的语言，他说，

> 这位巫师对《圣经》的了解看来不只是皮毛。他渴望成功，在世界起源上小试牛刀，肆无忌惮地使用宝贵的摩西式表达方式。

值得注意，虽然17篇希腊语文本极少提到神秘学话题，但是熟悉新柏拉图主义的拜占庭基督教徒仍然污蔑读过圣经的赫耳墨斯是 goēs［巫师］。在理论性《赫尔墨斯秘籍》中，《赫耳墨斯秘籍》卷一至卷十四中出现的有关占星学和魔法的段落甚至比卷十五至卷十八中还少。那么，我们称作《赫耳墨斯秘籍》的文本具有这样的形

式，是不是因为普塞洛斯表现的对魔法的憎恨呢？若是如此，既然现存最早的抄本是14世纪写下的，就应当注意将《赫耳墨斯秘籍》从他的时代传到14世纪的其他拜占庭学者是否也有这种出自虔诚的憎恶。

那么，拜占庭时代的编辑者和抄写者可能从篇幅更大的《赫耳墨斯秘籍》中遴选、编纂出了我们的《赫耳墨斯秘籍》，从而使自己的偏见成为永恒，篇幅更大的《赫耳墨斯秘籍》当然更加注重神秘学，这在理论性著作尤其是前14篇中并不明显。费奇诺（Marsilio Ficino）在1463年翻译出《赫耳墨斯秘籍》的首个拉丁文译本，参照的是希腊文抄本，最后一篇是《赫耳墨斯秘籍》卷十四。1471年之后，他的新译本首次付印，新型印刷技术扩大了这份缩简版的影响。

虽然16世纪的拉丁文译本和希腊文版本添上了其他的logoi［论说］，但是，1576年印刷的巴塞尔（Basel）版费奇诺作品仍然止于《赫耳墨斯秘籍》卷十四，后附《阿斯克勒庇俄斯》。费奇诺给他的14篇文本共同命名为《庇曼德》（*Pimander*）。1854年，帕蒂（Parthey）的《珀伊曼德》（*Poemander*）仍然沿用了这个题目。

《赫耳墨斯秘籍》这些和魔法关联最少的部分与其他《赫耳墨斯秘籍》之间的长久割裂，模糊了它们在古典时代晚期原语境中的踪迹，这种分裂也强烈影响了中世纪以后对赫耳墨斯主义传统的接纳程度。对于使用拉丁文的西方和使用希腊文的东方的基督教读者来说，涤荡了魔法成分的《赫耳墨斯秘籍》更符合1000年左右的《苏达辞书》（*Suda*）中描述的多神教修士的作者身份：

  赫耳墨斯，三倍伟大者……是一位埃及智者，活跃在法老时代之前。他被称作三倍伟大者,因为他赞颂三位一体,说三位一体具有同一个神圣本质。①

《赫耳墨斯秘籍》中俯首皆是虔敬,因此长老时代以降的基督教徒对它充满钦慕。

但是在11世纪以前——当时普塞洛斯所知的《赫耳墨斯秘籍》形式大致与现存的一致,差不多同一时期,最早的技术性《赫耳墨斯秘籍》由拜占庭学者编辑成册——这类《赫耳墨斯秘籍》没有存在的证据,但是有单独的文本早在3世纪时就显然已经在使用了。司托拜俄斯的约翰(John of Stobi)或司托拜俄斯看起来并不知道全部《赫耳墨斯秘籍》,但他在公元500年左右编纂了一部《文选》,其中包含40篇不同长度的赫耳墨斯文本选段,包括《赫耳墨斯秘籍》卷二、卷四、卷九和《阿斯克勒庇俄斯》。

不只是零散文本(代表分散的、零碎的流派的《赫耳墨斯秘籍》抄本,由此可见应该是在司托拜俄斯之后编集的)的《赫耳墨斯秘籍》或《阿斯克勒庇俄斯》选段有四种,包含以下几种论说:赫耳墨斯、赫耳墨斯对塔特、赫耳墨斯对阿姆蒙、伊西斯对荷鲁斯。在司托拜俄斯之前,亚历山大里亚的居里尔(Cyril of Alexandria)有一段有趣的评论,他知道《赫耳墨斯秘籍》卷十一和卷十四还有其他今已散佚的文本;他死于约公元5世纪中期。他和普塞洛斯很像,不赞成占星魔法师(magus)和偶像崇拜者赫耳墨斯,但是他为其作品中来自《圣经》及其他地方的回响而着迷,他写道,

---

① *Suda* E. 3038 (Adler, *Time Immemorial*, Vol. II, pp. 413–414); S. Gentile, S. Niccoli and P. Viti eds., *Marsilio Ficino e il ritorno di Platone*, Florence, 1984, pp. 37–38.

这位埃及的赫耳墨斯虽然是一位秘术师（telestēs），长居神庙地界偶像近旁，却有好头脑取来摩西的作品，不过他对它的使用并非完美无瑕或完全正确，只有其中一部分……那位在雅典编纂十五卷以 Hermaika 为名的书卷的人凭借他自己的作品留名青史。

虽然居里尔显然知道有一部赫耳墨斯集成，但是他对赫耳墨斯文本的其他指涉并未显示这十五卷书是我们《赫耳墨斯秘籍》的某种形式。不过，最早的资料可能来自文本本身（有时相互指涉并提到《赫耳墨斯秘籍》以外的赫耳墨斯秘籍文本），表明某种形式的赫耳墨斯文集早在公元2世纪或3世纪就已经在流传了。《维也纳残卷》就来自那个时代，其中提到它处已散佚的编号为9、10的文本，因此它们属于一个更大的集合。

《纳克罕马狄文献》收录的《赫耳墨斯秘籍》是公元4世纪"文库"的一部分，抄写这部分的人因为未能将更多赫耳墨斯主义素材录入这部抄本而表示歉意，因为"我收集到的那人的论说数不胜数，"这意味着他能够取得的《赫耳墨斯秘籍》比他抄写下的更多，或许是一部文集。《维也纳残卷》B，《纳克罕马狄文献》卷四，《赫耳墨斯秘籍》卷五、卷十、卷十三和卷十四，《赫耳墨斯秘籍》卷三和卷六，还有《阿斯克勒庇俄斯》的作者都提到了几组文本的名称，不过尚不清楚标题在始作俑者那里指代什么。①

如果《维也纳残卷》的最早成文日期是公元2世纪晚期，那么

---

① Cyril, *Against Julian*, 548b-c；《纳克罕马狄文献》VI. 6. 63. 2-3, 7a. 65. 14。关于 genikoi［一般的］、diexodikoi［完整的、详细的］、exodiakoi［引导性的］、exotica［异域的、外来的］、exoterica［通俗的］，甚或 diexodica［详细的］等术语，见《赫耳墨斯秘籍》5. 1，10. 1、7，13. 1，14. 1；《阿斯克勒庇俄斯》1；《司托拜俄斯的赫耳墨斯秘籍》3. 1，6. 1；《维也纳残卷》B. 6。

这就是理论的（或者任何其他）赫耳墨斯主义文本最早的资料证据。《希腊魔法纸莎草纸》卷三含有《阿斯克勒庇俄斯》和《纳克罕马狄文献》卷六第7节使用过的祷文，这份祷文来自公元3世纪晚期。公元2世纪的作者雅典的阿特纳戈拉（Athenagoras of Athens）和比布鲁斯的斐洛（Philo of Byblos）使用过希腊语头衔"三倍伟大者"，但是，真正引用过被归于赫耳墨斯所著的理论性文本的首位基督教作者是德尔图良，他的写作年代在公元3世纪早期。

公元3世纪中期，一篇早先被归为游斯丁（Justin）所著的《劝异书》（*Exhortation to the Pagans*）的作者使用了《赫耳墨斯秘籍》卷一中的一句话。① 直到公元300年左右的扬布利柯为止，多神教徒们本身对《赫耳墨斯秘籍》鲜有兴趣，可能是因为他们把赫耳墨斯主义作者和普罗提诺所攻击的灵知派联系在了一起。波菲利在《普罗提诺生平》（*Life of Plotinus*）中指出了部分大逆不道的灵知派作品；有些同样的题目在《纳克罕马狄文献》中与赫耳墨斯主义文本一同出现，这或许能够解释如此仰慕《迦勒底神谕》的新柏拉图主义者们为何对《赫耳墨斯秘籍》三缄其口。②

最如饥似渴的古代读者之一是公元3世纪晚期和4世纪早期的基督教徒拉克坦提乌斯，他推崇赫耳墨斯，因为他的多神教预言支持基督教的天启。拉克坦提乌斯了解我们的赫耳墨斯秘籍的一部分

---

① 《阿斯克勒庇俄斯》41；《纳克罕马狄文献》VI.7.63.33–65.7；《希腊魔法纸莎草纸》III.591–609（Betz, *The Greek Magical Papyri in Translation*, pp.3–4）；阿特纳戈拉，《请愿》（*Petition*）28.6；优西比乌，《福音的准备》1.10.48。

② 扬布利柯，《论密仪》1.1.1–2、2.5–6、8.1.260–261、2.262、3.265–4.267；波菲利，《普洛提诺生平》，16。

以及其他一些文本。最重要的是,他阅读并引用了一份希腊语的《阿斯克勒庇俄斯》文本;他也引用了拉丁语版本,但拉丁语版本和我们的不同。我们的拉丁语版本《阿斯克勒庇俄斯》最早见于奥古斯丁的《上帝之城》,写于公元410年至426年间,这位基督徒对赫耳墨斯远没有那么友善。因此,我们知道的拉丁语版《阿斯克勒庇俄斯》在公元5世纪早期以前就已存在了,不过晚于公元4世纪早期,这也是拉克坦提乌斯使用的希腊语版本的最晚日期。

《纳克罕马狄文献》卷六第8节中《阿斯克勒庇俄斯》的科普特语部分肯定在公元4世纪中期以前就存在了。那么,后来成为拉丁语版《阿斯克勒庇俄斯》的希腊语本《完美论说》(Logos teleios),看起来就是在学者一般认为的理论性《赫耳墨斯集》的成文时间即公元100年至300年间的较晚区间里了;绝大多数人都认为《赫耳墨斯秘籍》卷一的成文时间接近这一区间的开头。

关于文本相对成文时间的揣测或者关于单独文本更确切的成文时间,都没有令人信服的说法。但是应当注意,马埃(Jean‐Pierre Mahé)接受以公元2世纪作为界限,但仅为单独文本目前形式的界限,并指出它们参考的素材可能来自公元1世纪甚至更早。①

理论性的《赫耳墨斯秘籍》是司托拜俄斯的《文选》、《纳克罕马狄文献》中的《赫耳墨斯秘籍》、《亚美尼亚语定义》和《维也纳残卷》。《维也纳残卷》过于稀少,《纳克罕马狄文献》卷六中的赫耳墨斯文本是:《关于第八和第九的论说》、《感恩祷文》(*The Prayer*

---

① Nock and Festugière ed. and trans., *Corpus Hermeticum*, Vol. I, p. v, xxxviii, Vol. II, pp. 264 – 266; R. M. Ogilvie, *The Library of Lactantius*, Oxford, 1978, p. xxx; James M. Robinson ed., *The Nag Hammadi Library in English*, San Francisco, 1988, p. 16.

of Thanksgiving）、《抄写员注释》（Scribal Note）以及《阿斯克勒庇俄斯》21－29。

1945年发现《纳克罕马狄文献》时仅其中一卷，一年后被送到开罗的科普特博物馆，1972年之后，才找到其他各卷，当时启动了一个全面的出版项目。《纳克罕马狄文献》的全部英译如今都可以在The Nag Hammadi Library in English中读到，由罗宾逊（J. M. Robinson）编辑成了一卷本，多人合译。《纳克罕马狄文献》的发现，大大影响了我们对《赫耳墨斯秘籍》的理解。旧的观点认为，在埃及语、科普特语中找到理论性的赫耳墨斯文本，象征着灵知派想象力最狂野的绽放。这是令人瞠目结舌的挑战，主要的胜出者是费斯蒂吉埃神父，他认为《赫耳墨斯秘籍》可以完全放在后柏拉图主义希腊文的语境中来解读。马埃对全部《纳克罕马狄文献》中的《赫耳墨斯秘籍》的研究最重要、最广泛，并与诺克和费斯蒂吉埃更早版本的文本做了详尽对勘。马埃校勘、翻译了《维也纳残卷》，并做了笺注，初版于1951年，他后来也为《亚美尼亚语定义》做了笺注，原文于1956年连同俄语译本一并出版。

亚美尼亚语版本题为《三倍伟大者赫耳墨斯向阿斯克勒庇俄斯所述：定义》（Hermes Trismegistus to Asclepius：Definitions），大概来自公元6世纪下半叶。"定义"一词常见于希腊语文献，同样出现在《赫耳墨斯秘籍》卷十六的标题中，但是亚美尼亚语作品截然不同。马埃认为，其成文日期很早，大概要到公元前1世纪，但其他人对这种编年法提出了质疑。

马埃也以《亚美尼亚语定义》为基础，论证《赫耳墨斯秘籍》起源于埃及智训文学，认为它后来从相对较松散的格言集或箴言集演化成了更流畅、更连贯的文学形式。马埃对于这份文本以及《纳克罕马狄文献》中的《赫耳墨斯秘籍》所做的研究,主要作用之一即是肯定了其他学者的观点,其中有许多埃及学学者,他们认为,费斯蒂吉埃神父所说的希腊语和拉丁语文本中的埃及元素只是装饰的观点是错的。佛登最近的书的题目以马埃和费斯蒂吉埃以后的其他文本为基础,并增添了自己的新解析,肯定了从希腊文到《埃及的赫耳墨斯》(*The Egyptian Hermes*)的转变。①

赫耳墨斯和他的读者

奥古斯丁在《上帝之城》中攻击过赫耳墨斯之后,使用拉丁语的西方直到 12 世纪都对他的作品了无兴趣,直到 12 世纪柏拉图学统的复兴同样重新激活了对赫耳墨斯主义作品的好奇,特别是与《蒂迈欧》(*Timaeus*)联系起来看的《阿斯克勒庇俄斯》。技术性的《赫耳墨斯秘籍》中,重要的《赫耳墨斯之书》在公元 4 世纪或 5 世纪找到了拉丁文译者,而公元 9 世纪的瑟德留斯(Sedelius Scotus)知道这份赫耳墨斯 logos [论说]。但是,他的知识并非直接来自这部作品,要么来自拉克坦提乌斯,要么大概来自一篇在 12 世纪仍被广泛阅读的公元 5 世纪的著作《驳五项异端》(*Against Five Heresies*)。②

---

① Berliner Arbeitskreis für koptisch-gnostische Schrifte, "Die Bedeutung der Texte von Nag Hammadi für die moderne Gnosisforschung," in *Gnosis und Neues Testament*: *Studien aus Religionswissenschaft und Theologie*, Berlin, 1973, pp. 53–57.

② Siniscalco, "Ermete Trismegisto, profeta pagano della rivelazione cristiana," in *Atti della Academia delle Scienze di Torino*, *Classe di scienze morali*, *storiche e filologiche*, 101 (1966–1967), pp. 109–114; Gregory, "The Platonic Inheritance," in Peter Drone ed., *A History of Twelfth-Century Western Philosophy*, Cambridge University Pres, 1988, pp. 56–79.

正如在其他许多方面一样，在保存和扩充赫耳墨斯文本方面，伊斯兰教徒和古典晚期以及中世纪早期的其他非欧洲人比同时代的欧洲人做得更出色。早在公元2世纪，使用阿拉姆语（Aramaic）的哲学家巴尔戴桑（Bardaisan of Edessa）似乎就对赫耳墨斯思想产生了兴趣。

公元600年左右，一份以赫耳墨斯作为主角之一的叙利亚预言集引用了《赫耳墨斯秘籍》卷十三，这预示了伊斯兰教崛起后世界那个部分对赫耳墨斯的尊敬。虽然美索不达米亚西北部的城市哈兰（Harran）在公元7世纪中期前败给了先知的军队，但它的多神教居民拒绝皈依伊斯兰教，正如他们曾经拒绝基督教一样。

哈兰人的城市是伟大的学术中心，他们从《古兰经》得来了"拜星教"（Sabi'an）的名称，用来描述伊斯兰教标准下可以容忍的预言宗教，他们选择了赫耳墨斯作为先知，认为他和《古兰经》的易德立斯（Idris）还有《圣经》的以诺（Enoch）是同一人。9世纪早期，强迫性改宗加剧，但赫耳墨斯拜星教教众们一直坚持到11世纪中期，产生了几位重要的学者，其中最伟大的是9世纪的塔比特（Thabit ibn Qurrah）。斯科特注意到，哈兰拜星教赫耳墨斯主义的终结，大致与以普塞洛斯为代表的拜占庭对赫耳墨斯的兴趣的产生在同一时期，他因此推测，对拜星教的驱除，可能刺激了拜占庭的赫耳墨斯主义复兴。不论如何，拜星教运动都是赫耳墨斯主义史中的重要篇章，预示了伊斯兰世界中赫耳墨斯主义的活跃发展，因为将他认作先知的不只是非正统教徒。[1]

---

[1] H. J. W. Drijvers, "Bardaisan of Edessa and the *Hermetica*," in *Voorazia-tische - Egyptische Genootschap, Ex Oriente Lux*, 21 (1969 - 1970); Sebastian Brock, "A Syriac Collection of Prophecies of the Pagan Philosophers," in *Orientalia Lovaniensia Periodica* (14), 1983, pp. 203 - 210, 237, 240 - 241.

虽然现代学者知道许多篇阿拉伯语的《赫耳墨斯秘籍》，但是它们与现存任何希腊语文本都不相对应。伊斯兰教作者们虽然对异教神明赫耳墨斯心怀憎恨，但仍然在他们对占星学、炼金术、咒符魔法（talismanic magic）的研究中借赫耳墨斯的威信护身。亚里士多德本人举着赫耳墨斯主义旗帜昂首阔步；40多本托亚里士多德之名的关于咒符和宇宙学的作品认为，这位哲学家传给学生亚历山大的秘密学识源自赫耳墨斯。

9世纪时，第一位伟大的伊斯兰教亚里士多德主义者肯迪（Al-Kindi）读过赫耳墨斯神学，影响深远的占星学家阿布·马沙尔（Abu Ma'shar）亦然。炼金术文献早在7世纪就开始从亚历山大里亚进入伊斯兰国家，甚至比贾比尔（Jabir ibn Hayyan）的时代更早，哈扬是8世纪及9世纪早期的神秘人物，常被视为阿拉伯炼金术奠基者，还有将希腊语和叙利亚语文本译作阿拉伯语的伟大翻译家侯奈因（Hunain ibn Ishaq, 809—873）。贾比尔（Jabir）的拉丁语名字写作 Geber，是与众多炼金术文献相连的名字，有些年代甚晚，许多只有拉丁语版本。

另一位重要的炼金术士是托名巴利纳斯（pseudo-Balinas）；他的名字是"阿波罗尼乌斯"（Apollonius）的变形，阿波罗尼乌斯是传说中提亚纳（Tyana）的魔法师，托名巴利纳斯可能在9世纪写下了该作品。基于一份被归于赫耳墨斯的更早作品，作者认为有位名为巴利纳斯的作者编写了讨论《创世秘密》（*The Secret of Creation*）的书，其结论是《绿宝石碑》（*Emerald Table*，亦称 *Tabula smaragdina*）的早期版本，《绿宝石碑》是一份简短而著名的十三条炼金术格言集，也出现在贾比尔的阿拉伯语作品中。

就像《绿宝石碑》因炼金术而著称一样，11世纪的《智者的目标》（*Goal of the Wise*）因魔法而扬名，拉丁语版本的名称《皮卡特里克斯》（Picatrix）更加有名，其中也引赫耳墨斯为权威。11世纪与13世纪之间的某个时候，出现了名为《赫耳墨斯论灵魂之规劝》（Hermes on the Reproof of the Soul）的阿拉伯语作品，是一部主题更加接近理论性《赫耳墨斯秘籍》的"句子"集锦。

《赫耳墨斯论自然的六项原则》（Book of Hermes on the Six Principles of Nature）是一份12世纪在英格兰编纂的拉丁语文集，编纂者只知道拉丁语译文，原文实为阿拉伯语。它讨论宇宙学、天文学和陨石学，类似《阿斯克勒庇俄斯》。作者同样引用了活跃于12世纪卡特尔（Chartres）的基督教权威，读者包括由于使用赫耳墨斯文本而闻名的其他拉丁语作者。

另一份来自12世纪晚期的文本自称《命题之书，或神学原理，依哲学家三倍伟大者之意而作》（Book of Propositions or Rules of Theology, Said to be by the Philosopher Termegistus）。其中24条命题中的第2条是带有恩培多克勒思想（Empedoclean）回响的著名格言：

> 神是一无限的球体，球心随处即是，边界不在任何地方。

这种让人摸不着头脑又动人心弦的语言让这本又名《二十四位哲人书》（The Book of Twenty Four Philosophers）的书成为哈勒的亚历山大（Alexander of Hales）、阿奎那（Thomas Aquinas）、英格兰的巴托罗墨（Bartholomew of England）和大阿尔伯特（Albertus Magnus）的最爱，他们在不下23部作品中提到了赫耳墨斯。12世纪，卡特尔的蒂里（Thierry of Chartres）、伯纳都斯（Bernardus Silvestris）、索尔兹伯里的约翰（John of Salisbury）和里尔的亚兰因（Alain de Lille）从《阿斯克勒庇俄斯》中引用了《上帝之城》中没有出现的词语或思想，13世纪的文森特（Vincent of Beauvais）和奥弗涅的威廉

(William of Auvergne) 亦然。

《阿斯克勒庇俄斯》的其他引用者，例如阿伯拉尔（Peter Abelard），大概使用了奥古斯丁或者其他二手文献。不过应当指出，Budé 版使用的《阿斯克勒庇俄斯》抄本，其中七份来自 11 至 13 世纪，当时显然是这份用西欧语言写成的赫耳墨斯主义长文十分流行的时代。布拉德华丁内（Thomas Bradwardine）生活在中世纪晚期（死于 1349 年），他如饥似渴地研习《阿斯克勒庇俄斯》，在他的《论神的来源》(*De causa dei*) 中留下了对现代编者有所助益的《阿斯克勒庇俄斯》选读。彼得拉克是另一位 14 世纪的读者，他在该世纪梵蒂冈抄本的末尾写下了一些话。

1462 年，年轻的费奇诺已经开始将柏拉图作品译成拉丁文的毕生工作，他的恩主科西莫·德·美第奇（Cosimo de'Medici）因为某些他觉得更重要的事情而扰乱了这项划时代的工作。科西莫得到一份《赫耳墨斯秘籍》卷一至卷十四的 14 世纪抄本，现在叫作抄本 A，属佛罗伦萨的劳伦佐（Laurenziana）所有。费奇诺迅速着手，很快用它做出一份拉丁文版本。如果考虑到译者受到的文本局限，这个译本还是经得住考量。这位伟大的柏拉图主义者和他的恩主觉得，最好背离柏拉图一段时间，转向赫耳墨斯，在《论名号为庇曼德的神的力量和智慧的书》（*A Book on the Power and Wisdom of God, Whose Title is Pimander*）的前言中，他说明了理由：

> 摩西出生的时代，是占星学家阿特拉斯（Atlas）的活跃时期，他是自然哲学家普罗米修斯（Prometheus）的兄弟，老墨丘利（Mercurius）的外祖父，他的孙子是三倍伟大者墨丘利……他们称他为 Trismegistus 或三倍伟大者，因为他是最伟大的哲学

家、最伟大的祭司和最伟大的国王……

正如他的学识和敏锐的头脑超越一切哲学家……他生活中的高尚品德和对神的虔敬也让他超越每一位祭司……在哲学家之中,是他最先从物理和数学的话题转向了对神圣事物的思考,他也是第一位带着伟大的智慧讨论神的庄严、精灵的秩序和灵魂的变幻的人。因此他被称作神学的第一位作者,俄耳甫斯追随他,在古代神学中位列第二。

在阿格拉乌斐穆斯(Aglaophemus)之后,毕达哥拉斯在神学的排位上名列其后,接受过俄耳甫斯祭仪的启蒙,在毕达哥拉斯后面是菲洛劳斯(Philolaus),我们神圣的柏拉图的老师。就这样,六位神学家的美妙传承产生了一个独一无二的古代神学体系,各部分都是和谐的,它的源头在于墨丘利,在神圣的柏拉图那里臻至化境。

墨丘利写了许多有关神圣的知识的书籍,……谈论的常常不只有哲学家,还有先知……他预见了旧日宗教的毁灭,新信仰的崛起,基督的到来,审判的降临,民族的复兴,受祝福者的荣耀,还有受诅咒者的折磨。

费奇诺后来修改了古代智慧的传承顺序,把琐罗亚斯德移到了赫耳墨斯之前,去掉了菲洛劳斯,但是有关他神学谱系的想法仍然强大,在接下来的两个世纪里受到了其他欧洲学者的推崇。[1]

---

[1] Michael J. B. Allen, *Marsilio Ficino: The Philebus Commentary*, Berkeley, 1975, pp. 50 - 51; Allen, "Marsile Ficin, Hermès et le Corpus Hermeticum," in *Présence d'Hermès Trismegiste*, pp. 110 - 111; Eugenio Garin, *Ermetismo del Rinascimento*, Rome, 1988, p. 15029; Hankins, *Plato in the Italian Renaissance*, Leiden, 1990, Vol. II, pp. 460 - 464.

如上文所说，费奇诺在 1463 年完成了 14 篇作品的翻译工作，1471 年付印，比《阿斯克勒庇俄斯》的第一个版本晚了两年。费奇诺的《庞曼德》直到 19 世纪都是最具影响力的《赫耳墨斯秘籍》译本。

到了 16 世纪中期，《赫耳墨斯秘籍》已出 24 个版本，激励了许多方言版本的产生，如法语、荷兰语、西班牙语，托穆马索（Tommaso Benci）的意大利语本最重要，也是 1463 年完成的。1554 年，图尔内布（Andrien Turnebus）出版了首个希腊语版本，使用了《赫耳墨斯秘籍》的完整抄本，并包括了安杰洛（Angelo Vergezio）的《苏达辞书》中关于赫耳墨斯的词条，以及司托拜俄斯的三篇文章。

1574 年，弗朗索瓦（François de Candale）出版了新的希腊语文本，实际上是经斯卡利杰（Joseph Scaliger）改进的图尔内布版本，但是没有《赫耳墨斯秘籍》卷十七和卷十八；它附有拉丁语译文，并且将《苏达辞书》的词条和图尔内布发表过的司托拜俄斯文选一并作为第十五篇文章。虽然后来的版本略去了这些多余的材料，但是后面的文章编号仍然是卷十六至卷十八，因此我们的《赫耳墨斯秘籍》没有第十五篇 logos［论说］。1591 年，弗朗切斯科（Francesco Patrizi）在《万物的新哲学》（*Nova de universis philosophia*）中发表了经过他彻底重新排列的《赫耳墨斯秘籍》的版本和译文，让赫耳墨斯成了虔诚哲学的拥护者，站在不虔诚的亚里士多德的对立面。

与此同时，几乎比帕特里齐的版本早了一个世纪，注疏者已经开始扩充欧洲对赫耳墨斯文献的理解。最早的是勒菲弗（Lefèvre d'Etaples），他的 1494 年注疏本是一份附在费奇诺版本《庞曼德》后面的连续概要。1505 年，勒菲弗将他的注疏分解成插入在不同的拉丁语化文本之间的论证（argumenta），并首次加上《阿斯克勒庇俄斯》与《赫耳墨斯秘籍》一同出版。大约同一时间，接近15世纪晚期，洛多维科（Lodovico Lazzarelli）筹备了一份《赫耳墨斯秘籍》卷十六的拉丁文版本，1507年由雄心勃勃的尚皮埃尔（Symphorien Champier）出版。1494年，拉扎雷利完成了基督教版本的赫耳墨斯主义哲学，叫作《赫耳墨斯的搅拌缸》（Crater Hermetis）。尚皮埃尔的作品如此缺少原创性，所以他对《赫耳墨斯秘籍》的兴趣无疑证明了赫耳墨斯在欧洲已经时兴起来。乔治（Francesco Giorgi）在1525年《论世界的和谐》（De harmonia mundi）和1536年《圣经中的问题》（In sacram scripturam problemata）中对赫耳墨斯引用得当，影响深远，斯图科（Agostino Steuco）在他那本《古代哲学》（他称之为"长青哲学"[perennial philosophy]）中，让赫耳墨斯占据领袖地位。

早在斯图科之前，内西（Giovanni Nesi）就用新奇的方式解释了赫耳墨斯主义的传承，认为萨沃纳罗拉（Savonarola）是其继承者之一。在克拉科夫（Cracow），罗塞尔（Hannibal Rossel）于16世纪80年代写了六卷关于《赫耳墨斯秘籍》卷一至卷十七和《阿斯克勒庇俄斯》的注疏；这份浩瀚解说的一个1630年版本含19世纪之前希腊语《赫耳墨斯秘籍》（帕特里齐本）的最后一个印刷版本。与此同时，整个16世纪，勒菲弗（Guy Lefèvre de la Boderie）、菲利普（Philippe du Plessis Mornay）、布鲁诺（Giordano Bruno）等多人推出了他们自己的赫耳墨斯主题的变奏，17世纪早期，弗路德（Robert Fludd）和迈尔（Michael Maier）汪洋恣肆的版本，将赫耳墨斯崇拜推向了巅峰。

在教义争论上，弗路德和其他赫耳墨斯主义者最大的敌人是梅森（Marin Mersenne），他与伽桑狄（Pierre Gassendi）、笛卡尔和诺代（Gabriel Naudéy）一道，加速将神秘主义驱逐出西欧饱学之士尚能容忍的职业行列。不过，赫耳墨斯的劲敌是古典学者卡索邦（Isaac Casaubon）。1614年，在切萨雷·巴罗尼亚（Cesare Baronia）反对教会历史的一段持久论战中，新教徒卡索邦将矛头指向了认为多神教徒预言家预测了基督降临的说法。他针对的目标之一是赫耳墨斯，在归于赫耳墨斯的作品中，他从语言学的角度看到了毋庸置疑的证据，表明其写作时期比通常流传的埃及起源说所能支持的日期要晚许多。

特别是在《赫耳墨斯秘籍》卷一和卷四中，卡索邦发现了圣经的、犹太教的和基督教的语言及思想，因此预见了如多德（C. H. Dodd）等现代专家的发现。他认为希腊语的用词太过抽象，不可能很早，希腊语的词源和双关语不可能是从埃及语翻译过来的，历史方面的考虑及教义观点要求，其成文日期比公认的晚很多。从费奇诺的时代开始，文艺复兴时期的思想家就已经认为赫耳墨斯与摩西生活在同一时代了，并且认为他是古代神学（prisca heologia）的源头，这是一种与圣经启示同时发生并相互一致的非犹太人神学传统。图尔内布、贝罗阿都斯（Matthaeus Beroaldus）、热奈布拉德（Gilbert Génébrard）等人在16世纪晚期就对这种古远的身世产生了怀疑，但卡索邦率先做出强有力的论证，认为"托名墨丘利"是一名身为半个基督徒的伪造者的杜撰。吉尔克（Athanasius Kircher）、柯德沃斯（Ralph Cudworth）等人对卡索邦的论证不屑一顾，但绝大多数人看来被他说服了——特别是新教徒。到了18世纪，通过布鲁克（Jacob Brucker）颇具影响力的书卷，卡索邦揭穿了赫耳墨斯主义古典性的真面目一事，已被列入思想史的正统叙述。

饱学的卡索邦并没有完全剿灭三倍伟大者赫耳墨斯；赫耳墨斯主义的发动机嗡嗡作响地穿过17世纪，慢慢失去了势头。牛顿在《自然哲学的数学原理》里面用到了这一古代哲学的主题，在17世纪90年代早期，仍然研究赫耳墨斯主义炼金术。不过，除了赫耳墨斯主义哲学言论集以外，我们没有必要将如今我们所知道的《赫耳墨斯秘籍》和牛顿的物理学或神学联系在一起。

1730年，拉姆齐骑士（Chevalier Ramsay）在《赫耳墨斯秘籍》中找到了埃及单一神论的证据，雅布隆斯基（P. E. Jablonski）在1750年至1752年出版的《埃及众神》（*Pantheon Aegyptiorum*）中不仅诉诸《赫耳墨斯秘籍》，还重构了赫耳墨斯祭司所著类似印度《吠陀》（*Vedas*）的书籍。埃韦拉尔（John Everard）于1650年发表了帕特里齐版本的英译，开创了在19世纪晚期仍不断重印的译本。

但是，1630年以后没有新的或者重印的希腊语版本出现，直到1854年帕蒂的《珀伊曼德》问世。在那以前，对赫耳墨斯主义学术研究做出最后一项主要贡献的是蒂德曼（Dieterich Tiedemann）于1781年所作的德文译本和注疏。有些现代学者认为蒂德曼的作品对编辑工作有所帮助，其他人则欣赏梅纳尔（Louis Ménard）所做的1866年法语译本及注疏。梅纳尔的版本，与1882年钱伯斯（J. D. Chambers）、1893年至1894年韦斯科特（W. W. Wescott）、1906年米德（G. R. S. Mead）英译本的爆发一道，象征了对这些古代文本兴趣的复兴，这大部分受到19世纪晚期神智学（theosophical）运动的触发。伦敦的神智学社（Theosophical Society）发表了米德的译文，它是一部勤勉的三卷本研究的一部分，仍可使用，但需谨慎。

如果现今对赫耳墨斯的好奇可以在上世纪神秘学的探索中找到

根源，那么对《赫耳墨斯秘籍》相反的探究途径就诞生于 Religionswissenschaft［宗教科学］的高等严肃学术研究，这种大不相同的方法产生于同一时代。在新世纪刚刚来临之际，赖岑施泰因（Reitzenstein）的作品开启了当代赫耳墨斯主义研究，他于 1914 年从斯特拉斯堡（Strasbourg）移居哥廷根，几十年前在那里组建了"宗教历史学派"。有了诸如布塞（Wilhelm Bousset）等权威学者的辅助，在其文化环境中研究《旧约》和《新约》的哥廷根项目，对于拥有赖岑施泰因这样品位和才华的学者显然颇具魅力。1904 年，他出版了《珀伊曼德：希腊埃及及早期基督教文献研究》（*Poimandres: Studien zur griechisch – ägyptischen und frühchristlichen Literatur*），包含以当代方法研究的首个完整注疏版《赫耳墨斯秘籍》卷一、卷十三和卷十六至十八。

赖岑施泰因的《珀伊曼德》定义并提出了《赫耳墨斯秘籍》研习者仍需面对的问题，书中比比皆是来自《希腊魔法纸莎草纸》等极少被研究的文本的引用。例如他论证到，《赫耳墨斯秘籍》证明了赫耳墨斯宗教群体的存在，他们在礼拜中使用其中的文章，这一说法如今仍在挑起争议。他介绍他对《赫耳墨斯秘籍》卷十三的解析时称：

> 此处"社群"（Gemeinde）的创建者明显是赫耳墨斯，这部文献中无处不在的启示之神……赫耳墨斯对塔特所述的 logoi genikoi［普遍论说］作为神圣经文而存在……社群有一本神圣经文，即珀伊曼德的学说。①

---

① Richard Reitzenstein, *Poimandres: Studien zur griechisch – ägyptischen und frühchristlichen Literatur*, Leipzig, 1904, p. 214.

然而，最具挑战性的是，他总结出《赫耳墨斯秘籍》的背景来自埃及。泽林斯基（Thaddeus Zielinski）迅速以两篇论文（1905—1906）反驳了这种埃及狂热，力求重塑《赫耳墨斯秘籍》的希腊背景，将它们分为逍遥学派（Peripatetic）、柏拉图主义和多神论的文集，恰当对应着相应的希腊思想。[①] 克罗尔（Wilhelm Kroll）对泽林斯基过简的分析产生了不满；他1912年《保利古典学实用百科全书》中关于赫耳墨斯的文章认同《赫耳墨斯秘籍》来自希腊，但他认为这些文本应有一个宏大的统一主题，并认为这主题在于对救赎的追求。他的学生克罗尔（Josef Kroll）在1914年首次发表的《三倍伟大者赫耳墨斯的学说》（*The Teachings of Hermes Trismegistus*）中做了大宗研究，依循相关的思路认为，赫耳墨斯主义的根源在于波希多尼乌斯（Posidonius）、中期廊下派和斐洛（Philo），他们都恰恰来自希腊，但是他在《赫耳墨斯秘籍》中没有发现基督教元素。

布塞迅速以几乎密密麻麻60页的长篇评述回应了克罗尔的《三倍伟大者赫耳墨斯之学说》，批评作者让钟摆从赖岑施泰因的埃及论题偏离太远，认为唯一的素材来自希腊。布塞认为这种观点无法被证明错误，并且用一句过目难忘的话纠正了克罗尔对廊下派哲学的重点："《赫耳墨斯秘籍》属于宗教的历史而非哲学的历史。"[②] 布塞认为这些不是哲学文本，并不系统化，还将它们分为三组——一元论的、二元论的和混合版——他认为对通过救赎逃脱命运的期冀源

[①] Zielinski, "Hermes und die Hermetik," in *Archiv für Religionswissenschaft*, p. 332.

[②] Bousset, "Review of Josef Knoll 'Die Lehren des Hermes Trismegistus'," in *Religionsgeschichtliche Studien: Aufsätze zur Religionsgeschichte des hellenistischen Zeitalters*, Leiden, p. 100.

出巴比伦而非希腊。

1901年，布塞写了一篇关于"灵魂的天国之旅"的文章，将灵魂旅程的主题追索到伊朗，他在1905年的一篇评论中拒斥赖岑施泰因的埃及论题，为《赫耳墨斯秘籍》卷一中"原初之人"的概念提出了"东方"的传承。他1907年的主要作品《灵知的主要问题》(*Main Problems of Gnosis*) 探索了灵知派的东方源泉，论定关键在于希腊对伊朗影响的吸纳。后来几年，约纳斯（Hans Jonas）和其他人将拓展布塞对灵知派的分析，但是到了1913年，诺登（Eduard Norden）在《未识之神》(*Agnostos Theos*) 中已经用赖岑施泰因的《珀伊曼德》作为证据，说明了基督教之前灵知派的存在。①

赖岑施泰因1914年移居哥廷根之后，改变了关于埃及赫耳墨斯的看法，决定将伊朗认作赫耳墨斯主义独特学说的故乡。大体来讲，这种诠释方式的转变在他1921年的《伊朗救赎秘仪》(*Das iranische Erlösungsmysterium*) 中已经很明显，但是要等到1926年的《伊朗和希腊的古代综摄研究》(*Studien zum antiken Synkretismus aus Iran und Griechenland*) 才详细应用在《赫耳墨斯秘籍》上。1927年，他颇具影响力的《希腊奥秘宗教》(*Hellenistic Mystery Religions*) 出了第三版，本书在提倡伊朗主题的同时也将《赫耳墨斯秘籍》卷十二看作阅读秘仪（Lese‐mysterium），从而弱化了"珀伊曼德‐社群"的说法，"阅读秘仪"是一种为了不需要实际祭祀仪式就达到祭祀效果的文本。

赖岑施泰因在1926年的《伊朗和希腊的古代综摄研究》中发表过《赫耳墨斯秘籍》卷一的另一份希腊文本，前言说：

---

① Eduard Norden, *Agnostos Theos*: *Untersuchungen zur Formengeschichte religiöser Rede*, Stuttgart, 1971, p. 65.

我在注释中可以使用斯科特的新版《赫耳墨斯秘籍》……但是我的文本并未从中借鉴。他所承诺的长篇评论是否甚至可以部分地给完全胡来的文本排序正名，还有待观察。①

此时，赖岑施泰因只看到了斯科特《赫耳墨斯秘籍》的第一卷（1924），含有序言、文本以及译文。两卷厚厚的注疏在1926年随之出版，但是，斯科特于前一年去世，延迟了第四卷《见证集》（testimonia）和索引的出版，直到1936年由弗格森（A. S. Ferguson）做了大篇补充后才出版。学界一般同意赖岑施泰因对其文本的苛责，这份文本只不过散乱的将选段叠加在一起，做了插入和移动，和抄本相去甚远。赖岑施泰因认为斯科特的译文只是斯科特文本的译文，而不是赫耳墨斯主义作者文本的译文。不过，除了文本和译文以外，斯科特的几卷书还是不可或缺的，他对文本的一些洞见准确得出彩，另外一些则错得出奇。他的注疏内容丰富，学识渊博，他的《见证集》是无价的资源。

大约在牛津出版头三卷斯科特本的同时，诺克刚开始着手研究《赫耳墨斯秘籍》和《阿斯克勒庇俄斯》的抄本，将于1945年出版Budé版《赫耳墨斯秘籍》的头两卷。诺克准备了文本、校勘记和一般的介绍性材料；译文、注释和对希腊文本的专门序言交由他的合作者费斯蒂吉埃神父完成。诺克的前言也列举了其他学者——弗格森、屈蒙（F. Cumont）、皮埃什（H.‑C. Puech）、艾纳森（B. Einarson）、多德等等——他们给出的建议在注释中出现。

司托拜俄斯的《文选》和其他文本片段录于卷三和卷四，由费

---

① Reitzenstein und H. H. Schaeder, *Studien zum antiken Synkretismus aus Iran und Griechenland*, Leipzig, 1926, p. 154.

斯蒂吉埃独力完成，附有很长的序言。同时，费斯蒂吉埃 1944 年出版了里程碑式的《三倍伟大者赫耳墨斯的启示》的第一卷；接下来的三卷分别于 1949 年、1953 年和 1954 年出版，整套书最晚的部分于 1981 年完成，即作者去世前一年。一些关于赫耳墨斯的更早文本收录在 1967 年的《赫耳墨斯教及异教秘仪》里面；另一些出现在不同的文集中，还有一些仍散落在期刊中——十分零散，1984 年出版的《纪念费斯蒂吉埃》中的作品目录列举了 350 个条目。

尽管对《赫耳墨斯秘籍》的兴趣在第二次世界大战后与日俱增，70 年代晚期马埃和佛登动笔之前，没有人想过尝试开始大型研究。Budé 版和费斯蒂吉埃渊博的学识统治这一领域几乎三十年。①

诺克在绝大多数方面接纳费斯蒂吉埃对《赫耳墨斯秘籍》的分析，直到大约十年前，这还是广为盛行的正统，赖岑施泰因的埃及论点早就成为无生气的文字，因此费斯蒂吉埃在寻找《赫耳墨斯秘籍》背景时并没有因为说着埃及语的赫耳墨斯主义文句而将视线从希腊移开。诺克介绍 Budé 版时写道，

> [赫耳墨斯秘籍] 除了人物设定之外鲜有埃及元素。它的思想是十分兼收并蓄的通俗希腊哲学思想，带有当时流传甚广的那种柏拉图主义、亚里士多德主义和廊下派的混合思想。犹太教的痕迹时有出现，大概还有一份归根结底来自伊朗的宗教文献。相反，没有明显的基督教或者新柏拉图主义色彩。②

---

① H. D. Saffrey, "Le Père André – Jean Festugière, O. P. (1898 – 1982)," in E. Lucchesi and H. D. Saffrey eds., *Mémorial André – Jean Festugière*: *Antiquité Paeïnne et Chrétienne*, Geneva, 1984, pp. xvii – xxxiv.

② Festugière, "La Religion Greque à l'époque Romaine," in *Revue des études greques* (64), 1951, p. 486.

费斯蒂吉埃更加强烈地反对埃及起源说，他认为，

> 除了在对话人物身上以外……几乎看不出埃及元素……[这种] 地方色彩……这些异乡情调的意义比庞贝壁画上埃及圣鹮或棕榈树的意义大不了多少。①

赫耳墨斯秘籍之中的埃及只不过是文学的塑造，除此之外没有任何学说上的连贯性，并未宣扬任何赫耳墨斯主义福音。

> 赫耳墨斯秘籍……呈现了两种不相容的学说，它们必然伴随着两种正好处于对立位置的态度。一种说法里……世界充满神性，因此是美的和善的。另一种说法里，世界是邪恶的，不是神的作品，或者反正不是第一位神的作品……[第一位神] 在一切物质之上，无限遥远……隐藏在他存在的奥秘之中……这么多元的概念……不可能导致同样的行为方式，但是必然带来两种对立的道德。因此，将它们同时归为同样的宗教流派是荒谬之谈。②

费斯蒂吉埃认为《赫耳墨斯秘籍》不仅自相矛盾，而且充满矛盾。

> 如果说"赫耳墨斯主义"指代一种不甚连贯的学说，某种救赎学说，那么这个词语就只能用来形容一小部分作品……[但是] 如果……它指代某种特定的宗教态度，某种存在于每个

---

① Festugière, *La Révélation d'Hermès Trismégiste*, Vol. I, p. 85.
② Festugière, *La Révélation d'Hermès Trismégiste*, Vol. I, p. 84.

向着宗教和对神的知识所做的哲学问询之中的思想转变，那么这个词就可以用于描述几乎所有［理论的赫耳墨斯秘籍］。①

没有赫耳墨斯主义学说就没有赫耳墨斯主义教会，这"责成人们将赫耳墨斯主义文献视为纯粹的文学作品，而不是为入教者群体所做的'连祷'"。与这种诠释方法一致，费斯蒂吉埃认为，

> 没有为笃信赫耳墨斯之人举办特殊典礼的迹象，没有和灵知教派圣礼相似之事，没有洗礼也没有圣餐，也没有忏悔……根本没有牧师：没有阶级制组织或不同程度的入教仪式的证据。②

此外，他还埋怨说，

> 那些说起过教会的人，只考虑到了部分由密教内容占支配地位的［论说］……但是更大多数作品中更瞩目的是学术层面……赫耳墨斯和他的信徒就像师长和学徒一样……处理学术问题……就像在赫耳墨斯主义的故乡，帝国治下的亚历山大里亚会发生的那样……把神圣的布道和学术练习联合在一起。③

因此，在费斯蒂吉埃看来，《赫耳墨斯秘籍》中弥漫的不是法事的气息，而是课堂的味道。如果不存在激烈的宗教祭礼，也就找不到魔法师的仪式。他在定义"通俗的"和"学术的"《赫耳墨斯秘籍》分类时让步承认，

---

① Festugière, *Herméstisme et mystique païenne*, p. 39.
② Ibid., p. 38.
③ Festugière, *La Révélation d'Hermès Trismégiste*, Vol. II, pp. 32, 46 – 47.

这两组之间并非没有关系。因此学术的赫耳墨斯主义里面有占星术的痕迹，名为《世界的贞女》的学术著作中有炼金术的痕迹……另一方面，炼金术师佐西姆斯的两部作品……显然是在灵知派和学术的赫耳墨斯主义的密教思想的影响下出现的。但是，这些干扰并不影响任何一组的核心特征，它们之间的区分也仍然清晰。它们唯一的共同点……就是它们都将自己呈现为被揭示的作品——由三倍伟大者赫耳墨斯揭示。①

虽然他有时故意模糊了对赫耳墨斯主义作者的宗教动机的贬低，但是，他通常认为他们的作品表述了某种不免模糊和矛盾的信仰，这种信仰真正的根源不在埃及，它是一种兼收并蓄的宗教思想，植根于古典时代晚期讲希腊语的世界的日常学术讨论之中。自然而然，费斯蒂吉埃神父以后的学者找到了在大小事宜上与他的赫耳墨斯主义研究积淀下来的里程碑式遗赠产生分歧的原因，但不消说，有关《赫耳墨斯秘籍》的所有后续研究都打上了他浩瀚学识与深邃洞见的烙印。

《纳克罕马狄文献》中赫耳墨斯主义作品在战争刚刚结束时被发现，将从几方面证明费斯蒂吉埃的理论难以立足，但是这反转很久以后才会发生。1956 年开始，多雷斯（Jean Doresse）发表数篇文章，向学术界揭示新的科普特语《赫耳墨斯秘籍》，1960 年，《埃及灵知主义密书》(*The Secret Books of the Egyptian Gnosticsn*) 中收录的英译帮助扩散了该消息。

1966 年，克劳泽（Martin Krause）清点了新文本的确切数目和

---

① Festugière, *Herméstisme et mystique païenne*, p. 30.

身份，1971年和拉比卜（Pahor Labib）发表了一份《纳克罕马狄文献》卷六的文本和翻译；帕罗特（Douglass Parrott）编辑的英文版首次出现于1979年。

克劳泽-拉比卜版本出现三年后，马埃开始了对科普特语文本还有后来对亚美尼亚语《赫耳墨斯秘籍》的开拓性研究。马埃总结认为，《阿斯克勒庇俄斯》21-29（《纳克罕马狄文献》6.8）的科普特语文本比拉丁文版本更接近希腊语原文，而且其中关于灵魂上升及审判的学说要求希腊背景和埃及背景同时存在。

他特别指出，《阿斯克勒庇俄斯》之中与《赫耳墨斯秘籍》呼应的特定章节有时表现出格言的性质或者语句的形式。他1976年对亚美尼亚语《定义》的翻译提升了这一洞见的重要性，因为他开始将这部新的作品理解为语句集锦，并作为他眼中赫耳墨斯主义logos［论说］的基本形式的范例，他争论到，赫耳墨斯主义语句来自古代埃及智训文学中类似的元素，特别是可追溯到古王国时期称作"训导"的体裁，而且他提出在人们了解的格言体裁中，发现了一种特意为希腊受众而备的希腊式载体。如果这些作品由镶嵌在不同注疏体系中的同样语句素材堆砌而成，那么《赫耳墨斯秘籍》两种看来截然相反的特征——学说上的不一致和用词的一致——就可以理解了。在发展的过程中，或多或少积累了注疏的作品的影响力会相应地增加和减少，格言形式的素材融入更大的诠释框架。马埃最终认为，《赫耳墨斯秘籍》中的灵知派内容是一种和注疏有关的附加特征，是后来的衍生，与原本在灵知派思想发展之前形成的希腊-埃及散句的核心无法相互区分。

这么短的一份总结自然无法恰当体现马埃工作的范围与细节，它在诸多方面影响我们对《赫耳墨斯秘籍》的了解，在此无法一一表述；于当前目的最重要的是他对拉丁文《阿斯克勒庇俄斯》的编辑校订，还有对它和科普特语对应版本之间联系的解析。但从更广的意义上看来，《上埃及的赫耳墨斯》这两卷书最大的影响是，在赖岑施泰因"埃及狂热"过去四分之三个世纪之后重建《赫耳墨斯秘籍》的埃及家世。

当代重新确认埃及家世的努力始于1949年，当时斯特里克（Bruno Stricker）在《谟涅摩叙涅》（*Mnemosyne*）发表了一份两页的报告，来自一篇从未能够发表的更长作品。斯特里克之后，几位埃及学家和其他学者——多雷斯、克劳泽、道马斯（François Daumas）、德尔尚（Philippe Derchain）、索内尔伦（Serge Sauneron）、雷（J. D. Ray）、里斯（B. R. Rees）等人——给出了修正版埃及论题的论述和证据，但是在马埃之后。

早就有许多人支持与基督教和犹太教之间的关联，原因或显而易见。多德1935年出版了影响深刻的作品《圣经与希腊人》，用很长篇幅悉数《赫耳墨斯秘籍》中《七十士圣经》和其他希腊犹太教文本的蛛丝马迹。他后来（1950年）关于《约翰福音》的作品也对赫耳墨斯秘籍给予了很多关注，这甚至在亨里齐（Carl Heinrici）和温迪施（Hans Windisch）1918年的作品出版之前就已经被《旧约》和《新约》的学者仔细研究过了。费罗尼科（Marc Philonenko）、皮尔逊（Birger Pearson）、格雷塞（William Grese）和其他人继续在《赫耳墨斯秘籍》中寻找与圣经和犹太教的关联，不过《新约》研究者极少想去发现《赫耳墨斯秘籍》影响基督教经文的可能性。

深入研究《赫耳墨斯秘籍》的最新英文文献是上文提到数次的佛登的《埃及的赫耳墨斯》，1986年出版。佛登认识到马埃作品的价值，但是认为他高估了散句形式及埃及本土影响的价值：

不论是费斯蒂吉埃还是马埃的极端立场都很难立足,因为我们面对的是融合产生的文化,其元素……无法轻易区分开来……发现赫耳墨斯主义包容希腊主义,并积极面对自身的埃及根源,我们不该感到惊讶。诚然,我们对此的最好证据来自……哲学的赫耳墨斯秘籍作者们,[他们]……比起技术性的赫耳墨斯秘籍作者,他们与埃及往昔之间的直接关联更少。①

在他激动人心的书卷的最后几页,佛登总结说,

> 赫耳墨斯主义是在埃及讲希腊语的环境下的特色产物……然而……[它]是更大范围下地中海整体的一部分……在罗马帝国广为流传。②

虽然与马埃有着重要分歧,但是佛登的分析方向大致相同,将《赫耳墨斯秘籍》放回希腊-埃及的背景中,延伸到教室中教义问答的程式之外,延伸到古典时代晚期寻求救赎的人以多种方式展开的更广泛的对话——理论的与技术的,思想的与实用的,宗教的与魔法的,诺斯替的、希腊的和埃及的。

费斯蒂吉埃之后,马埃与佛登之前,受众最广的有关赫耳墨斯的书籍关心的未必是古典时代晚期;耶茨(Frances Yates)1964年出版的《布鲁诺和赫耳墨斯主义传统》研究的时代是文艺复兴。从克里斯蒂勒(P. O. Kristeller)、加林(Eugenio Garin)、沃克(D. P. Walker)等人的早期作品中,中世纪专家早就知道了《赫耳墨斯秘籍》在中世纪以后欧洲思想中的重要性,但是再次让赫耳墨斯现代早期思想

---

① Fowden, *The Egyptian Hermes*, pp. 68–74.
② Fowden, *The Egyptian Hermes*, p. 213.

史研究者中真正声名大振的人是耶茨。

耶茨接受费斯蒂吉埃的分析，

> 赫耳墨斯主义文献的批判性和历史性问题……毫不相干，[因为]……费奇诺和他的读者应当对这些一无所知。

耶茨研究的卡索邦主题最终解决了"大埃及幻象"和年代学上的错误概念，研究方法聚焦15世纪晚期和16世纪的人物，从费奇诺到布鲁诺再到后来。不论赫耳墨斯主义传统在古典时代末期的真正背景和日期是什么，都不能否认它在文艺复兴时期的接受度，这是一个在此无法回答的解释学问题。

无论如何，出于许多其他原因，耶茨对《赫耳墨斯秘籍》的见解在部分人眼中是真知灼见，另一部分人则不屑一顾，尤其是她1968年的一篇文章，认为赫耳墨斯是科学革命的重要先驱之一，就在两年前麦圭尔（J. E. McGuire）和拉坦西（P. M. Rattansi）还将牛顿的物理学与这个和赫耳墨斯关联密切的古代神学主题联系在了一起。耶茨还在文艺复兴时期文学经典的主要人物中看出了赫耳墨斯主义的影响，包括锡德尼（Sydney）、斯宾塞（Spenser）和莎士比亚。无需赘言，赫耳墨斯秘籍很快成为研究现代早期思想和文学的学者必读书目，不过除此以外，他们的兴趣与引人入胜的希腊、罗马和埃及的宗教与哲学之谜相去甚远。

《李尔王》中的王者与灵魂差异

汤梦颖 撰

《李尔王》（*King Lear*）第四幕第二场中，高纳里尔（Goneril）恶俗地感叹："唉！人和人之间有着这样的不同！"（4.2.26）① 在《李尔王》批评史上，高纳里尔常被视作反面角色，但几乎所有批评家都不得不承认，高纳里尔的感叹一语中的。例如，布雷德利（A. C. Bradley）与麦克（Maynard Mack）均指出，《李尔王》中的人物善恶分明；② 戈达德（Harold C. Goddard）也认为，剧中人物有的

---

① 4.2.26，指第四幕第二场第 26 行，下文仿此；行码标注以阿登版第三版《李尔王》为准，参见 Shakespeare, *King Lear*, ed. R. A. Foakes, Beijing: China Renmin University Press, 2008；《李尔王》中译参见朱生豪译本，译文略有修正之处，不一一标明。

② 布雷德利，《莎士比亚悲剧》，张国强、朱涌协、周祖炎译，上海：上海译文出版社，1992，页 230；Maynard Mack, *King Lear in Our Time*, London and New York: Routledge Taylor & Francis Group, 1966, p. 5, 47。

处于亮处,有的处于暗处,并据此绘制了一幅"品性的阶梯"。① 然而,这些批评家们的思考限于个人道德层面,忽视了政治视阈下这一问题的特殊含义。值得注意的是,在莎士比亚的时代,公共生活是悲剧的合宜题材,如海涅曼(Margot Heinemann)所言:

> 《李尔王》在很大程度上是部政治戏剧,涉及权力、政府、公共与公民生活,不仅关乎私人关系与情感。②

事实上,《李尔王》的开场就涉及林肯(Lincoln)眼中政治家面临的最艰巨任务——政治制度的长存:③ 李尔(Lear)准备"把责任交卸给年轻力壮之人"(1.1.39)。可是,李尔的难题在于,"年轻力壮之人"为品性不一的多位后代。因此,莎士比亚在全剧伊始,就开始探讨高纳里尔的感叹在政治世界中的深刻含义,也即王者应如何对待具有差异的灵魂?这一问题是政治生活的重要命题,事关谁来统治与政体的康健。在《李尔王》的剧本世界里,这一问题贯穿始末,与剧中从秩序至混乱至重建秩序的戏剧进程直接相关:王者对灵魂差异的不当处理引发了难以想象的政治混乱,王者进一步错误应对灵魂差异,使政治混乱不断升级,直至剧末王者正确对待灵魂差异,才回归了和谐有序的政治秩序。以此观之,王者与灵魂差异是《李尔王》的重要主题。莎士比亚对这一主题的丰富探讨长

---

① Harold C. Goddard, *The Meaning of Shakespeare*, Chicago: The University of Chicago Press, 1951, p. 168.

② Margot Heinemann, "'Demystifying the Mystery of State': *King Lear* and the World Upside down," *Shakespeare and Politics*, ed. Catherine M. S. Alexander (Cambridge: Cambridge University Press, 2004), p. 155.

③ 林肯,《政治制度的永恒》,转引自雅法,《政治的局限》,潘望译,收于布鲁姆、雅法,《莎士比亚的政治》,南京:江苏人民出版社,2009,页103。

久以来为人忽视,却是我们更深入理解剧本,接近莎士比亚政治哲思的重要路径。

一、李尔王:"爱的考验"与"高贵谎言"

雅法(Harry Jaffa)注意到,李尔在交卸权力前,统治举世承平。① 可是,李尔终将面临王位继承的难题。正如任何熟知《李尔王》的读者所知,李尔的女儿们品性迥然不同。那么,李尔会如何应对灵魂差异呢?

李尔的处境不禁使人想起苏格拉底的"高贵谎言"。② 在《理想国》卷三中,苏格拉底讲述了一个腓尼基人的传说,其中第二部分正是在告诫统治者,应如何对待不同品性的灵魂:一位塑造神在有足够统治能力的人的生产模型中加了金子;所有的助手,加了银子;在农夫和其他手工业者中,加了铁和青铜。然而,金质的父亲可能会生出银质的儿子,或金质的儿子产生于银质的父亲。这位神灵特别警告统治者,应给予后代与其本质相符的身价,即让金质的后代去当城邦的卫士。神谕说,一旦铁质或铜质的卫士捍卫城邦,这个城邦将会毁灭(415c)。③ 依据苏格拉底的教诲,灵魂天生具有金银铜铁之分,这种区别不在于血统,而在于取得美德的天赋。统治者必须让金质的灵魂成为城邦卫士,否则城邦必将毁灭。谎言暗示,

---

① 雅法,《政治的局限》,前揭,页104。
② 关于"爱的考验"与"高贵的谎言"更详细的分析,参见拙文:《李尔王的高贵谎言》,载于《古典研究》,2016年春季卷,页69–87。
③ 柏拉图,《理想国》,王扬译注,北京:华夏出版社,2012。

城邦必须拥有能辨别灵魂品质的智慧统治者。①

就李尔而言,李尔别出心裁地采用了"爱的考验":

> 孩子们,
> 在我还没有把政权、
> 领土和国事的重任全部放弃以前,
> 告诉我,你们中间哪一个人最爱我?
> 我要看看谁最有孝心,最有贤德,
> 我就给她最大的恩惠。(1.1.48–53)

从表面上看,"爱的考验"与"高贵谎言"无相似之处。事实上,"爱的考验"常被视作李尔年老昏聩的最大征候。然而,批评家们大多仅关注考验规则的前半部分:"告诉我,你们中间哪一个人最爱我?"(1.1.51),而忽视了后半部分:"我要看看谁最有孝心,最有贤德,我就给她最大的恩惠。"(1.1.52–53)应当指出,李尔在衔接这两部分时,使用了表示目的性的连接词 that。这表明,后半部分才是真正用意,前半部分仅是达成后半部分的手段。此外,由于国土在考验前已分配完毕,李尔一听完长女次女的宣言,就立即分配土地,我们更有充分的理由认为,前半部分不过是一种形式,用以将最大恩惠赐予考狄利娅(Cordelia)。

进一步思考可以发现,"爱的考验"既遵循习俗,又在某种意义上契合"高贵谎言"。一方面,李尔依循习俗,在子嗣中分配国土,

---

① 布鲁姆,《人应该如何生活:柏拉图〈王制〉释义》,刘晨光译,北京:华夏出版社,2009,页97–98。

当子嗣都是女儿时，选择平分国土：① 李尔分给长女次女的土地"同样广大"（1.1.81），分给考狄利娅的土地虽更为"富庶"（1.1.86），却并非更大份额。另一方面，李尔置入了德性原则——最贤德的女儿得到最大恩惠。据贺林歇德（Holinshed）等人的记载，大不列颠首位国王布鲁特（Brutus）赐予第三个儿子阿尔巴阿克特（Albanact）王国北部，赐予次子威尔士或康伯（Camber）。在《李尔王》的来源作品《雷尔王》（King Leir）中，康布里亚（Cambria）的国王是拉根（Ragan）的丈夫。② 可见，李尔的原计划很可能是将国土的北部与西部分别赐予长女与次女，考狄利娅本应得到中央国土。③ 如李尔所言，他本意要"在她的殷勤看护下，终养我的天年（set my rest）"（1.1.124）。此处的 set my rest 也意为"孤注一掷"。④ 也就是说，李尔意在将一切赐予考狄利娅。因此，"爱的考验"与"高贵谎言"的亲缘性在于，李尔辨识出"赞美的题目"（1.1.216）考狄利娅是金质灵魂，试图使其成为国家虽不是唯一但是最重要的护卫者。

然而，"爱的考验"未实现初衷，这很大程度源于考狄利娅的特殊品性。耳闻姐姐们的漫天吹捧后，考狄利娅坚决不与之共伍，仅仅表示："我无话可说"（1.1.87），"只是按照我的名分，一分不多，一分不少"（1.1.93），"恪尽我的责任，服从您、爱您、敬重

---

① Leon H. Craig, *Of Philosophers and Kings*, Toronto: University of Toronto Press, 2001, p. 343, n. 36; Arthur F. Kinney, *Shakespeare's Webs*, New York: Routledge, 2004, pp. 139–140.

② Shakespeare, *King Lear*, p. 155, n. 5, n. 6.

③ 雅法，《政治的局限》，前揭，页 110–112；Leon H. Craig, *Of Philosophers and Kings*, pp. 120–121.

④ Shakespeare, *King Lear*, p. 166, n. 124.

您"（1.1.95 – 104）。考狄利娅对美德的坚持令不少批评家赞叹不已。可是，鉴于考狄利娅引发的深重后果，这一举动令人生疑。拉恩（Thomas F. Van Lann）指出，由于国土已划分完毕，许多台词仿佛已悉心排练，开场只是用以批准既成事实的正式仪式。因此，考狄利娅恰似"忘词的女演员"。① 换言之，考狄利娅的行为不合乎场合。更为重要的是，考狄利娅完全忽视了国家利益。自始至终，考狄利娅高度重视自己品性无瑕（1.1.229 – 230），多次念及"父亲"（1.1.270 – 277），却从未提起国家。考狄利娅从未意识到，"爱的考验"事关国家社稷，对于自己的行为使国家落入品性低劣的姐姐们手中，考狄利娅毫不关心。关爱父亲也并不足够，因为如亚里士多德所言："城邦在本性上先于家庭和个人，因为整体必然优先于部分。"（《政治学》1253a20 – 21）② 考狄利娅的本性与可贵之处在于，她能超越政治等普通生活的任何其他因素，最为纯粹地坚持德性。在此意义上，考狄利娅光彩夺目，宛若天人。可是，政治虽不是最高的，确因其急迫而是第一位的。③ 在政治视阈下，考狄利娅的品质势必有损政治，其强项立即转化成了弱点。质言之，考狄利娅的道德德性确乎出类拔萃，其政治德性却尤为不足。

鉴于考狄利娅的德性有失整全，我们应重新审视"爱的考验"与"高贵谎言"的异同。细察苏格拉底的用词可以发现，"高贵谎

---

① Thomas F. Van Lann, "Acting as Action in *King Lear*," *Some Facets of King Lear*, ed. Rosalie L. Colie（Toronto：University of Toronto Press, 1974）, pp. 59 – 60.

② 亚里士多德，《政治学》，颜一、秦典华译，北京：中国人民大学出版社，2003。

③ 施特劳斯，《苏格拉底问题六讲》，洪涛译，收于刘小枫、陈少明主编，《苏格拉底问题》，北京：华夏出版社，2005，页56。

言"里的金质灵魂是"有足够统治能力的人"。就在讲述"高贵谎言"前不久,苏格拉底反复强调,城邦护卫者最应具有的品质是热爱城邦,且无论何时都不会放弃这一原则(《理想国》503a)。可见,考狄利娅正是在这一点上远离了金质灵魂。比起姐姐们,考狄利娅因其卓越美德,最接近金质灵魂。可是,李尔未能施与考狄利娅必要的政治教育,使其在道德德性上更添王者必备的爱国情怀。因此,"爱的考验"虽与"高贵谎言"有相似之处,却最终指向了两者的差异。

当"爱的考验"发生变故后,李尔的新计划彻底背离了"高贵谎言"。李尔未能充分理解考狄利娅的本性,认为其十足"骄傲"(1.1.130),一怒之下,断绝了父女关系,反复强调考狄利娅一文不值。李尔更严重的错误在于,他未能准确认识长女、次女的灵魂品性。李尔并非不知长女次女不如小女儿有德,却不知她们竟如此恶劣。这或是出于强大权力的内在局限性,使其无法看穿他人的谄媚外表,或是由于李尔正如《暴风雨》(*The Tempest*)中的普洛斯彼罗(Prospero),因自己品德高尚,便想当然地认为别人的天性与自己相似。最终,李尔再次遵循习俗,在现有的两个女儿中平分国土。此时的李尔恰恰做出了"高贵谎言"中神谕着重警告的事——使铜铁当道,城邦濒临毁灭。

要言之,开场中的李尔在应对灵魂差异时,虽有良好的用心,却未能像"高贵谎言"中的统治者一样,用智慧甄别人性的幽深。最终,李尔正如弄人的嘲讽,"只爱他的脚尖,不把心儿放在心上"(3.2.31-33)。苏格拉底强调,一旦铜铁当道,就会发生缺乏和谐的反常事件(《理想国》,547a)。可以说,开场后的所有剧情便是对苏格拉底这一预测的绝佳印证:李尔有失审慎的政治决策,颠倒了高低优劣的灵魂秩序,这一颠倒就像多米诺骨牌,进一步倾倒了稳健牢固的政治秩序，使得"最好的日子已经过去；现在只有一些阴谋、欺诈、叛逆、纷乱，追随在我们身后"（1.2.112–114）。诚如多伦（Mark Van Doren）所言："《李尔王》的开场是个开始，剩余一切都是结尾。"①

二、高纳里尔："人和人之间有着这样的不同！"

由于未能正确应对灵魂差异，李尔将"棒儿"（1.4.164）给了品性低劣的高纳里尔与里根。自李尔后，半个国家的统治者高纳里尔也在应对灵魂差异。如前文所述，高纳里尔明确感叹："人和人之间有着这样的不同！"（4.2.26）较之李尔，高纳里尔或许更能意识到灵魂有别。但是，高纳里尔的认识是否准确呢？

不难发现，高纳里尔言及的"人和人"意指丈夫奥本尼（Albany）与意中人爱德蒙（Edmund）。这句感叹因爱德蒙的誓言而发："我愿意为您赴汤蹈火。"（4.2.24）此前，高纳里尔对爱德蒙暧昧地表示，她的吻能叫爱德蒙的"精神飞上天空"（4.2.23）。再比较高纳里尔对奥本尼的评价："我们那位温和的丈夫"（4.2.1），有着"怯懦畏缩的天性"（4.2.12），"不敢挺身而起"（4.2.13），是"不明是非的傻瓜"（4.2.53）。可见，高纳里尔认为，爱德蒙充满血气，勇敢无畏；奥本尼则怯懦胆小，愚蠢迂腐。因此，当高纳里尔感叹人与人如此不同时，她实则暗示，如爱德蒙般充满血气的灵魂是优质灵魂，如奥本尼般怯懦愚蠢的灵魂十足低劣。

---

① Mark Van Doren, *Shakespeare*, Garden City, New York: Doubleday & Company, Inc., 1939, p. 204.

应当承认，高纳里尔所言无误，爱德蒙确实充满血气。这突出表现为爱德蒙在第五幕中，展现了杰出的军事才能，连奥本尼也承认爱德蒙"表现了你的勇敢品质"（5.3.41）。但是，血气充沛的灵魂是否就是好的灵魂呢？依据文艺复兴时期影响深远的柏拉图的灵魂体系，灵魂可以分为三个部分：进行思维的部分是灵魂的理性部分，勇猛的精神是灵魂的血气部分，对种种欲望感到激动不安的部分是灵魂的欲望部分。在一个正义的灵魂中，各个部分根据其本性处于控制和被控制的地位，即理性统治血气与欲望；在一个非正义的灵魂中，不应统治的部分企图统治根本不属于它统治的领域，如此的灵魂就是"纯粹的低劣"（《理想国》，439d－440d，444b－444d）。因此，要想评判灵魂的优劣，需观察灵魂各个部分所处的地位。

若要准确认识爱德蒙的灵魂品质，不妨先细察爱德蒙在第一幕第二场中的著名独白：

> 大自然，你是我的女神，
> 我愿意在你的法律之前俯首听命。
> 为什么我要受世俗的排挤，
> 让世人的歧视剥夺我应享的权利？
> 只因为我比一个哥哥迟生了一年或是十四个月？
> 为什么他们要叫我私生子？……（1.2.1－6）

首先，爱德蒙表达了与蒙田（Montaigne）相似的立场，认为习俗违反自然，习俗的看法离奇怪诞。[①] 这表明，爱德蒙具有"自然

[①] 蒙田，《蒙田随笔全集》（上卷），潘丽珍、王论跃、丁步洲译，南京：译林出版社，1996，页121－124。

赐予的强大理智"。① 其次，爱德蒙认为自己遭受了世俗的不公正待遇，这激起了他强烈的道德义愤。至此，爱德蒙令人同情，或许还值得赞美。可就在约十行后，我们惊闻爱德蒙的决心是："好，合法的爱德伽，我一定要得到你的土地。"（1.2.16）我们或许期望，爱德蒙希冀与爱德伽（Edgar）平分土地。可是爱德蒙明确表明，他要的是全部土地。可见，爱德蒙的才智与血气之下，涌动着强大的欲望。随后，爱德蒙毫不掩饰，自己的智谋效劳于窃取产业的欲望："既然凭我的身份，产业到不了我的手，那就只好用我的智谋。"（1.2.181）至第三幕，爱德蒙决意设计取代父亲，获得全部家产（3.3.20-24）；至第五幕，爱德蒙透露了自己正觊觎王位（5.1.56-70）。以此观之，爱德蒙正像霍布斯（Hobbes）笔下的灵魂，"欲望从一个目标到另一个目标不断地发展，达到前一个目标不过是为了后一个目标铺平道路"。② 在此过程中，爱德蒙的才智与血气无不竭力为欲望服务。要言之，爱德蒙灵魂的三个部分反其本性地处于相互颠倒的统治与被统治的地位，是最低劣的僭主灵魂。爱德蒙的天资聪颖，勇敢无畏，只是使其作恶更为猖狂。

再看奥本尼。奥本尼曾谈及自己的勇气，仿佛在回应高纳里尔的指摘："要是我们所兴的是不义之师，我是再也提不起我的勇气来的。"（5.1.23-24）也就是说，奥本尼会先思考目标是否正义，唯有目标正义，才诉诸血气。合适之时，奥本尼也能血气充沛。例如，奥本尼怒斥高纳里尔品行不端，宣布要亲自出马，与爱德蒙决斗。

---

① 柯勒律治，《李尔》，收于张可、元化编译，《读莎士比亚》，上海：上海书店出版社，2008，页196。
② 霍布斯，《利维坦》，黎思复、黎廷弼译，北京：商务印书馆，1985，页72。

因此，奥本尼并非怯懦愚蠢，而是理性领导血气与欲望，灵魂各个部分按其本性地处于控制与被控制的地位。奥本尼的灵魂是正义节制的优秀灵魂，与爱德蒙的低劣灵魂形成了鲜明对比。有鉴于此，高纳里尔完全颠倒了灵魂的优劣之分。

事实上，奥本尼还精辟地指出了高纳里尔错判灵魂的根源："智慧和仁义在恶人眼中看来都是恶的；下流的人只喜欢下流的事。"（4.2.39－40）这句台词的后半句点明了高纳里尔错判灵魂的直接原因：高纳里尔与爱德蒙一样品性"下流"，臭味相投。正如亚里士多德指出的，对有的人而言，"我们爱的是与我们本身相似的朋友"（《尼各马可伦理学》1155a）。① 前半句则指向了高纳里尔的错误根源：高纳里尔不认为"智慧"与"仁义"具有绝对价值。在高纳里尔眼中，智慧是"用以装扮计谋与欲望的半逻辑形式"，仁义阻碍了有利可图的行径。② 高纳里尔对头等重要的事一无所知，以自己的喜好为最终原则，无异于道德虚无主义。③ 高纳里尔因而不具衡量品行的绝对尺度，即用柏拉图所谓的超算术度量技艺，度量灵魂的恰切、正确与合度（《政治家》284e）。④

然而，在高纳里尔看来，奥本尼所说"全是些傻话"（4.2.38）。不仅如此，从爱德伽截获的信中可知，高纳里尔怂恿爱德蒙谋杀奥本尼，使她能在爱德蒙面前"换上妻子两个字"（4.6.263）。值得

---

① 亚里士多德，《尼各马可伦理学》，廖申白译注，北京：商务印书馆，2014。

② Robert Bechtold Heilman, *This Great Stage: Image and Structure in King Lear*, Baton Rouge: Lousiana State University Press, 1948, pp. 225－226.

③ 施特劳斯，《自然权利与历史》，彭刚译，北京：生活·读书·新知三联书店，2016，页4－5。

④ 柏拉图，《政治家》，洪涛译，上海：上海人民出版社，2006。

注意的是，奥本尼是高纳里尔的合法夫婿，爱德蒙的地位则是"靠着自己的才能造就的"（5.3.68）。也就是说，高纳里尔的做法类似"高贵谎言"，意在违背习俗礼法，提升"自然之子"。可是，这充其量是对"高贵谎言"的拙劣戏仿，实质有着天壤之别。首先，高纳里尔对习俗礼法的轻视是十足的僭主行径（柏拉图，《治邦者》301c），旨在为欲望铺平道路，而非为了高贵的意图。① 其次，这位"自然之子"是最低劣的灵魂，才能不过是陷害家人，欺世盗名，阴谋暗算等邪恶手段。② 因此，高纳里尔的举措彻底走向了"高贵谎言"的反面，最终只是将国家权力交给僭主。坎托（Paul Cantor）表示，以自然的名义拒斥习俗即便不至于颠覆共同体，也会给共同体造成极为令人不安的影响。③ "高贵谎言"试图克服习俗的局限，将权力交给自然统治者，体现了以自然拒斥习俗的高贵形式。相反，高纳里尔的举措体现了以自然拒斥习俗的极大危险。这种差异归根结底在于，高纳里尔完全不具真正的王者智慧，因而她只是进一步颠倒了高低优劣的灵魂秩序。

---

① 比较第五幕中，高纳里尔以自己的欲望为导向，一会儿声称要遵循法律，直呼"按照决斗的法律"，爱德蒙"不是被人打败"，而是"中了人家的计了"（5.3.150-151）；一会儿又声称自己凌驾于法律，"即使我认识这一封信，又有什么关系！法律在我手中，不在你手中；谁可以控诉我？"（5.3.156）

② 可以发现，爱德蒙正如马基雅维利笔下的西西里人阿加托克雷，从下等卑贱的地位崛起，通过屠杀市民，出卖朋友，缺乏信用，毫无恻隐之心，没有宗教信仰，成为锡拉库萨国王。连马基雅维利都认为，这种邪恶卑鄙的方式不能够称作有能力，以这样的方式只是可以赢得统治权，但是不能赢得光荣。参见马基雅维里，《君主论》，潘汉典译，北京：商务印书馆，2014，页40-41。

③ Paul Cantor, "Nature and Convention in *King Lear*," in *Poets, Princes, and Private Citizens: Literary Alternatives to Postmodern Politics*, eds. Joseph M. Knippenberg and Peter Augustine Lawler (Washington: Rowman & Littlefield, 1996), p. 223.

至最后一幕前,高纳里尔的计划畅通无阻。爱德蒙距王位仅有一步之遥,或许不久之后爱德蒙王与高纳里尔女王还会统治全国。如前文所述,爱德蒙与高纳里尔有着僭主式的灵魂。依据一个16世纪盛行的柏拉图观点,国家与人的灵魂之间有着对应关系,政体取决于统治者的灵魂品性(《理想国》544e)。因此,统治者若有僭主式的灵魂,必然导致僭主制度。这种政体一切以统治者的利益为依归(亚里士多德,《政治学》1279b7),是"最彻底,最原始的奴役"(《理想国》564a)。事实上,莎士比亚已然指出,在高纳里尔等人的治下,人们"受不住我国的苛政,高呼不平"(5.1.22-23)。不过,莎士比亚未让高纳里尔的计划得逞。国运之轮在最后一幕徐徐转动,这很大程度上归功于奥本尼重新将各色灵魂放入正确的位置。

三、奥本尼:重建灵魂秩序

蒙特森(Peter Mortenson)指出,在《李尔王》批评史上,对奥本尼的批评的最大特点是几乎不存在这类批评。[①] 现有的解读大多沿袭柯勒律治(Samuel Taylor Coleridge)与布雷德利的观点,认为奥本尼软弱、迟钝、轻信。[②] 但事实上,随着剧情的发展,奥本尼变得更有智慧,更为独立,更能承担责任。剧末,奥本尼压制了低劣的灵魂,提升了优异的灵魂,建立了新型秩序。

《李尔王》大幕开启时,首句台词就提及了奥本尼公爵。肯特

---

① Peter Mortenson, "The Role of Albany," *Shakespeare Quarterly* 2 (1965): 217-225.

② Warren Stevenson, "Albany as Archetype in *King Lear*," *Modern Language Quarterly* 2 (1965): pp. 257-263.

(Kent)称:"我想王上对于奥本尼公爵,比对于康华尔公爵更有好感。"(1.1.1-2)这向我们暗示,奥本尼颇有德性,赢得了李尔的赏识。在第一幕第四场,奥本尼虽表现得一无所知,却已对高纳里尔的做法略有微词。

两幕过后,奥本尼对高纳里尔的品性有了全新认识。在第四幕第二场,奥本尼一见到高纳里尔,就劈头盖脸地数落后者一文不值:"啊,高纳里尔!你的价值还比不上那狂风吹在你脸上的尘土。"(4.2.30-32)随后,奥本尼严词警告高纳里尔,她的行为越限逾分,卑鄙可耻,只会自食恶果。在此,奥本尼多次使用动物及魔鬼意象,称高纳里尔为"猛虎"(4.2.41),像"深海的怪物"(4.2.51)、"魔鬼"(4.2.60)、"恶魔"(4.2.61,4.2.67)。奥本尼的观点与亚里士多德一致,后者在《政治学》中提出,人类不同于其他动物的特性是能辨认善恶与正义。人类若志趋善良,就能成为最优良的动物,若不讲礼法、违背正义,就会堕落为最残暴的野兽(《政治学》1253a15-16,1253a32-33)。可见,奥本尼准确认识了高纳里尔的低劣品性。

那么,奥本尼会如何应对灵魂低劣的高纳里尔呢?可以发现,奥本尼的举措暗合柏拉图在《法义》中的教诲。在《法义》中,雅典异邦人谈及对待不义之人的两类方案:若不义之人的疾病尚可救治,立法者可控制血气,怜悯此人。但对于无可救药的彻底邪恶之人,必须释放血气,采用最好的办法,施加死亡和流放等惩罚手段。这是清除对城邦造成最大危害的人的方式。① 如前文所述,奥本尼先

---

① Plato, *The Laws of Plato*, trans. Thomas L. Pangle, Chicago: The University of Chicago Press, 1980, 730d, 735e.

诉诸第一类方案，克制了"血气"（4.2.65），试图通过言辞，使高纳里尔的灵魂转向他希冀的美德。① 可是，言辞并非无所不能。在第五幕第一场，奥本尼从爱德伽交予的信件得知，高纳里尔的灵魂无可救药，根本不可能臣服于理性、劝说或仁善。至第五幕第三场，奥本尼再未多费口舌，径直表示"要逮捕这一条金鳞的毒蛇"（5.3.84）。这时，奥本尼转向了第二套方案，实现了最好之事：对于彻底邪恶之人，应释放血气，用正义惩治罪恶。

与此同时，奥本尼压制了"夺到了新的幸运"（5.3.130）的爱德蒙。奥本尼承认，爱德蒙颇具将才，但很快表示："我并没有把你当作一个同等地位的人。"（5.3.61）奥本尼清楚，爱德蒙品性低劣，根本不愿与之共伍。紧接着，奥本尼试图与爱德伽一道，用武力将爱德蒙彻底清除："在我没有剖开你的胸口，证明我此刻所宣布的一切以前，我决不让食物接触我的嘴唇。"（5.3.94-96）可见，奥本尼准确地将爱德蒙视为最大冒犯者，直接诉诸第二套方案。号角声起，爱德伽一举击败了爱德蒙。随着高纳里尔与里根自相残杀，奥本尼在爱德伽的协助下，彻底净化了国家。

此时，奥本尼宣布："一切朋友都要得到忠贞的报酬，一切仇敌都要尝到罪恶的苦杯。"（5.3.301-303）奥本尼意在履行王者施行正义的神圣职责，对敌人施加惩罚，对朋友论功行赏。至此，奥本尼已使仇敌尝到了罪恶的苦杯，我们拭目以待，奥本尼将给朋友带来怎样的报酬。

在这一对仗句前，奥本尼还政于李尔，宣布赐予爱德伽与肯特

---

① Plato, *Complete Works*, ed. John M. Cooper, Indianapolis/Cambridge: Hacketi Publishing Company, 1997, pp. 546-547.

额外的尊荣。约二十行后，李尔离开人世。这时，奥本尼再次转向爱德伽与肯特："两位朋友，请主持大政，培养这已经断伤的国本。"（5.3.318-319）可见，额外的尊荣竟已变作一国的统治权力。若依据目前学界更为认可的第一对开本的文本，全剧最后四行台词——"不幸的重担不能不肩负……"（5.3.322-325）——出自爱德伽之口。因此，肯特谢绝奥本尼的邀请后，奥本尼将王位拱手让给了爱德伽。

奥本尼的意外举动首先促使我们思考爱德伽是否堪当此任。布雷德利注意到，现实磨炼了爱德伽，使他保持纯真、高尚的心灵的同时，成长为最干练的人物。① 这见于以下四个方面：首先，爱德伽品性高贵，坚持正义，关爱父亲与李尔，坚持善恶的绝对标准，知晓奥斯华尔德的"卑鄙"（4.6.248），希冀"正义得到胜利"（5.2.1）。其次，爱德伽行动速度，力量强大，击败了奥斯华尔德与爱德蒙。再次，爱德伽关心国家，惦记战事，与奥本尼一起担起了重整乾坤的重任。最后，爱德伽的惨痛经历使他拥有了整全的认识，能洞悉政治与人性的险恶，灵活应对政治生活。一言以蔽之，爱德伽正如奥本尼的观察，其举止行动，就预示着"王者的高贵"（5.3.174）。

然而，爱德伽对王位并无合乎礼法的权利。爱德伽是李尔的教子，父亲是受康华尔（Cornwall）保护的伯爵。相反，奥本尼凭借与李尔长女的婚姻，拥有合乎礼法的权利。因此，爱德伽的登上王位

---

① 布雷德利，《莎士比亚悲剧》，前揭，页283。

引出了一种与血统相对的"才能"的统治。① 在此，莎士比亚间接认同了柏拉图的教诲：唯一正当的统治应基于技艺（《治邦者》293a－c），而非基于头衔。奥本尼的让位并非如有的批评家所言，表明其软弱、无能或谦卑。事实上，这首先体现了其不贪图权力，以共同善为重。其次，奥本尼准确确认了爱德伽这位"自然的贵族"。② 再次，奥本尼洞悉简单的礼法并非最高原则，不能保证最优秀的统治。因而，奥本尼能不受礼法的约束，凭借自己的智慧，因时势的变化做出最好的决定（柏拉图，《治邦者》295b－297e），将统治权力交给虽在礼法之外，却是最优秀的灵魂。

至此，王者与灵魂差异的激烈碰撞终归平静。莎士比亚通过描绘各色灵魂，暗示了古典式的理解：人的灵魂并非如马基雅维利所言般普遍恶劣，也并非如霍布斯指出的，人人平等，都是为了满足自然保存的欲望。相反，莎士比亚认同灵魂天生具有金银铜铁之分，正如肯特的感慨，是"天上的星辰主宰着我们的品性，否则同一对父母怎么会生出这样不同的儿女"（4.3.34－36）。这进而给一国之君提出了一个重要难题，即统治者应如何对待不同品性的灵魂。

在《李尔王》中，莎士比亚展现了二位统治者的应对方案：李尔未能把握"高贵谎言"的实质，将统治权力交给了低劣的灵魂，

---

① 阿鲁里斯，《智慧与命运：〈李尔王〉的君主教育》，马涛红译，收于刘小枫选编，《古典诗文绎读》（西学卷·现代编上），北京：华夏出版社，2009，页231。

② 杰斐逊认为："那种能够最有效地将自然 aristoi［贵族］选入政府的政体乃是最好的政体。"参见施特劳斯，《什么是政治哲学》，李世祥译，华夏出版社，2014，页73。

驱逐了最接近金质品质的灵魂，倾倒了稳健牢固的政治秩序；高纳里尔因品质低劣，毫无王者之知，使灵魂与政治秩序更为混乱；最终，莎士比亚借助奥本尼的应对方案，指明了这一难题的正确解决之道，即君王应先依据善恶的绝对标准，准确认识灵魂品性，① 尔后，应依据灵魂的自然本性，分派给每个人他真正应得的东西：压制或清除低劣的灵魂，提升优异的灵魂，甚至不顾礼法的束缚，将后者拥立为王。如此才能实现"高贵谎言"中的教诲，建立起与人的卓越品质相称的政治秩序。要言之，莎士比亚暗示，王者与灵魂差异的问题对政治生活至关重要。这一问题最终是对正确差异的探寻，事关如何辨析并对待王国中的善与恶，决定谁来统治这一政治哲学中最根本的问题，谁来统治又将决定一国政体及国家政治生活的康健程度。②

更进一步而言，莎士比亚在《李尔王》中，超越了他在《约翰王》（King John）等历史剧中的尝试，建立起了古典意义上真正的王制。丹比（John Danby）发现，爱德伽类似《约翰王》中的私生子福康勃立琪（Falconbridge），"他的王者本性在于勇敢的人性，而非世袭的王位头衔"。③ 按照怀特（Howar B. White）的看法，福康

---

① 柏拉图与亚里士多德均明确强调，认识灵魂品性对政治家而言极端重要。参见 Plato, *The Laws of Plato*, 650b；亚里士多德，《尼各马可伦理学》1102a19 – 20。

② 莎士比亚在此体现了深受古典传统影响的早期现代视角。在莎士比亚所处的 16 世纪欧洲，国家及各种国家工具相对薄弱，因此政治共同体中人们的性格与精神对政治健康至关重要。相反，随着国家的兴起，现代政治分析更注重政治中的制度与宪法安排。参见 "Introduction," *Shakespeare and Early Modern Political Thought*, eds. David Armitage, Conal Condren and Andrew Fitzmaurice (Cambridge: Cambridge University Press, 2009), pp. 4 – 5.

③ J. F. Danby, *Shakespeare's Doctrine of Nature*, London: Faber and Faber, 1949, p. 191.

勃立琪是天赋的统治者，本应成为国王。① 可在《约翰王》中，莎士比亚未使这位私生子荣登王位。从这个角度而言，莎士比亚在《李尔王》中实现了他未能在《约翰王》中实现的理想。《李尔王》代表着新的开始与尝试。《李尔王》剧中的时间与地点模糊不清，宛若寓言。在此，莎士比亚排除了创作历史剧时的诸多限制，大肆篡改来源作品，进行了一次大胆的思想实验。② 其一大成果是使奥本尼在剧末将王冠递给了最具王者品性的爱德伽。亚里士多德在《政治学》中写道，在最好的政体里，倘使邦内出现一个善德卓著的人，唯一的解决方式，也是顺乎自然的方式，只有让全邦的人服从这样的统治者：于是，他便成为终身君主。君主政体或是徒有虚名，或是君王具有超越寻常的优良才德（《政治学》1284b32 – 34，1289b1 – 2）。不难看出，爱德伽便是这位善德卓著的人。因此，当奥本尼将王位让与爱德伽时，新型的政体实为亚里士多德言及的真正王制，这是最优良的政体，即最优良的人为之治理的政体。以此观之，在《李尔王》寓言般的瑰丽面纱下，隐含着莎士比亚古典式的思考，即对什么是最佳灵魂，什么是最佳统治者，进而什么是最佳政体的哲学追问。③

---

① 怀特，《私生子与篡位者》，邓建华译，收于刘小枫、陈少明主编，《莎士比亚笔下的王者》，北京：华夏出版社，2007，页86、页101。

② 施特劳斯对政治哲学的论述可以促使我们更深入地理解《李尔王》的这种模糊性："只有当此时此地（here and now）不再是参考的中心，才会出现一种对政治哲学的或科学的研究途径。"参见施特劳斯，《什么是政治哲学》，前揭，页7。换言之，莎士比亚对《李尔王》时间、地点、历史的模糊性设计，很可能是为了表达一种超越具体时间与地点的哲学思考。因此，较之历史剧，莎士比亚很可能在《李尔王》这部作品中传达了更为真实的意图。

③ 施特劳斯，《什么是政治哲学》，前揭，页67。

最终，莎士比亚的特殊尝试促使我们重新思考《李尔王》批评史上的一个重大争议：《李尔王》应作乐观式的解读，抑或悲观式的解读？在20世纪上半叶，基督教式的乐观解读主导了对《李尔王》的批评，绝大多数批评家将其视作歌颂基督教价值的救赎戏剧。至20世纪60年代，对《李尔王》的批评发生了极大的逆转。批评家大体认为，《李尔王》的结局毫无希望，只有"空虚的、流血的人间"。① 布鲁克（Nicholas Brooke）批评基督教式解读"过于关注第四幕，忽视了第五幕"，"是危险的选择性批评"。② 然而，布鲁克的指摘也可用于考察悲观主义式解读的缺陷：此类解读过于关注最后一场的前315行，忽视了一锤定音的最后十行，同样是危险的选择性批评。更准确地说，《李尔王》的结尾并非定格于李尔抱着死去的考狄利娅含恨离世，而是奥本尼将权力递交给爱德伽，后者担起重任，说出了最后四行台词。因此，《李尔王》的结尾透露着希望的曙光，《李尔王》仍可做乐观式的解读。

可是，莎士比亚是知晓希望的代价的现实主义者。如果说莎士比亚在剧末建立起了真正的王制，他也同时暗示，这一政体的实现取决于自然倾向分离的各种事物的汇聚与巧合。③ 这至少需要一位能够正确应对灵魂差异的奥本尼，还需要一位品性优异的爱德伽，并且两人能就谁来统治达成一致。仅就第一点而言，莎士比亚就用全

---

① 柯特，《〈李尔王〉，最后一局》，殷宝叔译，收于杨周翰选编，《莎士比亚评论汇编》（下），北京：中国社会科学出版社，1979，页542。
② Nicholas Brooke, "The Ending of *King Lear*," *Shakespeare* 1564 – 1964, ed. Edward A. Bloom (Providence Rhode Island: Brown University Press, 1964), 1964, p.75, p.77.
③ 施特劳斯，《什么是政治哲学》，前揭，页25。

剧的时间，表明了王者正确对待灵魂差异的极高难度：李尔与高纳里尔都无法胜任，奥本尼也唯有借助于经验，才终于在剧末堪当此任。在此过程中，《李尔王》沦为最凄惨的悲剧之一。即便如此，莎士比亚依然愿意在这座"言辞中的城邦"里实现这种极为幸运的可能。借此，莎士比亚为"断伤的国本"带去了最终的慰藉，也向人类的政治生活致以了最美好的祝愿。

本文得到2016-2017年国家留学基金委公派联合培养博士生项目资助。作者单位：浙江大学外国语言文化与国际交流学院。

西塞罗《论占卜》的意图

陈文洁　撰

在西塞罗众多著述中,《论占卜》似乎并不占有重要位置。然而,在现代学术巨细无遗的关注下,从前的作品越来越难以置身于被研究的行列之外。更何况,《论占卜》还有其特殊之处。它令人迷惑的写作结构,不禁让人好奇,作者在占卜问题上的真实态度是什么,以及其如此谋篇布局的意图所在。这种意图,在今天看来虽然未免有些乏味而不合时宜,但在适当的背景下,或许有可能多少呈现出某种生机和意义,而不致仅仅沦为学术研究的对象。

一　《论占卜》的结构

作为一篇对话,《论占卜》（On Divination）最引人注目的地方在于其平行的两卷结构。第一卷以西塞罗之弟昆图斯（Quintus）的口吻，列举事例和理由，支持占卜；第二卷以西塞罗本人的口吻，反对昆图斯的观点，质疑占卜。两卷分量相当，且相对独立，自成一言；谈话者亦各抒己见，而未展开一般对话所常有的往来问答与说服。形式上，《论占卜》更像是两篇关于占卜的观点截然相反的演说的集合。

究竟哪一种观点反映了作者西塞罗在占卜问题上的真实立场，或者说，他是否试图坦白自己对于占卜的真实看法？由于《论占卜》第二卷以西塞罗的名义展开，其中的观点似也顺理成章地表明了作者对于占卜持有一种质疑的态度，认为占卜不过是一种"政治的权宜之策"（political expediency）。这显然忽略了哲学对话的戏剧色彩，谈话者西塞罗并不必然代表作者西塞罗——事实上，在一篇与《论占卜》主题相近的对话《论神的本质》（On the Nature of the Gods）中，谈话者西塞罗正好持相反的观点，支持包括占卜在内的传统信仰。并且，这种解释也不能说明《论占卜》所使用的平行的两卷结构：如果作者只是想表达占卜作为政治的权宜之计的观点，第二卷谈话其实已提供了充分的论证，第一卷似嫌多余；即便是出于反驳对占卜的传统信念的需要而设置第一卷的内容，采用交叉对话会更具有说服力并更能突出结论。

不过，占卜的政治性质确实是《论占卜》两卷对话都刻意突出的问题。罗马宗教具有强烈的政治意蕴。[1] 占卜作为罗马传统宗教的

---

[1] 国王努马（Numa）是罗马宗教体系的创立者。罗马宗教在发端上就是政治性的，其崇拜的神祇中有不少是源自罗马的统治者。对罗慕路斯（Rumulus）的神化（diefication）开启了罗马宗教中神化统治者的传统，在帝国时期更成为惯例。参 Roman Religion, Vol. 2 (a sourcebook), by Mary Beard, John North and Simon Price, Cambridge: Cambridge University Press, 1998, pp. 49 – 54。

核心部分,更是处于罗马政治的中心。① 《论占卜》开篇,谈话展开之前,西塞罗就点明占卜的政治作用:占兆(auspice)是罗慕路斯(Rumulus)建立罗马城的基础和依据;罗慕洛斯本人及其后的国王均充任占卜师,控制国家的占卜活动;国王时代之后,处理任何国内国外的公共事务,必须先获得占兆的指导。② 这也是《论占卜》第一卷中昆图斯赞同占卜的理由之一。③ 《论占卜》第二卷同样承认,占卜的运用、训练、仪则以及占卜院在公共事务中所享有的权威对罗马国家"贡献巨大"。占卜既然在罗马政治生活中扮演如此重要的角色,就不难理解,《论占卜》第一卷无论在理论层面还是经验层面都竭力维护占卜:不仅援引廊下派关于占卜的论证,更大量列举希腊、罗马和蛮族历史上无数的占卜应验的事例,以及罗马人民在日常生活中对占卜的有效运用,力证占卜信仰的真实性。

另一方面,古罗马宗教具有比较突出的功利色彩。诸神(gods)掌管着凡间所有的功利事务,而对人类德性漠不关心。

> 所有(罗马)人都同意,他们从诸神那里得到的,是外在的好处(the external goods),如葡萄园、谷地、橄榄树园、充裕的作物和水果,简言之,生活的所有便利和成功;反之,没

---

① Ibid., p. 166.
② Cicero, *On Divination*, Translated by W. A. Falconer, Loeb Classical Library, Cambridge: Harvard University Press, vol. XX, 1923, Book I.
③ 例如,昆图斯指出,罗马的元老院会命令执政官(decemvirs)查阅预言书,关系重大的事务也常常要遵循占卜师的意见。

有人会将其德性归功于神。①

像古希腊人一样，古罗马人也不期望诸神教他们如何生活：诸神在德性上并没有特别优越之处，他们的生活同样充满了凡人的局限和错误。这种天真无邪的自信，是古罗马人（希腊人）生命活力的重要源泉。既然人的德性缺陷对于诸神来说也在所难免，这些缺陷就并非不可原谅。诸神证明了，坏（evil）与好（good）皆是自然的存在。这种轻松的德性态度很好地缓解了德性（或道德）规则对人的约束和压制，从而使人的活泼天性得以保存——真正美好的事物都出自活泼茁壮的天性。普鲁塔克在《论诸神的惩罚的延迟》中曾说：

> 伟大的本性绝不会带来琐碎平庸的东西，由于它们的旺盛精力和进取心，它们无法保持平静；……那些伟大的本性在一开始总是会表现出很多奇怪的、邪恶的特点，而我们则会立刻不耐烦于它们的粗糙多刺，想当然地认为我们应该对它们进行清除和修剪；然而，更有眼光的人甚至从这里就能看出它们善良而高贵的品性，他会等待它们成熟，拥有理性和美德，等到它们的本性能收获合适果实的季节。②

德性是唯一属人的，却对命运的安排无能为力。命运是人无法以其德性予以保证的、捉摸不定的这样一种东西。古罗马人将命运

---

① Cicero, *On the Nature of the Gods* (*De Natura Deorum*), translated by Francis Brooks, London: Bristol Methuen & Co., 1896, Book III.

② 普鲁塔克，《古典共和精神的捍卫：普鲁塔克文选》，包利民、俞建青等译，北京：中国社会科学出版社，2005，页92。

(Fortune)描绘成一个举着方向舵、站在不停滚动的圆球上的瞎眼女神；她不仅经常无视有德之人而使无德之人富足，并且永远不能驻足一处，对凡人的恩赐也予取予夺、变化莫测。① 这种命运观具有真正的悲剧力量。但是，人对未来的恐惧，以及这种恐惧所带来的心灵的虚弱和盲目，使人必不甘心于对命运一无所知，而试图竭力取悦任性的诸神，或揣测不可预知的命运。这是人类迷信的根源。"广泛存在于所有民族中的迷信（superstition），就是利用人的软弱（weakness），施咒于几乎每一个人。"② 占卜尤其如此。无论是占兆（augury）、灾异（prodigy）、星占（astrology）、神谕（oracle）、算命（soothsaying）等需要训练和技艺的"技术性"占卜，还是梦占（dream）、迷狂（frenzy）等天授的"自然的"占卜方式，都旨在测度主宰人类功利事务的诸神的意志，从而预知未来的吉凶福祸。③

但是，既然神意主宰人世，未来将发生之事，无论吉凶好坏，皆注定必然发生，预知未来又有何意义呢？这是《论占卜》第二卷反对占卜的重要理由。谈话者西塞罗质疑道："如果一切事物均由命运主宰，占卜对我有什么用呢？"因为，"那些由命运所决定的事，就连全能的主神朱庇特（Jove）也不能阻止"。他认为，"对未来厄运（future ills）茫然无知比预知它们更有好处（profitable）"，占卜并无益于人类的幸福。相反，由于提前揭示了人未来的命运，占卜"将会完全剥夺其在此命运到来之前的生活的乐趣"；试想庞培

---

① Galen, "An Exhortation to Study the Arts," *Galen*: *Selected Works*, translated with an introduction and notes by P. N. Singer, New York: Oxford University Press, 1997, pp. 35 – 36.

② Cicero, *On Divination*, Ibid., Book II.

③ Ibid., Book I.

（Gnaeus Pompey）和恺撒（Gaius Julius Caesar），如果他们早年能够预知自己悲惨的结局，还会努力去完成那些伟大的业绩吗？[①]

《论占卜》第二卷中，谈话者西塞罗表示，占卜迎合唯利是图的动机（mercenary motives）而设置，不过是虚弱的心灵（weak minds）自我安慰的迷信之举；他希望将这种对人类幸福有害无益的迷信连根拔除，造福自己和同胞。可是，只要人类的心灵屈服于功利事物，就会患得患失，就会对未来感到恐惧，就会需要占卜的抚慰。针对传统的功利的占卜，《论占卜》第二卷提出了"德性的占卜"（the auspices of virtue）。这一观点是谈话者西塞罗通过反驳昆图斯对加拉提亚国王迪埃奥特鲁斯（Deiotarus）的德性的分析而展开的。昆图斯宣称，迪埃奥特鲁斯在内战中追随庞培而反对恺撒，捍卫元老院权威和罗马的自由，正是占卜应验的表现；鸟占引导他履行职责，得其所愿，因为他爱荣誉远甚于权力和财富。[②] 谈话者西塞罗认为，这种说法是完全荒谬的；迪埃奥特鲁斯的行为与占卜毫无关系，因为鸟占只关乎结果的吉凶，而不能告诉他为维护罗马人民的自由所做的事情是对的；从结果的角度看，他的所作所为对他本人并不见得有利（unfavourable）；可"一旦荣誉发出召唤，德性就会要求我们无视命运的吉凶"，因此，迪埃奥特鲁斯并没有听信什么鸟占，毋宁是运用了"德性的占卜"，听从自己的良知（conscience）的指引。[③] 而"良知的指引"显然建基于对好（good）与坏（evil）的认识和判断之上。

正如《论占卜》第二卷所指出，好与坏、德性上的对（morally

[①] Ibid., Book II.
[②] Ibid., Book I.
[③] Ibid., Book II.

right)与错（morally wrong）均不在占卜所关心的范围内，而只属于哲学的领地。"德性的占卜"乃是哲学之事。这是《论占卜》第二卷反对占卜（divination）的出发点。该卷开篇，在进入占卜问题之前，西塞罗回顾了其志在以"最高贵的学问"教育引导罗马同胞的哲学写作事业。哲学回答"好的生活方式"的问题，当然是"最高贵的学问"。按西塞罗所述，其哲学写作不仅关注"哲学的基础"，即"好与坏的区分"（the distinction between good and evil），还探讨"幸福生活的至关重要的途径"，表明"德性（virtue）本身已足以令人幸福"，"哲学使人具有德性并变得强大"。① 接着，西塞罗解释了其哲学写作的现实背景：

> 除了培育年轻一代，我还能为共和国提供什么更大更好的服务呢——尤其当目前道德松弛的状况已使我们的年轻人误入歧途太远，而必须以最大的努力约束他们并指引其归于正途？②

对类似的问题，与西塞罗同时代的萨卢斯特（Gaius Sallustius Crispus）的回答是诗性的激励。他通过历史创作，赞美罗马先人的崇高德性与辉煌业绩，意图以祖先的荣光激发罗马人对荣誉和德性的渴求。③ 诗人可以只关注美好的事物。而西塞罗是哲人，他所能为共和国提供的服务是理性教导。这意味着其哲学写作不能无视那些"坏的""错的"观点，毕竟，理性只有对之进行认识和辩驳，才能真正发现并接受那些"好的""对的"观点。占卜尤其应该成为其

---

① Ibid., Book II.
② Ibid.
③ Sallust: *the Jugurthine War*, *the Conspiracy of Catiline*, translated with an introduction by S. A. Handford, Baltimore: Penguin Books Ltd, 1963, p. 37.

哲学写作辩驳的对象。这不仅由于占卜具有漠视德性的功利性质，也因为占卜作为传统信仰，在古罗马人日常生活中具有相当广泛的影响，是开展理性教导和德性教育的极大障碍。

既然西塞罗写作《论占卜》，正如他写作其他哲学著作一样，旨在服务于罗马共和国，他就一定不会忘记，占卜不只是罗马建城的基础，更在罗马政治生活中扮演着不可或缺的角色。他自己也是占卜院（the augural college）的成员。《论占卜》第二卷承认，出于对大众（the masses）意见的尊重，以及为国家利益的考虑，仍然应该保留占卜并尊重其权威；这样一种政治的权宜之计（political expediency），使罗马能够有一个国家宗教（state religion）。但是，无论在私人领域还是公共领域，这种说法对于传统信仰很可能都是破坏性的。占卜是一种政治的权宜，意味着占卜并不能真的预示未来，不过是统治者愚弄大众的统治手段。如果罗马人民相信，占卜书中禁止在雷霆闪电之时举行选举的规定，其实是罗马先人用以取消某些选举的借口，① 他们还会接受类似的政治决定吗？《论占卜》第二卷所包含的这类危险，恰好显示出《论占卜》设置第一卷的必要性。

《论占卜》中，昆图斯和西塞罗所发表的观点都各有其必要和危险之处，都需要对方观点的补充和平衡。相对独立的、平行的两卷结构可以很好地满足这种需要，使两种观点都能自洽而留下言之有理的阅读印象。同时，《论占卜》对两位谈话者的选择也暗示了两卷谈话的均等地位。昆图斯与西塞罗是兄弟，他们的地位是平等的；即便立场不同，他们也能和谐相处。② 他们的血缘之亲更进一步提

---

① Cicero, *On Divination*, Ibid., Book II.
② Cf. Mary Beard, "Cicero and Divination: The Formation of a Latin Discourse," *The Journal of Roman Studies*, Vol. 76 (1986), pp. 33–46.

示,《论占卜》的两种观点相互依存,不可偏废;传统宗教与德性教导,对于罗马人来说缺一不可。至于读者采信哪一种观点,则听任其"自由判断"。

> 不提出自己的结论,而赞同那些看似最接近真理的观点;比较并引出可能代表任一观点的所有论据;同时,不自认权威,而让人们完全自由判断。这是学园派的特点。如果你愿意,亲爱的昆图斯,在我们今后的讨论中,也会尽量遵循这一承自苏格拉底的方法。①

《论占卜》篇末所表达的这一悬置结论的论辩方式,是学园派(the Academy)的传统。作为一位学园派哲人,西塞罗当然谙熟这种方式,并深知这种方式所要求的开放和审慎的论辩态度。《论占卜》相对松散的写作结构反映了学园派的这一传统,并不断提示着这一传统背后的"我自知我无知"的苏格拉底精神。这对于学园派几近变异的现代传人恐怕并非毫无意义。

二 《论占卜》的意图

《论占卜》刻意平衡上述两种相反的观点的必要性,可以通过其第二卷所阐发的"真正的宗教"的内涵得以理解。第二卷中,谈话者西塞罗表示,质疑占卜,"摧毁迷信并不意味着摧毁宗教";"天体的秩序和宇宙的壮丽"使他承认,"有某种优异和永恒的存在,值

---

① Cicero, *On Divination*, Ibid., Book II.

得人崇敬"。这种"真正的宗教",① 西塞罗曾在其《论神的本质》中以学园派哲人科塔（Cotta）的口吻做过优美的描述，并将其与占卜等传统宗教带来的"迷信"相区分："迷信是对诸神非理性的恐惧，宗教则存在于对他们虔敬的崇拜之中。"② 不希冀从神那里得到好处的、纯然的敬畏，较之出于功利索取之心的迷信，当然是更高的、也是真正的虔敬——真正爱神的人不会企图要神也爱他。③ 这种宗教"与对自然的认识紧密相关"，其基础是理性和哲学;④ 理性修养、哲学生活所造就的美德（virtue），是心灵宁静、人类幸福的保证。⑤ 这也是《论占卜》第二卷提出的德性教导的基础，使美德成为其本身的目的和报偿。

这种"真正的宗教"，从来都不是也不可能成为大众宗教，而只是哲人的"发明"。⑥ 其中高贵的思想，即便是在宣称爱智的人们中间，也只有少数真正的哲人（例如斯宾诺莎）能够倾心相随。因此，《论占卜》第二卷所针对的读者范围其实是相当有限的。只有那些能够跟随理性而过哲学生活的人，才会对其中西塞罗的谈话欢欣鼓舞。这样的人是罕见的。他们不仅自足于其德性，并且具有一种审慎的实践智慧，即使明知占卜不过是一种出于政治权宜的人为设置，仍

---

① Ibid., Book II.
② Cicero, *On the Nature of the Gods*, Ibid., Book I.
③ *Spinoza's Ethics*, translated by Andrew Boyle, introduction by T. S. Gregory, New York: Everyman's Library, 1910, p. 211.
④ Cicero, *On Divination*, Ibid., Book II.
⑤ Cf. Cicero, *On the Nature of the Gods*, Ibid., Book I.
⑥ 希腊语中，δεισιδαιμονία原意为"对神（gods）的敬畏"，初无贬义。经由哲学家对传统宗教的反思和批判，该词遂有"迷信"的含义，因为哲学家对神的本质另有看法。

能够对这种传统信仰保持一种表面的尊重和服从，以保护罗马生活中很多事物赖以存在的基础。西塞罗本人，同时作为学园派哲人和占卜师，正好诠释了《论占卜》第二卷的这一立场。

就大多数人的立场而言，占据罗马公共生活和私人日常生活中心的，仍然是占卜。《论占卜》中昆图斯的谈话，即是为了维护大多数人的信仰而发。虽然占卜作为罗马最古老的传统信仰，其说服力似无可疑，但由于占卜关系大多数人的福祉，《论占卜》第二卷又对之进行质疑，故有必要特别予以论证。第一卷中昆图斯为占卜所做的有力的辩护，足以给予那些只能在传统信仰中获得慰藉的人以信心，从而降低了第二卷中谈话者西塞罗那些颠覆性观点可能破坏大多数人的信仰的风险。

《论占卜》中，作者西塞罗自己的观点是隐藏的。虽然可以说，第二卷谈话或许更能反映他对占卜的真实看法——作为菲隆（Philon）的学生，他承认某些具有"卓异之处"的观点可以"指导聪明人如何生活"，① 并且，他宣称追随柏拉图，在《论占卜》中也声称"根除迷信，对我自己和罗马同胞都是一件大功德"。② 但是，《论占卜》并置两卷，刻意在两种观点之间维持一种平衡，试图使每一种观点都能令其预期读者信服；坦露作者的倾向，显然会破坏这种意图。西塞罗自己也曾坦言，"他写作对话是为了不致过于敞开地表达自己的观点"。③《论占卜》第二卷以他自己的名义展开谈话，很有可能与另一篇具有相似主题的对话《论神的本质》的结构安排有关。

---

① Cicero, *On the Nature of the Gods*, Ibid., Book I.
② Cicero, *On Divination*, Ibid., Book II.
③ 施特劳斯，《自然权利与历史》，彭刚译，北京：生活·读书·新知三联书店，2003，页157。

在《论神的本质》中,西塞罗扮演了相反的角色,与支持传统信仰的廊下派学者拜尔巴斯(Balbus)同一阵线;他在《论占卜》中的角色,则由同为学园派哲人兼大祭司的科塔担任,并成功说服了反对传统信仰的伊壁鸠鲁主义者维莱乌斯(Velleius)。这篇三卷对话,科塔和维莱乌斯的宏论几乎各占一卷,整篇对话以科塔对拜尔巴斯的驳斥结束;对话篇末,西塞罗声称赞同拜尔巴斯的廊下派立场,可他在整个对话过程中几乎一言不发,对拜尔巴斯的声援很有限。《论神的本质》的布局,实际上突出了对传统信仰的质疑,尤其是科塔对廊下派学说的长篇驳斥,很可能留下如《论占卜》中昆图斯所感受到的"完全推翻诸神(gods)"的印象。① 《论占卜》作于《论神的本质》之后,专立一卷为传统信仰辩护,某种意义上可以看作对《论神的本质》的未尽之处的补充。②

《论占卜》中,西塞罗在谈话正式开始之前,曾指出这场谈话的微妙之处:

> 我们面临两种风险:如果我们忽视占卜,我们就对诸神犯了罪;或者,如果我们赞成占卜,我们就会陷入老妇人的迷信之中。(同上)

既要保护占卜在罗马政治中的权威以及大多数人的信仰,又要为少数有志于哲学生活的人拨开迷信的阴霾,指示德性修养的道路。《论占卜》的这一意图,显示了作者西塞罗对阅读对象的谨慎辨别与区

---

① Cicero, *On Divination*, Ibid., Book I.
② 《论占卜》中,西塞罗在谈话之初回顾其哲学写作事业时指出,完成《论神的本质》之后,为了简化和延伸这篇对话的内容,他开始写作《论占卜》。同上。

分。为了更好地理解这种区分，有必要简单地回顾一下苏格拉底之死。

作为第一位道德哲学家，苏格拉底声称"未经审查的人生（ὁ ἀνεξέταστος βίος）是不值得过的"。① 他指的既是他自己的人生，也是其他雅典人的人生，甚至是所有人的人生。按柏拉图的《申辩》，他不仅自我审查，自认无知，还与他在市场上碰到的人们交谈，审查他们的智慧（同上，21e–22e）；即便在法庭上，他仍试图劝服在场的所有人（同上，36c），并且拒绝接受流放，因为他无论身在何处，都将继续这种被指控为腐蚀青年和不敬神的谈话，从而将永远不能免于被审判的命运（同上，37e–38a）。

苏格拉底死于他所认为的这种"对人而言最大的善"（同上，38a），即哲学谈话活动。问题当然不在于他谈话的内容，而在于他对谈话对象一视同仁、不加拣选，未意识到并非所有人都有能力过哲学生活。② 对那些无力过哲学生活的人来说，他的谈话可能会摧毁他们固有的生活信仰而使他们无所适从；同时，他的鲁莽的谈话活动也无意中为那些到处追随他、模仿他的年轻人树立了很坏的榜样——毕竟，除了苏格拉底，还有谁的类似谈话受到神谕的启示呢？③

---

① Plato, *The Apology*, *Plato I*, with an English translation by Harold North Fowler, Loeb Classical Library, Cambridge: Harvard University Press, 1914, 38a.

② 施特劳斯在分析阿里斯托芬喜剧中的苏格拉底形象时指出："苏格拉底似乎从一开始就未认识到，并非所有人都有能力过（哲学的）沉思生活。"《申辩》中的苏格拉底也有类似的特点。Leo Strauss, *The Problem of Socrates: Five Lectures*, *The Rebirth of Classical Political Rationalism*, Chicago: the University of Chicago Press, 1989, p. 125。

③ 苏格拉底自述，德尔斐神谕宣称没有人比他更有智慧，而他自认一无所知；这种疑惑促使他四处找人谈话以明晓神谕的真义。Plato, *The Apology* (Ἀπολογία Σωκράτους), *Plato I*, 21a–e。

或者说，有多少人像他一样听到内心"神圣的声音"呢？依据《申辩》，苏格拉底自年少时便受到这种"神圣的声音"的召唤，指示他如何行动（同上，31c－d），使他敢于在法庭上宣称"就算死上千百回也不会放弃被指控的哲学谈话"（同上，30a－b）。这种声音在《克力同》（54d）中再次出现，阻止他听从克力同的劝告逃走，促他从容赴死。在这个意义上，哲学生活最终不是一种理论生活，而是一种德性生活。"神圣的声音"赋予苏格拉底行动的能力，是其德性的源泉。这种声音绝不同于哲学的好奇。好奇的人很多，真正有勇气行动的人很少，正如哲人很少一样。苏格拉底崇拜心中神圣的存在，较之雅典人崇拜诸神，其虔敬毫不逊色；甚至可以说他的崇拜是更纯粹的，因为他完全无条件地服从"神圣的声音"，而不像对诸神的崇拜常常伴以功利的索取。但这正是他"不敬神（the gods the state believes in）而引入新的神祇"的罪名所在（同上，24b－c）。"神圣的声音"只存在于苏格拉底这样的哲人心中。绝大部分的人听不到这种声音，即便偶尔听到，也会置若罔闻；让他们崇拜类似的神圣的存在，如同让苏格拉底背弃其心中"神圣的声音"一样，是不可能的。

苏格拉底在市场上的巡回谈话其实具有某种悖论性质：当他批评"诗人的创作并非出于智慧而是出于天性（φύσει）"时（同上，22c），他心中"神圣的声音"所激起的不可抑制的哲学冲动又何尝不带有"天性"的特点呢？① 其他那些被他的哲学诘问判为无知的

---

① 尼采在批评苏格拉底哲学否定本能（天性）而败坏希腊悲剧艺术的同时，也承认，责备苏格拉底服从心中神圣声音的指引，与赞同他在消解本能（天性）方面的影响一样，都是不可能的。Friedrich Nietzsche, *The Birth of Tragedy*, translated by Clifton P. Fadiman, New York: Dover Publications, Inc., 1995, p. 47。

人，也无非是依其天性生活而已。他的学生柏拉图将人区分为三种基本类型：爱利者、爱胜者、爱智者，就是依据人心灵中最占统治地位、最活跃的那部分先天的欲望而大致划分。① 哲人之爱智，与其他人如爱利者、爱胜者一样，都是为其天性所驱使。因此，能成为哲人的人并不多，② 不过哲人似也无需抱有隐秘的骄傲。既然每种生活类型不过是天性使然，也就都有其合理性：自然赋予人如此生活的禀性，想必会认可他如此生活的方式。③ 这是西塞罗《论占卜》的写作意图的审慎之处，也可以在一定程度上帮助理解苏格拉底之死的性质。

但苏格拉底是纯粹的哲人。他绝对服从内心"神圣的声音"而

---

① 柏拉图，《理想国》581c，郭斌和、张竹明译，北京：商务印书馆，2002。"爱智"是否是一种欲望？《理想国》580d 用ἐπιθυμίαι描述心灵的三个部分（爱欲 [φιλόνικον]、爱利 [φιλοχρήματον]、爱智 [φιλόσοφον]）。James Adam 也认为，此处提出了一种观点，即心灵的每一部分都有其欲望（desire）和快乐（pleasure）。见 580d 相关注释，*The Republic of Plato*, edited by James Adam, Vol. 2, New York: Cambridge University Press, 1902, p. 342。正如所有爱欲一样，"爱智"只有带有某种天然性的、不可抑制的冲动，才有可能主宰心灵，成就真正的"爱智者"。

《理想国》及其他柏拉图对话表明，柏拉图很注意区分人和谈话对象。施特劳斯指出，柏拉图对话对苏格拉底的谈话对象是有选择的，他们属于某种精英，而不像作为苏格拉底个人演讲的《申辩》一样，将苏格拉底描绘为一个在市场上不加区别地四处谈话的哲人。简言之，"柏拉图对话反驳了柏拉图《申辩》中苏格拉底的公开自述（self-presentation）"。Leo Strauss, *The Problem of Socrates: Five Lectures*, Ibid., p. 154.

② 柏拉图《理想国》493e-494d，同上。

③ 赫拉克利特有言："对于神来说，万物都是美的、善的和公正的，而人们却认为有些东西不公正，有些东西公正。"（残篇102）参见苗力田主编，《古希腊哲学》，北京：中国人民大学出版社，1989，页43。区分是属人的，人是万物的尺度。

无暇审慎，甚至对自己的生命也漠然视之。他的死所激起的崇敬，主要是对德性的惊奇和赞美。审慎并不能激发类似的情感。① 作为一种实践智慧，审慎包含对情势的权衡和对结果的考虑，包含算计。算计往往暗示着某种软弱的倾向。行动力就是这样在与事实的反复磋商之中逐渐削弱了。那些试图教导德性的审慎的哲人，恐怕只有借助少数不识时变的人，例如西塞罗的战友卡图（Cato the younger），才能够显示榜样的力量。②

作者单位：广州市社会科学院哲学文化研究所

---

① 施特劳斯也承认："世间存在着出于本性或者内在地就令人敬佩的或高贵的东西。它们之中的绝大部分都有一个特点，那就是它们都与人们的私利无关，或者说它们摆脱了人们的算计之心。"施特劳斯，《自然权利与历史》，同上，页129。

② 蒙田在谈到卡图时曾说："这个人真是自然拣选出来的典范，以显示人类的德性和坚定能达到何种高度。" Montaigne, "Of Cato the Younger," *The Essays of Michel Eyquem de Montaigne*, translated by Charles Cotton, Edited by W. Carew Hazlitt, Chicago: Encyclopedia Britannica, Inc., 1952, p. 104。

思想史发微

旅行家希罗多德[*]

雷德菲尔德（James Redfield） 撰

李孟阳 译

"让我想想——我们在这里看不到月亮的另一面，不行。"

"来嘛，印度没有那么差，"一个讨喜的声音说，"就算你在地球的另一面，我们也只能看到同一个老月亮。"他俩既不知道说话的是谁，也再没见过他。

——福斯特（E. M. Forster），《印度之旅》

我们知道，希罗多德既是历史之父，也是人类学之父。梅耶斯

---

[*]［译注］文中出现在希罗多德《原史》中的地名和人（民族）名，主要依据王以铸先生的译本（《希罗多德历史》，北京：商务印书馆，1959／2010），而《原史》原文的翻译，参考王先生译本以及希腊文原文；此外，我尽量保留部分拉丁化的希腊语关键词，如 nomos、ethea 等。

［原注］我要感谢对这篇文章数个草稿提供有用评论的学者：D. Lateiner、A. Momigliano、G. Walsh 和 P. White。所有译文都出自我手。

爵士（Sir John Myres）写道：

> 就希罗多德向我们展示的……一门人类学而言……与我们当今最优秀的思想相比，就算落后，他也只落后一点点。①

就算在1908年，这似乎都有点夸张。希罗多德缺乏梅耶斯前一辈的泰勒（Tylor）所谓的文化人类学首要原则，即每种文化都是一个"复杂整体"——或者可以说，一个系统（system）。希罗多德仅仅记录具体特征，并不关心他笔下各种文化在功能、结构或风格上的一致。

例如，他这样描述阿杜尔玛奇达伊人（Adurmachidae），他们居住在埃及与利比亚的边界上（4.168）：

> 他们大致上采用埃及人的习俗，但他们穿的衣服与其他利比亚人相同。他们的女人双腿戴青铜圈。他们让头发长长，而当一个女人在自己身上找到虱子，她就咬它们来报复，然后扔掉它们。只有利比亚人会这样做，也只有他们会在建立家庭前把处女展示给国王。如果国王看中了某个处女，他就破她的处。

希罗多德记录那些区分不同民族的特点，尤其是那些希腊人觉得奇怪、因而可鄙又有趣的特点。奇怪（oddity）是一个民族中心主义原则；从这个角度看，其他人是有趣的，因为他们穿奇怪的衣服，吃奇怪的食物，奉行奇怪的习俗，对得体和羞耻的事情有奇怪的念头——奇怪是因为人们有自己文化的标准。女人咬虱子是新鲜事。

---

① "Herodotus and Anthropology," in *Anthropology and the Classics*, ed. R. R. Marett, Oxford, 1908, p. 135.

因此，与其说希罗多德是马琳诺夫斯基（Malinowski）和博厄斯（Boas）的先驱，不如说他似乎是《怪是怪》（*Strange as It Seems*）和《信不信》（*Believe It or Not*）的先驱。

因此，我对希罗多德人类学的研究始于对这种人类学的反感。我受民族志研究者的熏陶，在他们看来，这种不系统的游记是科学的反面。然而，民族志的视野却提供了理解希罗多德的进路，因为，如果每种文化都是一个系统，那么，该文化内部的每项创作（artifact）都显示出这种文化的特征——包括希罗多德的《原史》（*Histories*）。①他的兴趣越是带有民族中心主义色彩，就越好地界定了他所属的文化。

旅行和观察是极具希腊特征的事情；奥德修斯是其原型（prototype），他"游历多方……曾见过许多人的城邦，懂得他们的心智（mind）"。希腊人外出旅行的原因主要有三个：商业、战争和览胜（seeing the sights）（希罗多德 3.139；对比柏拉图，《王制》556C；伊索克拉底 17.4）。览胜的希腊词是 theoria。Theoria 的一个特殊含义是去看奇观，看希腊人城邦间的竞赛和节庆，观看者有时是官方团体的成员——但该词也在一般意义上得到使用，即参观另一个城邦。因此，我们在修昔底德那里（6.24）看到，雅典人伟大的西西里远征的动机之一是年轻人"对景象和 theoria"的欲望。对 theoria 的爱在修昔底德笔下是弱点，但在希罗多德那里则是贤哲的特征——比如斯基泰人阿纳卡尔西斯（Anacharsis），他"遍览诸土"

---

① ［译注］希罗多德著作的名字此前通译为《历史》，但希腊文原文 ἱστορίη 有"探究""溯源""考察"等意，甚至可译为《探究集》。此处按刘小枫先生的观点译成《原史》，参刘小枫编，《凯若斯》，上海：华东师范大学出版社，2013，页226。

($γ\tilde{η}ν$ $πολλὴν$ $θεωρήσας$，4.76）并在旅途中多少被希腊化；再比如梭伦，他将 theoria 作为他离开雅典的理由（1.29；亚里士多德《雅典政体》11.1 补充了他的经商动机）。在那些用许多时间拜访异域以提升自身的希腊人当中，希罗多德既不是第一个也不是最后一个。

希罗多德感兴趣的是令人惊讶的自然物和令人瞩目的纪念碑，但他也对各民族的生活、对我们称之为各民族的文化的东西感兴趣。关于这个概念，他至少有三个不同的词：diaita，ēthea 和 nomoi。

Diaita 与物质文化有关，与人们吃的喝的（3.23）和其他用度（1.202）有关，也和他们的谋生方式（1.157，4.109）有关。这个词也单指"住地"——人的（1.36 等）或动物的（2.68）。Ēthea 更主观些，将文化与个性联系起来；民族的野蛮程度随他们的 ēthea 的不同而不同（对勘 4.106 与 2.30）。更精细的 ēthea（往往伴随更奢华的 diaita）被说成"更高深"（deeper，4.95）；①我们会说这些民族"更开化"。Ēthea 与一个共同体的文化基调或格调有关；人们会思念故乡的 ēthea（1.165）。Ēthea 也单指习惯的居住地或"常常出没之处"（haunts）——人的（1.15 等）或动物的（2.93，7.125）。

Nomos 指那些比 ēthea 更明确的事物，指那些更加确定的事物，如命令或禁令。nomos 常常是一条成文法（而这可能是该词的原初含义）；②用于指代某个习俗时，这个词指那些可转写成文并宣布为规则的东西；Nomoi 是人特有的；该词与动物没有任何关系。此外，nomoi 是达到一定程度的文化的标志；每个民族有自己的 ēthea，但最野蛮的民族没有任何 nomoi（4.106）；他们无法为自身制定规则。

---

① ［译注］Deeper 的希腊文原文为 $βαθύτερα$，是 $βαθύς$ 的比较级，基本意思是深或高，引伸出宽、厚、强悍、大量、开化、聪明等意思。

② G. P. Shipp, $NOMOΣ$（"*Law*"），Sydney, 1978.

在一处比较 diaita 与 nomoi 的地方（4.78），前者指服饰，后者指宗教仪式。

Diaita、ēthea 和 nomoi 全都因地因时而变。三个概念都带有某种相对性；可以假定，每个民族的 diaita、ēthea 和 nomoi 在他们自己看来都是正确的。然而，nomoi 有些特别，常常与某种解释相伴。埃及人在自己的房子里休息，却在大街上饮食，

> 他们说，那些令人羞耻却不得不做的事情要在暗地里进行，无关羞耻的就在光天化日下进行。(2.35)

波斯人并不建造神庙或制造偶像，

> 而且，他们说做些事情的人是傻子，我认为，这是因为他们不相信神人同形同质，而希腊人（显然 [κατά περ]）相信。(1.131)

在讨论和比较不同 nomoi 的过程中，进行观察的旅行家更清楚地意识到文化的相对性；每个民族有自身的 nomoi，并以自己的方式理解它们。

然而，讨论常常在充分展开之前就结束了。我们可以对比一下出现在柏拉图《法义》(637c) 中的那位旅行家，他在狄奥尼索斯节期间到达塔拉斯（Taras），发现所有人都在大街上醉倒。最初，这位旅行家不以为然，但后来：

> 似乎有一个回答可以解决这个问题，这样他们的行为就不是错误的而是正确的。因为，所有人都会这样回答那个目睹与他故土习俗不同的异乡人："不要奇怪，异乡人。这是我们的

nomos；或许在这类事情上你有不一样的 nomos。"

希罗多德常常看起来就像是这样一位"漫游的异乡人"，或者我们可以说，是一位旅行家（tourist）（theoria 的意思之一就是"观光旅游"［tourism］），而他的相对主义似乎正是这样一位旅行家的相对主义。毕竟，旅行家在外游历是为了看到跟自己不同的人；他们的不同很奇妙，但这没有什么好惊讶的，因为人就是有差异的，而这一点令人愉快。

如果 nomoi 无关动机（unmotivated），仅仅是有所不同，那么，它们就仅仅指示着差异，就像不同国家挂不同的旗帜、贴不同的邮票。这些东西无法被研究，除非是非常表面的研究；它们只能被搜集。于是，旅行家成了 nomoi 的搜集者，也即搜集他实际拜访或在想象中拜访的不同国家的象征物。荷兰：木鞋和风车磨坊。巴黎：咖啡馆和埃菲尔铁塔。同样，希罗多德喜欢告诉我们："这些人把自己全身涂红，还吃猴子。"（4.194）跟所有搜集者一样，希罗多德喜欢搜集那些罕见、花哨、稀奇古怪的 nomoi。

旅行家并不试图融入；他毋宁是接受一个具体的社会角色，即异乡人的角色。这样他就可以对自己的文化坦然处之：他自己所属的文化足够强大，可以让他承受临时的局外人身份。他说，异乡亦如家；这样，你们就会接受我有所不同这个事实，正如我对你们有所不同这个事实感到愉快。差异越大，这趟旅行就越有价值，旅行家带回家的画像、记忆、纪念品就越有价值。

事实上，旅行家旅行是为了成为异乡人，这就是说，旅行是为了返乡。他带着自身的文化来到它并不属于的地方，由此他发现自身的文化；他带着自身的文化来到它并不适合的地方，由此他发现自身文化的具体特征。因此，旅行既是文化气质（cultural morale）的证据，也是文化气质的来源。希罗多德愉快地注意到，埃及人（像希腊人那样）"把不说本地话的人统统称为野蛮人"（2.158）。这种态度在埃及人那里合情合理，因此在希腊人那里也同样合情合理。旅行家回家时，获得了对"我在家"的全新知识，获得了对唯一一个他不是异乡人的地方的全新理解。因此，文化相对主义变成民族中心主义，并有助于强化旅行者自身的规范；由于他是希腊人，继续做希腊人当然再合适不过。

现在我可以更确切地谈谈我最初对希罗多德人类学的反感。我受到的熏陶让我鄙视旅行家。对养育我的民族志研究者（ethnographers）而言，①旅行家是入侵者，他们侵入了一个我们不希望受到侵害的世界。我们将他们和传教士、资本家、行政官员归为一类人——所有那些意欲侵吞并改造当地人的现代入侵者。旅行家特别麻烦之处在于，他们令人不快地与我们相像；我们民族志研究者来这里观察，他们也是。

然而，我们来这里工作并尊重当地文化；而他们只是在享受假期。他们把当地人的文化视为某种景观，由此剥夺当地人的尊严；在这个过程里，当地人自身变得荒谬可笑。我们则努力融入其中；我们准备好与当地人同甘共苦，学习他们的语言，遵守他们的习俗，认同他们的价值观。旅行家却满不在乎，行事不得体，问也不问就拍照，要求像家一样的舒适，由于自己与当地人不同而摆出高一人等的派头。他们是风景的污点。我们或许会喜欢奥马哈

---

① ［译注］作者的父亲 Robert Redfield 是一位著名的人类学家和民族语言学家，曾任芝加哥大学社会科学系主任。

(Omaha)或斯图加特（Stuttgart）本地的人，但当我们在郊野遇到他们时，他们说话大声、愚蠢、粗鲁。他们让我们对自己的文化感到羞耻。

至少在田野里，民族志研究者的典型特征是联合当地人对抗他们自己的同胞。这样做有点奇怪，但这是认为没有哪个社会更优越的民族志相对主义的实际后果。作为一个正常运作的系统，每种文化都值得尊重；每种文化都以自己的方式充分利用人的能力。的确，民族志本身似乎是优越性的明证；我们研究他们，而他们并不研究我们。但（民族志研究者认为）这与以下事实并无不同：旅行家拜访当地人，而当地人并不拜访旅行家。优越性在于权力，而非真正的价值。旅行家接受并享受这种优越性；民族志研究者试图通过参与式的观察来克服这种优越性，而这意味着舍弃权力、恳求当地人垂怜。只有这样，民族志研究者才能开始像当地人那样看待他们的文化，从内部去看，不是搜集各种怪事，而是把他们的文化视为一个有意义、活生生的复杂整体。

参与式观察并不意味着积极参与，因为这会改变所观察的文化；相反，民族志研究者试图隐身，变得不可见，以便尽可能地观察未受外界破坏的文化，仿佛自己根本不在那儿。民族志研究者的专业关切（与单纯的个人反应相对），是把当地人视为某种文化而非民众；民族志研究者如果与当地人交朋友，甚至承担当地的义务，那事实上就会妨碍他们的工作。

此外，民族志对当地人无用，对我们才有用；当地人不需要相对主义，而相对主义是民族志的前提。对当地人而言，本土文化就是"唯一的方式"（the way）；如果别人有别的方式，那可以说是他们的问题。我们对别人的方式感兴趣——这就是我们特有的问题。

我们可能不比他们优越，但在这个至关重要的方面，我们跟他们不同。

出于某些现代关切，民族志研究者离开家乡，为了思考而来到田野，而他（或她，显然）所思考的是他带去的某些问题——虽然他经常到了目的地才认清那些问题。他并不满足于当地人的如下说法："这是我们的 nomos；或许在这些事情上你们有另一种 nomos。"民族志研究者试图洞察潜藏的文化系统，然后把这种文化系统随身带回家。民族志也以自己的方式构成一种侵占，尤其当民族志研究者对他的同事谈论"我的人"（my people）的时候。

民族志反映出对文化系统的渴求，这种渴求似乎是我们的特征。当我们在理论上关心这些文化时，我们也实际上开始侵占并破坏它们，这并非偶然。现代主义是一种史无前例的历史经验；单个文化系统首次统治了世界。一个拥有这般力量的社会必然激起自身成员的焦虑；难道我们可以肯定，由于我们的文化这么优越，如果按我们的样子改造人类，这整个物种都将获益？我们并不肯定现代主义的统一性是一种文化应有的统一性；在我们自己看来，我们有时不受控制。因此，我们对诸种文化系统的兴趣可以解释为对文化统一性的来源和控制力的来源的追寻。我们对 nomoi 感兴趣，因为我们正经受着 anomie［失范］。就此而言，民族志是将我们从自身历史中拯救出来的智性努力，而当民族志研究者远离现代景象而沉浸在别的文化中时，他反而更加现代。（对这个悖论的经典思考当数列维－施特劳斯的《忧郁的热带》［Tristes tropiques］。）

以上是我这个辩证的导言的总结。我后来发现，我最初对希罗多德人类学的反感是基于我自己民族中心主义的愿景。希腊人是伟大的旅行家，但不是参与式观察者；这似乎标志着他们更高的文化气质。他们有安身立命的文化；这不意味着他们是漫不经心或无忧无虑的旅行家，也不意味着他们观察的原则微不足道。如果我们要理解希罗多德对文化的探究，我们必须按照希罗多德看待问题的方式来看待当中的问题。

可能与此相关的是，哲学家们用 theoria 来描述自己的活动——locus classicus［经典例证］是毕达哥拉斯和弗里乌斯的勒昂（Leon of Phlius）的轶闻（第欧根尼·拉尔修，《毕达哥拉斯传》8；另见 A. Delatte, *La vie de Pythagore de Diogène Laërce*［Brussels, 1922］对该段的讨论）。有人请毕达哥拉斯解释 philosophos［爱智者］的意思，他把人生比作运动赛会：有些人来比赛，有些人来做买卖，但更优秀的是那些观众。这个三分与前面引用的希罗多德 3.139 相似，梭伦的故事里也能清楚看到哲学与 theoria 的关联，梭伦的旅行是 φιλοσοφέων γῆν πολλὴν θεωρίης εἵνεκεν［为了遍览诸土，并进行爱智慧的活动］(1.30)。旅行家似乎也能为了思考而旅行。

梭伦的道德教诲是《原史》中的核心：梭伦将这一教诲教给克洛伊索斯（Croesus），而当克洛伊索斯在厄运中（1.86.3）理解了它，就将它教给居鲁士（Cyrus，1.207）和冈比西斯（Cambyses，3.36）。这个教诲之后的继承者是阿尔塔巴努斯（Artabanus），后两代波斯君主的谏臣（留意语词上的对应：1.32.4、7.49.3）。这个道德教诲建立在关于广大世界的经验之上——克洛伊索斯请梭伦赞许他的财富时，明确将梭伦的 πλάνη［漫游］与 σοφίη［智慧］联系起来。这个道德教诲也是对野蛮人价值观的批评——即便某些野蛮人接受这一教诲，成为野蛮人首领的"告诫者"（warners），他们的告诫也不起作用。因此，梭伦把源于 theoria 的智慧展示为某种希腊人特有的智慧，并且绝不只是纯粹的经验；深思熟虑的希腊旅行家基于他的经验而自信地认为，他能够对他游历的非希腊世界给出确定的解释。他旅行与其说是为了学习，不如说是为了教导。

我认为，希罗多德笔下的梭伦是叙述者自身的某种另一个自我（alter ego）。希罗多德并没有怎么从自己的探究中引出自己的解释；相反，他提供了用以解释他的探究的价值和范畴。他的著作并不只是告诉我们世界有什么，而是教导我们如何思考世界。

首要的范畴出现在开篇第一句：希腊人与野蛮人之分。尽管这个范畴似乎有时会被第二位的相对主义克服，但它仍然是首要的；《原史》是为希腊人写的关于希腊人和其他人的希腊著作——《原史》使希腊人能够理解其他人。希罗多德是一位具有文化自信的希腊观察者，他既在事实上也在想象中游历于其他人之中，他搜集令人惊讶和令人奇怪的事，而当他完成搜集后，他在脑海里进行编排。他既留心例外，也着眼规律和模式。他从未讨论他对搜集所得进行编排和筛选的原则。但无论如何，存在某些原则，这些原则既是他特有的，也是希腊人解释经验的特点。

让我们从一个相对简单（也常常被观察到）的特点开始：希罗多德偏好对称。对称在希罗多德那里随处可见，在叙述中最为精妙，常常以 τίσις 的形式出现，τίσις 的含义之一可能是"诗性正义"（poetic justice）。在"我们所知的"最重要例子中，τίσις 表现为以牙还牙（lex talionis）般对称的报应（8.105 – 106；对比 6.72.1）。但对称常常直截了当地出现，比如希罗多德坚称（这点受到埃拉色托尼［Erasothenes］的谴责，参见斯特拉波［Strabo］1.3.22），如果极北有居民，那么极南也有居民（4.36.1）。希罗多德在自己的地理学中寻求对称，例如，他认为多瑙河与尼罗河是对称的（2.33 – 34）。他在自然界中发现对称，例如尼罗河鱼的例子：雄鱼游在雌鱼前，后者一路吞食前者排出的鱼白；雌鱼又游到雄鱼前，后者一路吞食前者产出的鱼子（2.93）。这种自然界的对称也可称为 τίσις，例如在阿拉伯蛇的例子里：雌蛇吞食雄蛇，而雌蛇的后代又吞食雌蛇（3.109）。希罗多德也在文化的安排中发现对称，例如巴比伦的河流贸易：在那里，船载驴顺流而下，然后驴驮船逆流而上（1.194："除了城邦本身，在巴比伦的所有东西里，我发现这是最令人惊讶的。"）

当惊讶引人深思，惊讶就是智慧的开端。在希罗多德那里，智慧表现为对系统的偏爱，而这是某种哲学倾向。希罗多德对那些令人惊讶之物有一种充盈着思考的爱，这使他钟情于那些因为其内在的结构、各部分间的对称而"有助于思考"的令人惊讶之物。（我们将在下文给出更多例子。）

与此相关的倾向使他将搜集好的怪事安置在一个含有多个系统性对立（systematic oppositions）的框架里。最引人注目的例子出现在对埃及的叙述中；正如埃及的天空与河流与其他地方都不同，埃及人在 ἤθεα τε καὶ νόμοι［风俗礼法］上也与其他人相反（ἔμπαλιν）。

随后他一路举出不少于18处相反的情形（2.35–36），我只引用头4个：

> 在他们当中，女人在市集做买卖，男人宅着搞纺织。其他人纺织时将羊毛往上拉，埃及人向下拉。男人用头负重，女人用肩。女人站着尿尿，男人坐着。

在埃及，不论自然还是文化都完全颠倒——也就是说，与一个希腊人预期的完全相反。我想起列维-施特劳斯在《忧郁的热带》中对火岛（Fire Island）的描述：按照他的说法，海陆的颠转相应于当地人在性别上的颠转；不育的男性伴侣用婴儿车运载日常用品。①两处描述都是系统化的，其中可以发现一种差异模式遍布于不止一个领域；两处都有点搞笑——我想是因为两者都过分清晰；这样精巧的镜像式对立必然部分像是观察者通过某种语词把戏构造出来的。

这将我们带到希罗多德关于 nomos 最著名的段落，这段话以评论冈比西斯的疯癫的形式出现，而冈比西斯最危险的症状是他嘲笑埃及人所有的 nomoi（3.38）：

> 如果有人给所有人一次机会，让他们从所有 nomoi 中选出最美的 nomoi，经过一番考察，每个人都会选回他自己的。除了疯子，不可能会有人认为这很可笑。有许多证据表明所有人与自己 nomoi 的关系就是如此，尤其是以下这个例子：大流士把他殿上的希腊人召来，问他们要给多少钱才能让他们吃他们死去的父亲。他们回答说，不管给多少钱他们也不会这么做。于是他又把被称为卡拉提亚人（Callatiae）的印度人（这些人会吃他们的双亲）召来，问他们要给他们多少钱他们才能够答应火葬他们的父亲——当时希腊人也在场，并且通译把刚才所说的话告诉了他们。这些印度人大叫起来，叫大流士不得亵渎。人们就是如此看待 nomos，在我看来品达说得很对，nomos 乃万物之王。

我想把上一段落与希罗多德偏好系统的另一极佳例子（3.108.2 −

---

① ［译注］参《忧郁的热带》，王志明译，北京：生活·读书·新知三联书店，2005，页196；火岛位于纽约，岛上沙丘迁移不定，因此列维-施特劳斯说火岛是"威尼斯的反面"，土地像液体，运河像固体。

4) 关联起来：

  正如你可能会预料的，神的先见总是智慧的，让那些灵魂怯懦又易被猎食的动物多产，这样它们就不会被全部吃掉，而所有那些凶悍又危险的动物则少产。拿野兔来说：所有野兽、禽鸟和人类都会捕杀野兔，因此野兔多产。在所有野兽中，只有野兔异期妊娠（译按：直译为"受孕后还能再受孕"）；野兔腹中的幼崽们有的有毛，有的光秃秃，有的刚刚在子宫成型，有的才刚刚受孕。野兔就是这样的生物，但强大凶悍的母狮一生只怀孕一次。母狮生育时，把子宫和幼崽一道排出。原因如下。当幼狮在母腹第一次胎动时，幼狮那比任何动物都要锋利得多的爪子便抓扯子宫，幼狮长得越大，抓扯就越厉害。这样到了产期，子宫就没有一个地方是完整的了。

（上述）关于野兔的内容当然是错的；①花 5 分钟想想就知道希罗多德关于狮子的说法错得更加离谱；这完全是胡说。如果狮子这样繁育，世上就没有狮子了。希罗多德并非不加甄别；如果我们问他为什么要这样讲，我想我们就不得不回答说，这满足了他对对称性的渴求。讲兔子讲得这么夸张，他觉得有必要平衡一下，也得把狮子讲得一样夸张。我要说的是，这个段落虽然荒诞不经，却是理解希罗多德思维方式（mentalité）的关键。

关于卡拉提亚人也是如此。我本人怀疑是否有印度人或其他民族曾虔诚地吃掉自己过世的亲人（除非是以某种高度简化、基本是

---

① 我的动物学家朋友告诉我，野兔能同时怀上数只小野兔，因为它的妊娠期非常长。然而，所有受精卵同时着床，而所有胚胎同时发育和出胎。

象征性的方式），尽管希罗多德多次提及这类习俗（对比 1.216、3.99.1、4.26），而且也有来自世界各地的许多报道；①这些报道从不见得有什么证据可言。然而，这个习俗的真实性不是问题所在；我要讲的是另一个意思：无论是真实的还是虚构的，这个习俗让希罗多德（和我们）感兴趣，因为它使一种系统化的对立丰满可见。

火葬、英雄葬礼从来都不是希腊人普遍奉行的习俗，但史诗把这种习俗作为理想类型写入了希腊人的意识。通过火葬，死者的肉身、自然人就散灭了，只留下 kleos 和 sema、记忆和纪念碑——也就是说，死者转化为某种意义，某种在文化上得到保存的身份。于是，通过彻底化入文化之中，死者获得净化。自《伊利亚特》(Iliad) 以降，吃掉死者被视为彻底的不洁。

然而，在卡拉提亚人看来，他们的办法同样是一次净化——只是以截然相反的方式进行。他们将死者视为肉食，是让自然人回归自然，自然就是单纯的物质，只不过适合文化上的利用——这也可视为对遗体的充满敬意的处理。我认为，[这种做法的] 现代对应物是将遗体献给科学。无论如何，两种办法的对称性让我们注意到如下事实：每种办法都只获得部分的成功，因为它们只伸张了死亡悖论的一半——所谓死亡悖论是指，当生命结束时，文化存在并未结束，因此一具尸体既是又不是一个人。因此，只要对比两方，两种办法都显出专断的特征。

在这里，我想起《忧郁的热带》里的一个证据，对食人风俗的

---

① See E. Sagan, *Cannibalism*, New York, 1974, chap.5, "Affectionate Cannibalism."

另一个思考:①

  当我们专注于几种形式的食人风俗时,它们的基础是神秘主义、巫术或宗教……我们得承认……对此类习俗进行道德谴责就意味着相信死者的肉体复活,但这一信念将会因尸体的物理毁坏而遭受怀疑,要不然就意味着肯定身体与灵魂的关联;……也就是说,意味着与举行食人仪式背后的那些信念性质相同的信念;我们没有特别的理由选择这个信念而不选择那个信念。此外,我们抱怨食人习俗使人解除了对死者的怀念,② 但这显然不会比……我们在解剖演示中忍受的[对死者记忆的解除]多。

  无论如何,我们应当认识到,我们自己的某些习俗,在来自另一个社会的观察者看来,可能跟食人有相同的性质,尽管我们认为食人与文明的概念判然有别。我是在想……我们的重罪监狱。总的来说,人们很容易将以下两种类型的社会对立起来:一方面是那些奉行食人风俗的社会,当人们遇到某些拥有强力的个人时,他们认为能使这些个人失去强力、甚至从这些个人那里获益的唯一方式是吸取他们,另一方面是那些像我们那样奉行吐人风俗(anthropoemy,来自希腊词 emein[呕吐])

---

① *Tristes tropiques*, Paris, 1955, pp. 348 – 349。[译注]参《忧郁的热带》,王志明译,前揭,页 504 – 506。

② [译注]"解除对死者的怀念"(disengagement from the memory of the deceased)意为"对死者的不敬"(参见前一段"对遗体充满敬意的安排"),雷德菲尔德似乎想通过 dis‐engagement(法文原文是 désinvolture[轻率无礼、洒脱欢欣])和 dis‐section(参见前一段"献给科学")来对比两者的异同,因此故意用了一个巧妙却稍嫌难解的翻译。

的社会；后者遇到同样的问题时，选择相反的解决办法，包括将这些强力存在者驱逐出社会团体，把他们暂时或永久地孤立起来，无法与人接触，并为此创设法制机构。对于大多数我们称之为原始的社会而言，这样的习俗会激起强烈的恐惧；在他们眼中，这与我们常常归给他们的野蛮行径并无二致，因为这两种习俗是对称的。

这与希罗多德几乎如出一辙，因而在这点上我愿意承认，我最初对希罗多德民族志的反感是因为误解和自己思想的偏狭。我本应明白，希罗多德的兴趣不在于微观系统，即特定文化的内在一致性，而在于宏观系统，即一系列文化提供的模式化展示（patterned display）。两位伟大的旅行家，希罗多德和列维-施特劳斯，依据对称性的对立模式将此文化与彼文化对立起来，由此建立各自的科学。

然而，我们不应过分强调这个相似性。列维-施特劳斯是典型的现代人。他一直试图（如果我没有误解他）对人和人性给出一份普遍性的说明，而人性体现在文化的普遍范畴里——并企图由此向我们呈现这样一幅图景：黄金时代（正如卢梭曾告诉他的那样）既不在我们身后也不在我们前面，而是在我们中间。事实上，列维-施特劳斯旨在获得某种切合于普遍之人的科学意识。但希罗多德仍然是一位希腊人和一位史家。他的各项对立牢牢扎根在时空之中；他一直试图描述他自己发现的那个特殊的世界，而不是所有可能的世界。这就是为什么希罗多德仅仅使用而不论述他的各项范畴的原因——因为他并未试图阐述所有经验的先验条件，而是试图为他实际经验到的混乱赋予某种秩序。在他的文化地理学中，他运用范畴性的对立（categorical oppositions）来尝试发现生活世界的秩序化结构。

就此来看，核心的对立在埃及与斯基泰（Scythia）之间。希罗多德对埃及人和斯基泰人两个民族着墨最多；两者也有相似之处，即都不采纳其他人的习俗（2.79.1、2.91.1、4.76.1）。在希罗多德那里，埃及和斯基泰分别位于世界南北两端，这两个民族都展示出自足、自创且截然相反的文化系统。

两个地方的自然都令人惊讶（也就是异于希腊），但有所不同。在埃及，天空令人惊讶，因为从不下雨（2.14.1），河流也令人惊讶，因为它的变化都与别处的河流截然相反，其他河流水落时它涨水（2.19.3）。在斯基泰，天空令人惊讶，因为与别处截然相反，雨季在夏季而不在冬季（4.28.2）；辽阔的多瑙河令人惊讶，因为从不变化。河流是对比的核心；第聂伯河（Dneiper）被称为除尼罗河外物产最丰饶的河流（4.53.2）。然而，尼罗河将整个国家聚合在一起，是一种信息传递的工具（2.96），而斯基泰的河流将斯基泰划分为不同区域，并作为旅行和入侵的屏障（4.47）。

斯基泰的河流是多元的，而河流的这种多元性是斯基泰最引人注目的事实（4.82）。尼罗河是单一的，尽管裂为几条河道——希罗多德明确将这一点与斯基泰的河流相对比（4.47.1）。然而，斯基泰河流是自然的，而尼罗河河道是人造的；塞索斯特里斯王（King Sesostris）分割了这些河道（2.108.2）——结果使埃及在一个至关重要的方面与斯基泰完全对立：斯基泰人骑马御车，而马和马车在埃及无用（2.108.3）。①

---

① 埃及与斯基泰种种对比，参 F. Hartog, "Les Scythes imaginaires：Espace et nomadism," *Annales*（*ESC*）34, 1979, pp. 1137 – 1154。

塞索斯特里斯将国家划分为相等的区块（2.109.1），还发明了几何学来解释河流改道带来的变化（2.109.2）。在埃及，自然受到文化的控制。埃及历史发端于塞索斯特里斯之前的米恩王（King Minas），他最先控制尼罗河并使之改道（2.99）。在他之前，埃及低地是沼泽（2.4.3）；通过控制河流，人们开发出埃及的大部分可用地（2.15）。与此不同，斯基泰的地域在有人之前就存在；三个起源故事（4.5–11）表明，在斯基泰人之前，土地空寥寥（ἐρήμη）。斯基泰是一个后来住了人的自然景观；埃及是一个被居民彻底重构的景观。在埃及，人与自然的关系也是相互的，因为他们的水土孕育了他们这个民族；神谕宣称，饮用尼罗河河水的人都是埃及人（2.18.3）。斯基泰人没有合适的耕土，四处漫游；有一次，在追逐奇姆美利亚人（Cimmerians）时，他们迷了路，最后来到墨多斯（Media，4.12），在那里待了28年（4.1）。

埃及人定居一处，他们的势力扩张又收缩；最远的一次，他们进到斯基泰（2.103）。斯基泰人最远的一次漫游来到埃及，埃及法老劝服他们离去（1.105）。两个民族互为对方的历史边界。

埃及人对往事的记忆远超所有其他人（2.77.1、145.3），并且相信自己是人类中最古老的（2.2.1——但实验证明他们是错的）。斯基泰人自称是人类中最年轻的（4.5.1——但相关说法繁多且不可信）。埃及以国王的世代来讲述历史；国王的故事口耳相传，国王的纪念碑受到尊崇。权力在埃及是集中的；埃及人试过多王统治，但终归失败，"因为不管多久没有一个王，他们都无法管理自己的生活"（2.147.2）。斯基泰人也有王，但不止一个；有斯基泰王权的起源传说（4.5），但没有各代王相继的历史。斯基泰王的葬礼繁复精细，显著特征是送葬队伍要在该地域的全部居民中巡游（2.71–

72),但王室坟墓远非著名的纪念物,外地人无法找到(4.127)。一位斯基泰王的死亡是一次强烈、广泛而又短暂的集体经验。

埃及充满令人惊讶之物(2.35.1),而斯基泰(除了河流)只有一样令人惊讶:赫拉克勒斯的脚印(4.82)。同样,埃及人的发明多过其他任何人——包括祭坛、神像和神庙(2.4.2),而斯基泰人对此一无所知(4.59.2,除了对阿瑞斯的崇拜)。与之相反,斯基泰人只发明了ἕν τὸ μέγιστον [一个了不起的东西],即不被征服的伟大技艺(4.46.2)。用阿基罗库斯(Archilochus)的寓言来说(希罗多德显然暗指这个寓言),埃及人是有文化的狐狸,斯基泰人是有文化的刺猬。

埃及在政治和经济上是统一的,但在文化上是多样的;人们以不同方式在不同地方拜祭不同神明(2.42.2)。斯基泰人各有各的生计(4.17-19),政治组织松散,但所有人拜祭相同的神明(除了斯基泰王族特别拜祭阿瑞斯外),且神明数目不多(4.59.1)。斯基泰的特点是简单。例如,在埃及,猪是不洁的,牧猪奴是不入流的,但每年埃及人都会吃一次猪肉(2.47.2),并用一个不适合流传的故事进行解释(猪也下地:2.14.2。)在斯基泰,猪同样不洁,但没有人会养猪(4.63)。斯基泰人拒绝接受埃及人开创的狄奥尼索斯仪式(2.49.1),因为"追捧让人发疯的神是愚蠢的"(4.79.3)。对他们来说,这个想法可以说太过异想天开。埃及人行事优雅精细;埃及人,尤其是祭司,一直在沐浴更衣,然后"进行可以说是无数的典礼"(2.37.3)。希罗多德并未提及斯基泰祭司(尽管他们有不少占卜者,4.67.1);斯基泰人一般不会用水来清洁身体(4.75.2)。

埃及紧密地将不同成分扭合成一个紧凑的综合体;斯基泰则是一块有着各种文化倾向的广阔天地。斯基泰人周围有许多民族,他们的习俗有时显得比斯基泰人更极端。其中有昂多罗帕哥伊人（Anthropophagi［字面义即食人者］），他们穿斯基泰的衣服，却是食人族（4.106）。斯基泰人自己不吃人肉，尽管他们在立誓时会尝点人血（4.70），并且饮用敌人的血（4.64.1）。他们也喜欢搞人祭（4.62.33、73）——埃及人对此一无所知（2.45.2）。这些习俗可视为某种改良过的食人风俗。

在同一地域住的更远的是伊塞多涅斯人（Issedones）。这些人（跟印度人相似）虔诚地食用死去亲属的肉体，并给他们的头盖骨镀金（4.26）。斯基泰人给敌人的头盖骨镀金，然后用作酒器；还将人皮织成外衣（4.64-65）。两套习俗的相似之处在于将遗体作为自然资源来使用，将其转化为食物或工具。两相对立的是埃及人对遗体进行防腐处理，由此遗体完全被文化同化为一件纪念物。根据不同的价钱，防腐处理有三个等级（2.86.2），阶级结构的划分甚至延续到尸体上，在这个意义上，尸体仍然是该社会的成员。

这些差别也在历史叙事中发挥作用，因为埃及和斯基泰是波斯两项大事件发生的场景，这两项事件介于居鲁士创立波斯帝国与克瑟尔克瑟斯（Xerxes）入侵希腊之间：冈比西斯和大流士的远征。埃及唯一的软肋是阿拉伯沙漠（3.5.1），一旦穿过，埃及就唾手可得。可以说，埃及有一个硬壳，但腹地却脆弱不堪。然而，居鲁士一进入内地就发疯而死。与之相反，斯基泰无遮无掩，人们只需跨过多条河流。不过，大流士从未接触到斯基泰人，尽管他毫发无损。斯基泰人像海市蜃楼般撤退；埃及（换一个比喻）则是吞噬入侵者的流沙。你无法进入斯基泰；你无法离开埃及。

然而，这些差异在希罗多德的文本中不是特别明显；只在极少数情况下，他才明确地比较不同的文化。但我相信，这些文化无形中塑造了他对世界、对发生在其中的事件的理解。毕竟，埃及与斯基泰的对比不是希罗多德独有的。在希珀克拉底（Hippocratic［或希珀克拉底学派］）的《空气、水质和土壤》（*Air, Water, Places*, 章 18）中，斯基泰人和埃及人是人的极端类别："他们是 sui generis ［独特的］，而且与其他人完全不像"，因为他们分别受制于极端的寒冷和极端的炎热。一个世纪之后，柏拉图将这个对比运用到灵魂三分当中（其中希腊人是中间项）：

> 这样的人会显得可笑，如果他认为血气部分可以存在于城邦中，却并不来自拥有这些品质的个人，例如那些忒腊克（Thrace）人、斯基泰人和以北地区的人，或者热爱学习这一品质，主要是我们这部分地区人的特质，或者热衷金钱，人们会说这在腓尼基人和南部埃及人当中盛行。（《王制》435e – 436a）

在这里，埃及和斯基泰分别和其他民族被归在一起；两者的对比是一组常见对比的一个具体例子，这个例子在希罗多德那里有重要意义：阴柔（soft）民族与刚强（hard）民族的对比。（这是我的术语，不是希罗多德的，但可对比 9.122。）①阴柔民族的特征是奢华、劳动分工和复杂的 nomoi（尤其在宗教方面）；刚强民族简朴、坚韧和残暴。在阴柔民族中间，市场贸易很兴盛；刚强民族则依赖于礼物和盗窃，依赖英雄式的交换方式。阴柔民族通过税收、建造纪念物来集中资源，他们有读写能力、有组织；他们的政治有僭政倾向。刚强民族的政治组织相对散弱，有无政府倾向。阴柔民族倾

---

① ［译注］对这个区分的强调较早见于 H. Lloyd – Jones, *The Justice of Zeus*, University of California, 1973, pp. 65 – 66。

向于对死者进行文明化，刚强民族则进行自然化；在刚强民族中，女人被视为一种丰富的自然资源，几乎可以无偿取用，而在阴柔民族中，女人有成为商品的倾向，通过卖淫或其他方式进行买卖。①刚强文化欠缺人文性；他们不友善，难拜访。阴柔文化令人困惑，富于魅力，一旦拜访就难以离开。这一对比已在奥德修斯的漫游中有部分体现，食人的巨人们、莱斯特律恭人（Laestrygonians）和库克洛普斯（Cyclopes）不把旅行者视为客人，富于魅力的诱惑者卡吕普索（Calypso）和基尔克（Circe）则盛情款待旅行者，甚至于威胁要使他变形，让他无法离开。②

在希罗多德那里，世界上的刚强民族和阴柔民族分布在一幅真实的地图上，并且按各自的特征严格区分开来。斯基泰人和埃及人是两类民族的原型，部分是因为他们处于这个历史世界的边缘。在他们之外就是神话世界：斯基泰人之外是伊塞多涅斯人，他们讲述独眼的阿里马斯普斯人（Arimaspoi）和狮身鹰首兽（griffins）的故事（4.16.1）；埃及人之外是荒漠，只有伊克修法格斯人（Ichthyphagoi）能穿过，此外还有"长寿的"埃塞俄比亚人（3.17.1），他们跟阿里马斯普斯人一样只是传说。这些神话般的外围邻居提示我们，这一对比有神话来源：拥有太阳桌的埃塞俄比亚人（3.18）生活在一个神话般丰足的世界，就像基尔克和卡吕普索的居处；独眼的阿里马斯普斯人则让我们想到库克罗普斯。

---

① See M. Rosellini and S. Said, "Usages de femmes et autres nomoi chez les 'sauvages' d' Hérodote," *ASNP* ser. 38, 1978, pp. 949–1005.
② 对《奥德赛》中这个范畴性对比（categorical contrast）的更充分讨论，见拙文 "Odysseus: The Economic Man," in *Approaches to Homer*, ed. C. Rubino and C. Shelmerdine, Austin, 1983, pp. 218–247。

希罗多德说（3.116）：

> 我不相信有一种天生独眼而其余部分与他人无异的人。但是，世界的尽头由于包围着余下的世界，当中很可能会有那些在我们看来最美、最稀有的事物。

希罗多德暗示，我们将难以置信之物置于已知世界的边界之外，不仅因为那些东西超出我们的知识，也因为越靠近这些边界，我们会遇到越发极端的状况，因此也会遇到在自然与文化上越发反常的形式。对希罗多德而言，世界的尽头是充满怪事、怪物和稀有珍宝的区域。与之相反，中心是混合之地。"世界的尽头必然分有所有最美的事物，正如（κατά περ）希腊分有以最美的方式混合的季节。"（3.106.1）尽头是极端的，因而也是稳定的。神话中的民族是不变的，因为远离人世，他们不受外界影响。埃及人和斯基泰人都没有从自己的邻居那里借鉴什么。与之相反，中心地带是自然的混合之地，因而也是文化的混合之地，各民族在其中互相接触、互相改变。（注意 3.106.1 表示季节混合的动词在别的地方用以表示两国接触而形成的盟友关系［4.152.5、7.151］或敌对关系［5.124.1，对 7.145.1、9.37.4 的猜测］。）希罗多德历史地图的中心是伊奥尼亚（Ionia），在这里自然的混合有着最精致的平衡（1.141.1）；伊奥尼亚人也与其他民族混杂（1.146.1）。伊奥尼亚也是两个中心民族的交汇处，《原史》的主题即这两个民族的敌对：希腊人和波斯人。

波斯人"在所有人中最多地吸收了异邦的 nomaia"（1.135）。在这一点上，他们像希腊人，也像希罗多德，他总是非常留心自己民族已经借鉴的 nomoi，以及其他或许值得借鉴的 nomoi。希罗多德也注意波斯人借鉴的事物，把波斯人展现成一支处在文化转变过程中的民族。波斯人一开始是个刚强民族，不过，用居鲁士的比喻来说，对墨多斯人的征服将他们从野蓟地带到了宴会厅（1.126.3）。他们征服吕底亚人后变得更多；此前他们没有任何ἁβρόν或ἀγαόν，即奢华的或好的东西（1.74.1）。当吕底亚人被引得放下武器去追捧女里女气的衣服、"玩七弦琴、搞零售业"（1.155.4 καπηλεύειν ［搞零售/做小买卖］）时，他们就逐渐衰弱为微不足道的民族，湮没于历史之中。（希罗多德在别处记录说，吕底亚人自己发明了铸币［以及各种游戏］和零售商人［κάπηλοι, 1.94］。）商业是某种"阴柔"的制度，因为它要求奸诈的讨价还价，与战争要求的暴力勇敢截然对立。居鲁士鄙视经商（1.153），但波斯人正朝这个方向迈进，如我们在"父亲居鲁士"与"商人（κάπηλος）大流士"的对比中看到的（3.89.3）。在此过程中，他们的 nomoi 日渐变化："他们发现任何欢愉之物就收下；最有名的是他们从希腊人那里学来与男童厮混。"（1.135）由于变得越发好色，他们打破了自己反对神人同形共性的原则，"从亚叙利亚人（Assyrians）和阿拉伯人那里"引入了阿弗洛狄忒（1.131）。他们的宗教制度变得越发复杂。

在中心地带，刚强与阴柔的关系是动态的。两者的对比贯穿于四代波斯君主制，而这四代君主制为《原史》提供了统合的时间序列。居鲁士率领一个刚强民族对付数个阴柔民族，在此过程中使波斯人发生转变。其后，冈比瑟斯入侵阴柔民族的原型埃及人；入侵成功，结果却是波斯君主制的内部塌陷。大流士随后在新的基础上重组君主制；传统教导波斯人在所有其他人面前讲真话（1.136.2；对比 138.1），但大流士却坚定支持权宜的谎言（3.72.4）。大流士反过来攻击刚强民族的原型斯基泰人及其近邻；远征失败，由此导致的主要实质性后果是波斯人与伊奥尼亚人进一步纠缠在一起：与斯基泰人相比，伊奥尼亚人显得是最差劲、最懦弱的自由民，但又是最好、最忠心的奴隶（4.142）。然而，伊奥尼亚人变阴柔并未影响全部希腊人；当克瑟尔克瑟斯入侵希腊时，他是率领阴柔民族对付刚强民族，因而注定失败。

因此，刚强与阴柔的对比提供了理解历史的动态变化（dynamic）、解释事件的一般特征的方式。居鲁士的个人史已预示这个模式。居鲁士在小亚细亚建立波斯的统治，由此完成了他（与希腊人相关）的历史角色，但希罗多德在讲述了另外两次远征之后才结束对这位征服者的叙述——对巴比伦和马萨格泰人（Massagetae）的远征仅仅是许多远征（1.177）中的两次。这两次远征发生在埃及与斯基泰的对比之前。

巴比伦与埃及有些共同点。据说这里的神睡在神庙里，"就像埃及忒拜（Thebes）那里一样"（1.182.1）。大部分的文明技艺源于埃及，但少数重要技艺源于巴比伦（2.109.3）。巴比伦的哀悼方式也"非常像埃及人"（1.198）。在这两个地方，已婚夫妇都在做爱后沐浴。最关键的是：巴比伦和埃及一样极度丰饶，不靠雨水滋养而由河流灌溉；两个国家都不种葡萄或橄榄，因为这两种作物，如荷马和赫西俄德告诉我们的，需要最多的 $\sigma\pi o\nu\delta\acute{\eta}$，即细心的培育和照料。因而，在这两个国家，对自然的文化化成相对完整而轻松。巴比伦像埃及那样有一块软肋（河水入城处，1.191），敌人一旦进入这里，巴比伦就唾手可得。

希罗多德说，马萨格泰人跟斯基泰人颇像（1.215.1），有些人认为他们实际就是斯基泰人（1.201）。他们的一项风俗被错误地归给斯基泰人（1.216.1）。与斯基泰人一样，他们用蒸汽迷醉自己（1.202.2）。他们有些人吃野味和生鱼；他们交媾不带个人感情，或者就在光天化日之下，像牛一样（1.202）。在未经文化化成的自然里，他们松散自由。他们的国家容易进入，但像斯基泰人那样，他们最终是不可征服的。

因为不幸而变智慧的建言者克洛伊索斯给居鲁士献策，所献正是奥德修斯对付库克洛普斯的策略。居鲁士让马萨格泰人打败他，然后给他们摆上一顿盛宴，用不掺水的葡萄酒灌醉他们（1.207）。计策得手（1.221）。然而，居鲁士未能完全模仿奥德修斯；他并未抓住机会撤退，于是被杀死。马萨格泰女王随后将居鲁士的头颅放在一个血袋里，实现她此前的威胁："我会让不厌血的你喝个饱（κορέσω）！"（1.212.3）

凶残的女王用κόρος［贪求］这一概念引出了希腊肃剧的词汇。Κόρος是一种越满足越增长的欲望；那些太过顺利或以不当方式取得成功之人会变得不知餍足（ἀκόρητος）。Κόρος与ὕβρις［超出恰当限度的狂暴］相关，也与ἄτη［道德上和实践上的错误所表明的心智的混乱］有关。我们熟悉所有这些，成百个希腊故事讲述过它们。希罗多德笔下的居鲁士故事便是另一个这样的故事。一征服巴比伦，居鲁士立刻满腔激情地（ἐπεθύμησε）要征服马萨格泰人（1.201）：

> 许多强大的力量煽动着他、催逼着他：他那似乎比凡人要多些什么的出生，以及他在战争中曾有过的好运。（1.204.2）

在这里，不断的成功使人幻想自己有神一样的力量，使人忘却梭伦对克洛伊索斯的教导：有朽者全都受制于机缘（对比1.207.2）。居鲁士进攻马萨格泰人就是一次ὕβρις的行动（1.213.3）。所有希腊人都能察觉出他即将迎来毁灭。

希罗多德的独特贡献似乎是将这个肃剧场景与我在这里所称的

"阴柔"和"刚强"文化（同样传统的）对比联系起来。这一关联并不明显，不过显然内含于叙述的模式化重复当中。《原史》里没有阴柔民族对刚强民族的征服；显然存在这类征服，但希罗多德不讲这类故事。刚强、朴素的民族无法被征服（尽管他们会被复杂文化的技艺弄得一时糊涂）。最多也就是对他们搞点破坏，然后跑掉（另对比利比亚远征，4.203）。无论如何，朴素民族不值得征服，因为他们一无所有。入侵者之所以入侵他们，是因为对入侵有一种纯粹的爱——而这种爱是非理性的。在马萨格泰人身上，居鲁士犯了克洛伊索斯在居鲁士身上犯的相同错误（对比 1.71.2-4）。

另一方面，阴柔、复杂的民族能被征服，但即便他们失败，他们能通过改变征服者来复仇。他们柔化征服者，同时让他充满那种非理性的不知餍足，而这将把他推入毁灭。远征埃及的成功让冈比西斯试图入侵埃塞俄比亚。这似乎会打破这个模式，因为埃塞俄比亚人像埃及人一样属于阴柔民族——但冈比西斯从未到达他们那儿。冈比西斯是败给了极端刚强（hard）的环境，即埃及与埃塞俄比亚之间的广天阔地。他并未遇到食人族；相反，他的士兵成了互食的食人族（3.25.4-7）。

因此，《原史》里交替上演过分同化造成的败坏和非理性地扩张至虚无带来的毁灭。在世界历史的范围里，κόρος 导致 ἄτη 和 ὕβρις。前六卷建立这个模式；后三卷中，希罗多德在这个模式的框架内解释伟大的波斯战争。他让阿尔塔巴努斯告诉克瑟尔克瑟斯，那些鼓动远征的人"正助长ὕβρις"，"教导灵魂不断追求比当前更多的东西"是错误的（7.16.2）。德尔斐神谕将波斯军队称为"极其狂暴的 Ὕβρις 之子 Κόρος"（8.77.1）的化身。事实上，克瑟尔克瑟斯被刻画为不只是忽视界限，而是渴望废除所有界限，他梦想一个"与宙斯

的 αἰϑήρ［以太］接壤"的帝国，在那里，"太阳将看不到与我们相邻的国家，我会与你们将所有国家统合为一"（7.8.1–2）。

克瑟尔克瑟斯的统治（像所有东方君主国一样）是 τυραννίς［僭政］，而 ὕβρις 是 τύραννος［僭主］的特征，僭主会"肆意犯罪"（ὕβρι κεκορημένος），做"鲁莽的错事"（3.80.3，ἀτασϑάλα；对比 81.2）。在希罗多德笔下，近东各君主从不是完全合法的；自僭主巨吉斯（1.14.1）起，他们就受困于肃剧式的道德不稳定性。阿尔塔巴努斯主张小心谨慎，

> 我记得居鲁士远征马萨格泰人的结局如何，记得冈比西斯对埃塞俄比亚人的远征，而且我自己也曾随大流士远征斯基泰人。（7.18.2）

但就连阿尔塔巴努斯也得让步；一种更高的力量显然在催促这场远征。因此，波斯军队在萨拉米斯（Salamis）和普拉泰亚（Plataea）遭逢自己的宿命，逐步变化的民族性格最终铸就命运；波斯人因成功而变得阴柔，被引领着进兵刚强的希腊民族。

希罗多德的《原史》实际上以这个教导作结。最后一段（9.122）乍看不过是关联松散的离题话。希罗多德刚刚讲完阿尔塔乌克忒斯（Artauctes）受到的惩罚，这个轻率鲁莽之人（atasthalos）对英雄普罗特斯劳斯（Protesilaus）犯了亵渎罪：

> 被钉十字架的阿尔塔乌克忒斯的先祖是阿尔忒姆巴热斯（Artembares），后者曾向波斯人献策，波斯人采纳并献给居鲁士，献策的大旨是这样的："既然宙斯把统治权交给波斯，交给众人当中的你，居鲁士啊，既然你征服了阿斯杜阿该斯（Asty-

ages），来！让我们离开我们所拥有的这片狭小又崎岖的土地，去找个更好的地方。我们邻近有许多土地，在远方有更多；如果我们拿下一块，我们就能以各种方式令人赞叹。统治者理应这么做。当我们统治众人和整个亚细亚，还有什么时刻比这更美？"

居鲁士听了之后不觉得奇怪；他告诉他们就这么干，但他也告诉他们，如若这么做，他们就要准备好不再做统治者，而要成为被统治者——因为阴柔的国土一般会生出阴柔之人。同一块土地不会既产生令人惊讶的果实，又产生善战之人。结果，波斯人离开，服从居鲁士的判断；他们宁愿生活在贫瘠之地而统治，也不愿在平原耕种，做别人的奴隶。

这点波斯智慧其实是对波斯人的讽刺性批评：如果波斯人坚守这个判断，伟大的波斯战争就不会发生；如果居鲁士本人坚守这个判断，他就不会进兵巴比伦和马萨格泰。

尽管希罗多德以这个反讽结束全书，但这并非《原史》的道德教导。毕竟，他的著作不是为波斯人而是为希腊人而写，该书的主旨必然切合希腊人。在伟大的波斯战争时期，希腊人的确是相对刚强的民族，而波斯人相对阴柔；不过这个解释有点过于表面。希腊人不像马萨格泰人、埃塞俄比亚人和斯基泰人；希腊人是一个历史的民族，一直在变。《原史》与这个转变间接相关，并导致了这一转变。

希腊人在几个重要的方面与波斯人相像。波斯人"天性ὑβρισταί[傲慢]"（1.89.2），但ὕβρις也常见于希腊（对比 2.152.3、3.48.1、3.137.2、4.159.4、5.74.1、6.85.2、6.87.6、6.91.2）。波斯人继

承的 nomos 是一种永恒的不安分（7.8.1），但希腊人同样不安分（7.11.2）。伟大的波斯战争对波斯人而言是故事的结束，对希腊人而言却是中间阶段：希腊人伟大的胜利时刻也是危险的时刻。希腊人同样会变得阴柔和鲁莽。毕竟，我们从修昔底德那里知道（1.128–134），取得普拉泰亚战役胜利的指挥官泡萨尼阿斯（Pausanias）变得奢华和愚蠢，企图与克瑟尔克瑟斯共谋，最终发疯并彻底地毁灭自己。希罗多德没有讲这个故事，但他很可能料到他的读者对此有所耳闻，而且他本人肯定知道这个故事；在某个地方，他故作随意地评论道：

> 泡萨尼阿斯的 ὕβρις 给了［雅典人］从拉刻岱蒙人手中夺得领导权的借口。(8.3.2)

希罗多德还讲到，在普拉泰亚之役后的战场上，泡萨尼阿斯戏谑地嘲笑奢华的波斯人竟然愚蠢到来攻击像希腊人这样的穷民（9.82）；希罗多德这么讲，似乎既是对泡萨尼阿斯的讽刺性批评，也是对希腊人的警告。(在希罗多德笔下，笑总是不祥之兆。)[①]

我们禁不住由此联想：对希罗多德及其公元前 5 世纪中叶的读者来说，僭主式的雅典帝国是波斯人的道德继承人，受到同样的道德崩坏的威胁。无论如何，《原史》必须向希腊听众提出这一问题：这样的肃剧故事不可避免，抑或人的选择能改变结果？希腊人有没有办法让自己逃离 κόρος、ὕβρις、ἄτη 的循环？

此时，我们应当思考另一个关于 nomos 的段落：卷七克瑟尔克

[①] D. Lateiner, "No Laughing Matter: A Literary Tactic in Herodotus," in *Transactions of the American Philological Association* (107), 1977, pp. 173–183.

瑟斯与戴玛拉托斯（Demaratus）的对话（101 - 105）。克瑟尔克瑟斯问，希腊人会不会抵抗他带去进攻他们的庞大军队；戴玛拉托斯反问，克瑟尔克瑟斯想要动听的还是真实的答案。打消疑虑后，戴玛拉托斯接着说希腊人会抵抗：

> 在希腊，自初民以来贫穷一路相随，但由于智慧和一种强大的nomos，他们获得了卓越。希腊人凭这种卓越对付贫穷以及奴役……我尤其要……讲讲拉刻岱蒙人，告诉你吧，如果你把奴役带到希腊，他们永远不会答应，而且他们还要以兵相抗，就算其他所有希腊人都臣服于你。不要问我他们会有多少人来做这件事。有一千战士就有一千人与你作战，少点多点亦如是。

克瑟尔克瑟斯（像冈比西斯和泡萨尼阿斯）笑了，并嘲讽戴玛拉托斯：

> 像他们这些自由民，全都平起平坐，不受任何单个人统治，一千人也好、一万人也好，五万人也罢，他们怎能与这样一支大军相抗？……他们如果像我们这样受一人统治，或许会由于畏惧这个人而变得比自己的天性更好，或许会在鞭笞的威逼之下对付比自己人数更多的敌人。可由于他们已经获享自由，他们就不会去做这两件事的任何一样。

戴玛拉托斯答曰：

> 拉刻岱蒙人……他们尽管自由，但不完全自由。他们有一个主人，即他们的nomos，他们对它的畏惧远超你的臣民对你的畏惧。因此，他们做一切它命令的事情。而且它总会给出相同

的命令：不允许他们临阵逃脱，无论战场上有多少敌人；他们必须与军队共存亡。

戴玛拉托斯的豪言壮语在温泉关（Thermopylae）战役中得到证实（对比7.234.1）；普拉泰亚战役则更富兴味地证实了这段话。战斗打响之际，泡萨尼阿斯正与某个下级争辩，后者拒绝服从命令——他拒绝不是因为怯懦，而是因为他觉得这个命令有损自己的名誉（9.55–57）。因此，希腊人最初不成阵列；尽管如此，他们打得漂亮。波斯人也打得不错，直到他们的指挥官被杀，他们才溃逃（9.63）。希腊人由此展示出他们特有的nomos的危险与力量。他们有时是不服管的下属，因为每个人自以为有权拥有自己的观念；他们并不忠于一位最高统治者，却忠于某个观念。但由于每个人都使这一观念成为自己的，每个人就时刻准备为这个观念而死；他们不需要一位最高统治者来让他们坚守阵地。

波斯人世袭的nomos是君主制（3.82.5），而希腊人享受诸种自由制度；这些制度有"最美的名字，ἰσονομίη"（3.80.6）。Ἰσονομίη［法律面前人人平等］，以及ἰσοκρατίη［权力的平等分配］（5.92.1），都与僭政对立（5.37.2）。两者都意味着公开辩论，ἰσηγορίη（5.78）。需要决策的事务要ἐς τὸ κοινόν［交给公共］（3.80.6）或ἐς μέσον［放到中间］（3.142.3），即要交给整个共同体。你无法与僭主商谈（3.80.5）；与之相反，自由的制度通过商谈施行。于是，每个人都与共同体休戚相关，为了捍卫共同体而变得勇敢（5.78）。

伟大的波斯战争发生在一个帝国与一个同盟之间。同盟出人意料的胜利证明了自由制度的力量。希腊同盟几乎无团结可言；他们的共同策略在每一步都引发争论，而他们持续的不和危及自身的团结。不过当考验来临时，他们拥有独特的勇气，这种勇气只属于自愿的公民（consenting citizens），而不属于满心畏惧的臣民。

无论何地，"nomos 是王"，但只有在希腊人那里，nomos 是政治的而非文化的。野蛮人仅仅拥有自己的 nomoi（"使用"它们，按希腊的说法）——而且，由于他们的政治权力通常在僭主手里，权力通常是对他们的 nomoi 的威胁。僭主惯于"干涉祖传的 nomaia"（3.80.5）。例如，疯狂的波斯王冈比西斯焚烧埃及王阿玛西斯（Amasis）的遗体；他这样做（偶然地）遵循了希腊人的 nomos，却成功破坏了埃及人和波斯人的 nomoi。波斯人拜火（1.131.2），因此认为尸体不宜火化（3.16.3）；他们宁愿将尸体扔给掠食动物（1.140）。与之相反，埃及人认为火是一种动物；他们不允许尸体被动物或被火吞食（3.16.4）。因此，波斯人和埃及人依据相反的理由而做（或者说不做）相同的事情。这可以作为希罗多德偏好对称性的最后一个例子。

回到冈比西斯（我们知道，他对 nomoi 的嘲弄证明了他的疯狂）：疯过头的他甚至想要娶自己的妹妹。他手下的法律顾问告诉他，他们找不到允许一个人娶自己妹妹的 nomos，但找到了允许波斯人的国王随心所欲的 nomos（3.31）。凭这个机巧的答案，他们将王室权威与 nomos 对立起来；甚至可以说，僭主通过违抗 nomoi 而证实自己的权威。

然而，在自由的希腊城邦里，权威是合法的，也就是说，权威由 nomoi 构成。通过设立五长官（ephors）和元老院（gerousia），吕库尔戈斯（Lycurgus）为拉刻岱蒙人带来 eunomie［稳定的法治状态］；他"改变了一切 nomima，想尽办法避免它们遭到违反"（1.65.5）。在希腊人里，nomoi 的一项变更可以强化 nomos；这是因为 nomoi 不仅意味着传统，也是一项有意的设计，正如它们的创立是基于辩论和同意。

在吕库尔戈斯以前，拉刻岱蒙人处于 kakonomotatoi——无法无天的状态，且"无法与外地人交往"（1.65.2）。有些人说吕库尔戈斯从阿波罗那里获得法律，但拉刻岱蒙人自己说吕库尔戈斯是从克里特那里学来的（1.65.4）。通过自己与外地人的交往，吕库尔戈斯使自己的人民能够与外地人交往。

区分战士与一般民众是拉刻岱蒙人从埃及学来的（2.167.2）。与此相似，梭伦从埃及王阿玛西斯那里学来一项 nomos 并在雅典施行——"他们沿用至今，因为它完美无瑕"（1.177.2）。梭伦是旅行家也是立法者，这两个角色显然不无联系。

如我们所见，波斯人吸收 nomoi 是为满足自己的欢愉；希腊的兼收并蓄则相对审慎。当希罗多德推荐一条异方 nomos 时，例如埃及历法，他的理由是它有智慧（2.4.1；对比 1.196）。就此而言，他是个典型的希腊人，因为智慧（柏拉图所谓的"热爱学习"）是希腊人独特的文化特征（1.60.3）。就此看来，与其将伟大的波斯战争视为阴柔与刚强的冲突，不如视为两种解决中心区域问题的方式之间的竞赛：一方是相对无力、缺乏思考的解决方式，另一方是相对有力、深思熟虑的解决方式。这不是好的民族志；希罗多德并未足够深入波斯人的心灵，从他们自身的立场去看他们的政策是否深思熟虑。不过这是好的希腊爱国主义，且给了希腊人好建议。希罗多德劝告希腊人，吸收其他文化要有批判的眼光，不要把文化转变仅仅视为文化传播，而要视为各种选项间深思熟虑的选择。

因此，在希罗多德那里，各文化间的批判性比较本身是希腊文化的关键要素。希罗多德在事实上也在想象里环游世界，是为了探究世界的系统；如我们所见，这是一种思考"何谓希腊人"的方式，也是（对希罗多德来说）希腊人存在于世界上的独特方式。进一步说，如果肃剧式循环可以打破，如果希腊在成功捍卫自己的国土后，在重新吸纳那些柔化的、部分野蛮化的伊奥尼亚人后，并未在中心区域变得阴柔，那么，它一定能在希腊人的这种独特性中找到解决办法。意识到人类的系统，意识到支配 nomoi 转变的法则，在某种程度上就能摆脱系统的必然性。在公元前 5 世纪中叶，希罗多德仍期冀希腊人能照管好自身的文化，让它在文化和政治上发挥作用。因此，希罗多德不只展示了希腊的文明形式，还为之做出了实际的贡献。他的著作参与到希腊人持续的文化辩论中——也间接赞美了这个使辩论得以可能的文明。迄今（化用马克思的话说），各民族只在尝试改变世界，但希腊人也发现有必要解释世界。

旧文新刊

兩漢公羊學原出鄒衍證

施之勉 撰

鄒衍深觀陰陽消息，稱引天地剖判以來，五德轉移，治各有宜，而符應若茲。(《史記·孟荀傳》)

嚴安上書曰：臣聞鄒衍曰，政教文質，所以云救也，當時則用，過則舍之，有易則易也。(《漢書·嚴安傳》)

上二條，鄒衍學術之僅存於今者也。"五德轉移，治各有宜"，與"政教文質，所以云救"二語，可以互相發明。"五德轉移，治各有宜"，變以濟窮也；"政教文質，所以云救"，亦變以濟窮也。特其變也，若循環，終而復始，故終始五德，從所不勝：土德後，木德繼之，金德次之，火德次之，水德次之（見《文選·魏都賦》注《七略》)，五行相次轉用事（見《史記·封禪書》裴駰《集解》所引如淳說)。

文質二者，亦互相迭代，故曰質文再而復，王者必一質一文，所以承天地、順陰陽也。秦始皇帝采用其說，更名號，改正朔，易服色，異器械，成爲一王之法。是以鄒衍之術重於世，學者多承其說（如伏生、張蒼、賈誼、轅固、韓嬰、公孫臣等）。漢代公羊家受之，比附《春秋》，倡王者受命改制，《春秋》王魯、新周、故宋、黜杞，變周之文，從殷之質，張三世，通三統，其實皆非公羊本真，乃鄒衍之緒餘。

　　所謂微言大義，大抵兩漢公羊學者，質家之言，並非孔子之法也。史稱漢承秦滅學之後，景、武之世，董仲舒治《公羊春秋》，始推陰陽，爲儒者宗（見《漢書‧五行志》）。又稱漢興，至於五世之間，唯董仲舒名爲明於《春秋》，其傳公羊氏也（見《史記‧儒林傳》）。是首以陰陽附會《公羊》者，董仲舒也。逮至漢季，何休覃思十有七年，而作《春秋公羊解詁》。而何氏此書，與董生之《春秋繁露》旨意多相同。今采錄若干條，以見兩漢公羊學之所自焉。

　　　　王者必受命而後王，王者必改正朔，易服色，制禮樂，一統於天下。所以明易姓非繼仁，通以己受之於天也。（《春秋繁露‧三代改制質文》）

　　　　隱元年春王正月。注：王者受命，必徙居處，改正朔，易服色，殊徽號，變犧牲，異器械，明受之於天，不受之於人。（《春秋公羊解詁》）

　　按：五德轉移，治各有宜，所以王者受命，必改制以應天。

　　　　桓十二年，鄭忽出奔衛。傳：忽何以名，《春秋》伯子男一也，辭無所貶。注：《春秋》改周之文，從殷之質，合伯子男爲一。王者起，所以必改質文者，爲承衰亂，救人之失也。天道本下，親親而質省；地道敬上，尊尊而文煩。故王者始起，先本天道以治天下，質而親親；及其衰敝，其失也親親而不尊。故後王起，法地道以治天下，文而尊尊；及其衰敝，其失也尊尊而不親，故復反之於質也。質家爵三等者，法天之有三光也；文家爵五等者，法地之有五行也。（《春秋公羊解詁》。董生亦有補偏救敝之説，見《漢書·董仲舒傳》）

王者以制，一商一夏，一質一文，商質者主天，夏文者主地。主天，法質而王，其道佚陽，親親而多質愛。主地，法文而王，其道進陰，尊尊而多禮文。四法如四時然，終而復始，窮則反本。（《春秋繁露·三代改制質文》）

僖三年，夏四月不雨。注：太平一月不雨即書。《春秋》亂世，一月不雨未害物，未足爲異，當滿一月乃書。（《春秋公羊解詁》）

《春秋》应天，作新王之事。時正黑統，王魯尚黑，絀夏，親周，故宋。（《春秋繁露·三代改制質文》）

隱二年，紀子伯莒子盟于密。傳：紀子伯者何？無聞焉爾。注：《春秋》有改周受命之制。（《春秋公羊解詁》）

莊二十七年，杞伯來朝。注：杞，夏後，不稱公者，《春秋》黜杞、新周而故宋，以《春秋》當新王。（《春秋公羊解詁》）

宣十六年，成周宣榭災。傳：外災書，新周也。注：新周，故分別所災，不與宋同也。孔子以《春秋》當新王，上黜杞，下新周，而故宋，因天災中興之樂器，示周不復興，故繫宣榭于成周，使若國文，黜而新之，從爲王者後記災也。（《春秋公

羊解詁》）

《春秋》承周之文，而反之質。（《春秋繁露‧十指》）

隱七年，齊侯使其弟年來聘。傳：母弟稱弟，母兄稱兄。注：分別同母者，《春秋》變周之文，從殷之質。質家親親，明當親厚異於羣公子也。（《春秋公羊解詁》）

隱十一年，滕侯、薛侯來朝。注：滕序上者，《春秋》變周之文，從殷之質，質家親親，先封同姓。（《春秋公羊解詁》）

莊二十二年，公如齊納幣。注：《禮》言納徵，《春秋》言納幣者，《春秋》質也。（《春秋公羊解詁》）

成十五年，仲嬰卒。傳：叔仲惠伯。注：叔仲者，叔彭生也。文家字積於叔。叔仲有長幼，故連氏之。經云仲者，明《春秋》質家，當積於仲。（《春秋公羊解詁》）

按：董生、何氏所稱王者起所以必改質文，爲承衰亂，救人之失。王者一質一文，《春秋》亂世，應天作新王之事，變周之文，從殷之質，王魯、新周、故宋、紬杞，皆合於鄒衍政教文質，所以云救之意。

春秋分十二世以爲三等：有見，有聞，有傳聞。有見三世，有聞四世，有傳聞五世。故哀、定、昭，君子之所見也。襄、成、宣、文，君子之所聞也。僖、閔、莊、桓、隱，君子之所傳聞也。所見六十一年，所聞八十五年，所傳聞九十六年。於所見，微其辭；於所聞，痛其禍；於傳聞，殺其恩；與情俱也。是故逐季氏而言又雩，微其辭也。子赤殺，弗忍言日，痛其禍也。子般殺而書之，未殺其恩也。屈伸之志，詳略之文，皆應之。吾以其近近而遠遠，親親而疎疎也。亦知其貴貴而賤賤，

重重而輕輕也。有知其厚厚而薄薄，善善而惡惡也。有知其陽陽而陰陰，白白而黑黑也。(《春秋繁露·楚莊王》)

隱元年傳：所見異辭，所聞異辭，所傳聞異辭。注：所見者，謂昭、定、哀，已與父時事也。所聞者，謂文、宣、成、襄，王父時事也。所傳聞者，謂隱、桓、莊、閔、僖，高祖曾祖時事也。異辭者，見恩有厚薄，義有深淺，時恩衰義缺，將以理人倫，序人類，因制治亂之法。故於所見之世，恩已與父之臣尤深，大夫卒，有罪無罪，皆日錄之，"丙申季孫隱如卒"是也。

於所聞之世，王父之臣，恩少殺，大夫卒，無罪者日錄，有罪者不日略之，"叔孫得臣卒"是也。於所傳聞之世，高祖曾祖之臣恩淺，大夫卒，有罪無罪，皆不日略之也，公子益師、無駭卒是也。於所傳聞之世，見治起於衰亂之中，用心尚粗觕，故內其國而外諸夏，先詳內而後治外，錄大略小，內小惡書，外小惡不書，大國有大夫，小國略稱人，內離會書，外離會不書，是也。於所聞之世，見治升平，內諸夏而外夷狄，書外離會，小國有大夫。"宣十二年秋，晉侯會狄於攢函"，"襄二十三年邾婁劓我來奔"是也。

至所見之世，著治太平，夷狄進至於爵，天下遠近小大若一，用心尤深而詳，故崇仁義，譏二名，晉魏曼多、仲孫何忌是也。所以三世者，禮爲父母三年，爲祖父母期，爲曾祖父母齊衰三月。立愛自親始。故《春秋》據哀錄隱，上治祖禰。所以二百四十二年者，取法十二公，天數備足，著治法式。又因周道始懷絕於惠、隱之際。(《春秋公羊解詁》)

隱二年，公會戎於潛。注：所傳聞之世，外離會不書。書

內離會者,《春秋》王魯,明當先自詳正,躬自厚而薄責於人,故略外也。(《春秋公羊解詁》)

桓二年傳:所見異辭,所聞異辭,所傳聞異辭。注:所以復發傳者,益師以臣見恩,此以君見恩,嫌義異也。所見之世,臣子恩其君父尤厚,故多微辭是也。所聞之世,恩王父少殺,故立煬宮不日,武宮日,是也。所傳聞之世,恩高祖曾祖又少殺,故子赤卒不日,子般卒日,是也。(《春秋公羊解詁》)

按:此即公羊家所謂張三世。所以三世者,何氏以為禮為父母三年,為祖父母期,為曾祖父母齊衰三月,立愛自親始,故《春秋》據哀錄隱,上治祖禰。而董生亦云於所見微其辭,於所聞痛其禍,於傳聞殺其恩。

《春秋》變周之文,從殷之質,質家親親,而多質愛,故先自詳正,躬自厚而薄責於人,由親及疏,自近及遠。於所傳聞之世,內其國而外諸夏,先詳內而後治外,錄大略小,內小惡書,外小惡不書,大國有大夫,小國略稱人,內離會書,外離會不書。於所聞之世,內諸夏而外夷狄,書外離會,小國有大夫。至所見之世,夷狄近至於爵,天下遠近小大若一,用心尤深而詳,故崇仁義,譏二名。由是而知漢世公羊家張三世之說,以《春秋》變周之文,從殷之質,質家親親之道也。

王者之法,必正號,絀王謂之帝。封其後以小國,使奉祀之。下存二王之後以大國,使服其服,行其禮樂,稱客而朝。故同時稱帝者五,稱王者三。所以昭五端,通三統也。(《春秋繁露·三代改制質文》)

隱元年春王正月。注:王者受命,必徙居處,改正朔,易服色，殊徽號，變犧牲，異器械，明受之於天，不受之於人。夏以斗建寅之月爲正，平旦爲朔，法物見，色尚黑。殷以斗建丑之月爲正，雞鳴爲朔，法物牙，色尚白。周以斗建子之月爲正，夜半爲朔，法物萌，色尚赤。（《春秋公羊解詁》）

隱三年春王二月。注：二月、三月皆有王者，二月殷之正月也，三月夏之正月也。王者存二王之後，使統其正朔，服其服色，行其禮樂。所以尊先聖，通三統，師法之義，恭讓之禮，於是可得而觀之。（《春秋公羊解詁》）

宋公和卒。注：宋稱公者，殷後也。王者封二王後，地方百里，爵稱公，客待之而不臣也。（《春秋公羊解詁》）

按：此即公羊家所謂通三統。五行皆次轉用事，質文再而復，天運循環，無往不復，公羊家所以仍存二王之後，有通三統之説。蓋質家法天，文家主地，天有三光，地有五行。公羊爲質家，所以法天之三光，而有通三統之説也。而後儒釋之曰，王者必通三統，而治道乃無偏而不舉之處，因是而公羊家雖言變革，仍主復古。董仲舒所謂《春秋》之道，奉天而法古。又謂《春秋》善復古，譏易常，是也。

原刊《江蘇教育》第五卷第十二期

朱舜水之民族思想及其學旨

王賓客　撰

　　讀本刊八卷四期梁容若先生所作《朱舜水與日本文化》一文，覺梁文博而約，可愛之作，其於舜水平生志行學旨，月旦紹介，亦復悉中肯綮，可毋論矣。第念今日世變之亟，度越前代何止十倍，拯救之道，實莫要於發揚民族精神，而發揚之策，則莫尚於昌言吾民族之歷史，以史籍所紀之人物言行灌注人心，使人人皆知我民族之偉大，與夫民族巨人之民族思想，則復國興漢不甘臣事胡奴之志必伸，雖爲懦夫亦將聞風興起矣。昔清儒龔定庵（自珍）氏有言：

　　　　滅人之國，必先去其史；隳人之枋，敗人綱紀，必先去其史；絕人之材，湮塞人之教，必先去其史；夷人之祖宗，必先去其史。

　　史之爲用大無與倫，孔子之所以可貴可尊，爲其能制史籍，非爲其能言仁義也，能言仁義者，周秦巨子多且旨，何必獨尊孔子？故章太炎氏尊孔之言曰："不言孔學則已，若言孔學，願亟以提倡歷史爲職矣。"爰就梁文所未言，言舜水之民族思想及其學術大旨如下二節，或足以振我民族之精神，養民族之正氣，是又不同於補遺之作者矣。

朱舜水之民族思想

方舜水濡次交趾時，安南王刑迫舜水爲之臣，舜水竣拒之。安南王謂其作僞也，書一"確"字使人諷舜水，謂其不肯臣事爲不確。舜水因作《堅確賦》報安南王，乃免。其不爲異族效命之堅貞志操爲何如耶！原賦要言如次：

> 確乎確乎，學力所成；微乎微乎，析理斯精。確則由堅而致，堅不能並確而陳。堅之蔽固，固之蔽陋，而確不與固陋兮爲鄰。歷百年而非故，勿嬗代而非新。道同德媲，麾之不去；身處傾危，招之不親。非晰精微於觀火，曷能震撼而凝神？涅之緇之，莫污其白；磨焉磷焉，孰漓其淳？涇涇者其象乎。硜硜者，言必信，行必果。確然者，言不期而自無遊行，行不期而自無偏頗。磽磽者其質乎。磽磽者，保護之而僅完，擊剝之而旋缺；確然者，是非眩之而益明，東西衍之而不決。……吾以探確之源，……吾以定確之理。

舜水此操伯仲傅山，蓋傅青主亦嘗於清康熙間被脅入都而終不屈也。康熙十七年開博學鴻詞科，有人薦青主，青主拒之。明年清廷檄邑長至青主寓次速駕，有類綁票。青主稱疾，有司乃令役夫舁其牀以行，二孫侍。既至京，以死力拒，不願入城。於是益都馮溥相國首謁青主於城外,公卿畢至,青主臥牀不迎不送,衆不得已,合辭爲青主求免,康熙歎息而已不能强也。及許放還山,並以中書舍人予之,馮溥强青主入謝,使人舁牀入城,青主望見午門,淚下如雨,强掖之,則仆於地,衆皆太息曰止止,意謂是即謝矣。次年遂歸晉,大學士以下皆出城送行,青主嘆曰,自今以還,其脱然無慮矣,使後世或妄以劉因輩賢我,我且死不瞑目矣。聞者爲之咋舌。還山後,雖隱居而仍不忘光復。黄冠道服乃其僞裝,以避清廷之目注,觀其風聞葉闊蒼舉義一詩可見其殷望復國之念矣。詩云:

鐵脊銅肝杖不糜,山東留得好男兒。囊裝倡散天禎俸,鼓角高鳴日月悲。咳唾千夫來虎豹,風雲萬里泣熊羆。山中不誦《無衣》之賦,遥伏黄冠拜義旗。

蓋謂義旗若至,則當出山相佐規復,不誦無衣之賦矣,他作如:

天地有腹疾,奴物(指滿人)生其中。神醫頌武聖,掃蕩奏奇功。金虎亦垂象,寶雞誰執雄。太和休妄頌,筆削笑王通。

如"讀詩何故爾,莫測淚從來。吟者見真性,會家能不哀"皆一唱三歎者。明亡後諸大忠節之士,如王船山、黄黎洲、顧亭林、李二曲、黄道周、傅青主、朱舜水、張蒼水、孫夏峯……或籍講學以鼓吹光復散播民族思想,或躬冒鋒刃以圖規復,皆於無可奈何之日,爲不可爲之事,事不成,降而爲學,學則不能自由其説,降而詠詩,詩復恐其動觸忌諱,遭際之苦,惟賴堅貞不拔之志以自解。然諸大忠之間,獨舜水寄迹日本際會較勝,爲能言語自由也。故舜水能于暢言明室敗亡之因,申論滅滿之策,尤以滅滿之論爲上上乘之作。策云:

> 滅虜之策，不在他奇，但在事事與之相反。彼以殘，我以仁；彼以貪，我以義。解其倒懸，便已登之衽席。……天下英雄豪傑，皆我襁褓之子，同氣之弟，安有不合群策、畢群力以報十七年刺骨之深讎哉！

舜水所揭櫫"事事與之相反"六字，可謂"放之四海而皆準，俟諸百世而不惑"之論。舜水此言實重於萬鈞，吾人瀏覽史籍，不可不於此等處著眼，於此等處取法，否則何貴有史。吾甚善章太炎之論史曰：

> 僕以爲民族主義如稼穡然，要以史籍所載人物、制度、地理、風俗之類爲之灌溉，則蔚然以興矣。不然徒知主義之可貴，而不知民族之可愛，吾恐其漸就萎黃也！

今日誠欲施灌溉於民族主義，使其不至萎黃，正須以民族事跡與民族巨人之言行爲稼穡之所資，得可資，失亦可資也，同可資，異亦可資也。得必推其所以得，而失亦必推其所以失也，則可斟酌以爲資矣。

策又有云：

> 民之憔悴於虐政，未有甚於此時者也。立功成名，聲施萬世，未有易於此時者也。時乎時乎，遇此千萬年難遇之期，而棄之輕於鴻毛，吾謂智者之所不爲也，仁者義者之所不爲也，有志者之所不爲也。

《滅虜策》見舜水所作《中原陽九述略》文中，蓋因其徒日人安東守約請問明室敗亡及匡復之計，故作《述略》一卷答之，時明亡已十七年，而舜水猶日夜紬繹光復之略，不但不因形格勢禁、孤掌難鳴而餒其心，反謂"時乎時乎，遇此千萬年難遇之期"而企望復國，持志之堅確，真堪驚天地而泣鬼神。吾人再讀舜水《祭舟山守將王翊侍郎文》中所云"寧可含恨而歿，不可視息而生"二語，苟不益持吾志，豈不可哀耶！祭文節錄如后：

　　世乃有非笑之者曰：明室無王，普天臣虜，事不可為，無不變貌革心，爾區區一二匹夫違天衡命，妄言志節，一部二十一史何處紀載，而乃貿貿焉出此乎！

　　嗚乎！此何異污泥之蝦蟆鱉蠹為雄，糞壤之坵蚓歌詠得志，又何足與之言黑白、較短長哉！……使忠臣者天下皆是，則忠臣安足貴哉！……然則忠臣者，生於斯世，為於斯世，際遇何時，竭節何時，幸則為郭、李，不幸則為宗、岳，寧可含恨而歿，不可視息而生。豈庸人而識之，比肩而遇之，有意而為之，非時而不為之者哉。

　　天之所以生人，氣為精而體為粗。臣之所以事君，忠為上而功為次。先生既已得其精者上者，而又何病哉！異日者，倘可得也，必不因此而忽也；必不可得也，亦不必崇以此為恨也。

夫哀莫大於心死，舜水之獨偉，即在乎心不死與其"知其不可為而為之"之志趣，故雖在王翊死後猶未少折，其雖賫志以歿於異國，然其精神實歷千年而非故。康濟艱難之士如舜水者，偏不得遂其志行，徒使異國得其教育以興邦，殆何故歟？思之思之，不能不歸咎於明末政治之失敗，風氣之日下，雖有少數賢能亦莫挽多數既失之民心。觀舜水痛言："崇禎末年縉紳罪惡貫盈，百姓痛入骨髓，莫不有時日曷喪及汝偕亡之心，故流賊至而內外響應，逆虜入而迎刃破竹"之實況，再以船山、亭林所紀當時政治昏闇、人心散離、官吏漁獵民不聊生之情景以相印證，可知明社之屋，咎在政治之不能保民，遂爲滿人所乘耳。

朱舜水之學術大旨

舜水學問賅博，其不言天道，不取宋儒程朱空談性理，而貴實踐之思想近似船山。舜水云："夫子至聖，不言天道，子貢名賢，言天道不可得聞。"船山亦有言：

> 孟子言性，孔子言習。性者天道，習者人道。《魯論》二十篇皆言習，故曰性與天道不可得而聞也。已失之習而欲求之性，雖見性且不能救其習，況不能見乎。

船山此種不空談天道、反對玄學之論，與舜水若合符節，俱以實踐（即孔子之習）與事功爲尚。故舜水在日講學時，凡欲與討論道學者皆拒之。其與安東守約書札，屢斥空談性理天理而不即事以求理之妄，對於日本文化影響甚大，爰錄其言，佐以船山"天之道，人不可以爲道"之論以相發明，甚有裨吾人今日之事業也。舜水《與安東書》云：

> 昔有良工能於棘端刻沐猴，耳目口鼻宛然，毛髮咸具，此天下古今之巧匠也。若使不佞……得此，則必抵之爲砂礫……，何也？工雖巧，無益於世用也。彼之所爲道，自非不佞之道也。不佞之道，不用則卷而自藏耳。萬一世能大用之，自能使子孝臣忠，時和年登，政治還醇，風物歸厚，絕不區區争鬥於口角之間。宋

儒辨析毫釐，終不曾做得一事，況又於屋下架屋哉！……

　　後生小子不知灑掃進退之節，未達愛親敬長之方，而達於天理人私、義理公私之際，與之辨析毫芒。……不佞徒以避難苟全，本非昌明道學而來，亦不以良知赤白自立門户，足下幸勿再生葛藤，以滋煩擾。

　舜水之痛絕朱陸如此，蓋深惡抹煞現實人道事功而妄談天地，如朱子三代天理後世人欲之劃運說，以及陳摶之術、京房之易、董仲舒之三統循環諸謬論者。船山亦力斥談天說地之妖妄，其言曰：

　　人之道，天之道也；天之道，人不可以之爲道也。語相天下之大業，則必舉而歸之於聖人，乃其弗能相天歟，則任天而已矣。魚之游泳，禽之翔集，皆其任天者也。人弗敢以聖自尸，抑豈曰同禽魚之化哉？天之所生而生，天之所殺而殺，則是可無君也。天下之所哲而哲，天下之所愚而愚，則是可無師也。天之所有因而有之，天之所無因而無之，則是可無利用厚生之德也。天之所治因而治之，天之所亂因而亂之，則是無秉禮守義之經也。……

　　夫天與之目力，必竭而後明焉；天與之耳目，必竭而後聰焉；天與之心思，必竭而後睿焉……

　　可竭者，天也；竭之者，人也。人有可竭之成能，故天之所死，猶將生之；天之所愚，猶將哲之；天之所無，猶將有之；天之所亂，猶將治裁之於天下。正之於己，雖亂而不俱流；立之於己，施之於天下，則凶人戢其暴，詐人斂其姦，頑人砭其愚，即欲亂天下而天下不亂也。功被於天下，而陰施其裁成之德於匪人，則權之可乘勢之可爲，雖竄之流之不避怨也。若其權不自我、勢不可回，身可辱，生可損，國可亡，而志不可奪。雖然，天亦豈必我爲匪人之餌，飽彼而使之勿脫於鉤哉？

大哉船山，玩味此言，而尚不知竭人之成能以制勝自然界，真同於禽魚矣！

舜水不言天道唯重人事之説，見其集中者甚夥，其與安東論及"道理止於日用能事而非説玄説妙言高言遠者所能知"之語，尤爲深刻。舜水云：

> ……顏淵問仁，夫子宜告之以精微之妙理，入於言思俱斷之路，超越於"惟精惟一"之命，方爲聖賢傳心之秘，何獨曰"非禮勿視，非禮勿聽，非禮勿言，非禮勿動"？夫視聽言動者，耳目口體之常事；禮與非禮者，中智之衡量，而"勿"者下學之持守。豈夫子不能説玄説妙、言高言遠哉？抑顏淵之才不能爲玄爲妙、騖高騖遠哉？……其所以授受者，止於日用之能事、下學之工夫。……故知道之至極者在此，而不在彼也。……夫高遠玄虛之故習，茫如捕風，一旦幡然，……或亦知道之至極者，不在生知安行，而偏在於學知利行及勉強而行之者乎？

舜水所謂"日用之能事"，所謂"道之至極者在此"，皆指真道理在於人間事物，而不在於無極太極日月五星；道在於六德六行六藝，而不在於精微之辨析。如以清初名儒川人唐鑄萬之論道以廣舜水之言，尤足以見空談天道、不事人道之無裨於學，而有害於人有害於國也。

> 天生物，道在物而不在天；天生人，道在人而不在天。取諸一物，道在此物而不在彼物；取諸一人，道在我而不在他人。

身有目，目有明；身有耳，耳有聰。道在明而不在目，道在聰而不在耳；道在明明而不在明，道在聰聰而不在聰。……君子之學爲天下乳，不能育人，則生化無輔，帝治以絕，大道以熄，其害甚於異端之橫行，蓋異端惑世，如身之有病耳；學通無用，如身之氣盡而斃焉。不能究極之，勿言學也。（以上言舜水反對空談天道之學旨）

舜水評朱子能言窮理實則不能格致之論，亦正而嚴，節錄如次，附以顏習齋格致之釋，有足觀也。舜水云：

若欲窮盡事事物物之理，而後致知以及治國平天下，則人壽幾何，河清難俟。故不若隨時格物致知猶爲近之。……治民之官與經生大異，有一分好處則民受一分之惠，而朝庭享其功，不專在理學研窮也……

至顏習齋釋格物致知之義尤爲明徹，語見所著《四書正誤》。原文云：

李植秀問格物致知，余曰：知無體，以物爲體，猶之目無體，以色形爲體也。故人目雖明，非視黑視白明無由用也；人心雖靈，非玩東玩西靈無由施也。今之言致知者，不過讀書講問思辨已耳，不知致吾知者，皆不在此也。譬如欲知禮，任讀幾百遍禮書，講問幾十次，思辨幾十層，總不算知，直須跪拜周旋，親下手一番，方知禮是如此。譬如欲知樂，任讀樂譜幾百遍，講問思辨幾十層，總不能知，直須搏拊擊吹口歌身舞，親下手一番，方知樂是如此，是謂"物格而後知致"。……格即"手格猛獸"之格。……

且如這冠，雖三代聖人不知何朝之冠也，雖從聞見而知爲某種之冠，亦不知皮之如何煖也，必手取而加諸首，乃知如此取煖。如這蕸蔬，雖上智老圃不知爲可食之物，雖從形色料爲可食之物，亦不知味如何辛也，必箸取而納之口，乃知如此味辛，故曰手格其物而後知致。

從知格物致知，非靜坐冥思或師友問辨所能致其知，必躬親實事身體力行，經之驗之，乃可致也。王陽明欲格庭前之竹，亘數日數夜之工面竹冥思竹之何以異於木，竹何以中空而節節茁長，竹何以剛而實柔，以爲靜思辨析即可得其物理，詎意未致其知而已滿頭汗出如漿，卒致臥病，其迂如此。舜水故有不貴經生之論，以其閉門造車，不能出而合轍，無用也。古之聖人言即其行，行即其言，學即其政，政即其學，是以舜水主張爲學貴有用，不在乎理學研窮，而格致亦當於處事接物待人之時親身格焉而後知，非空談所能坐致也。其題程明道像乃不贊明道之理學，而重明道之不阿與其有用之學曰：

　　學貴有用，先生之學則有用，學貴不阿，先生之學則不阿。……雖小官必盡其心，奏其效，是有用也。……於朝堂之上，理明辭達，溫圍不覺自屈，是不阿也。

由此可見舜水之糟粕宋儒，正因宋儒理學匪特無用於世且不能致真知也。（以上言舜水主張格致工夫要從實事之履踐得之旨。）

舜水以學貴有用爲教，謂"能經邦弘化康濟艱難者乃爲巨儒"，雖以文文山之忠節，舜水僅目之爲書生，以其不能康濟艱難也。舜水曰：

　　文文山鞠躬盡瘁，死而後已，不肖亦亟稱其忠。……乃若稱之爲聖則過矣。身爲總帥，未建尺寸之功，北歸而誤中虜計，幾爲李督府捕斬；嶺表再俘，過廬陵而復食，致王炎午有生祭之文。……事已無可如何，乃思黃冠歸故鄉，……他若道生、佛生以名其子，甚非大儒所宜。故略其小疵，取其大節可也。猶未若張世傑者，一主死，復立一主，匪躬不懈，枹鼓不衰。

舜水之着重事功如此，從知其所謂儒必具"貞固足以幹事"之才，必有開濟撥亂治國平天下之業而後可稱曰儒。顏習齋亦云：

儒者，學爲君相百職，爲生民造命。……孔子之門莫道顏曾七十賢是大人學、君子儒，雖二千九百二十八徒衆，但習行一德一藝，皆大人學、君子儒也。儒之處也惟習行，……儒之出也惟經濟，……離此一路……即另著一種四書五經，一字不差，終書生也，非儒也。……

可知儒與書生之分野即以事業爲界。明末諸大儒所以見重於世，端在昌言經濟，講真學問，指明讀書爲行道，非爲干祿，而所謂道，即經邦弘化與康濟艱難者是，故舜水告其徒安東云：

以八股爲文章，非文章也，忐在利祿，不過藉此干進。彼尚知仁義禮智爲何物？不過鈎深棘遠、圖中試官已耳，非真學問也。……故其四書五經之所講説者，非新奇不足駭俗，非割裂不足投時，均非聖賢正義，彼原無意於修身、齊家、治國、平天下也。至若注脚之解，……高者求勝於德性良知，下者徒襲夫峨冠廣袖，優孟抵掌，世以爲笑，是以中國學問真種子幾乎絶息！

大人君子包天下以爲量，在天下則憂天下，在一邦則憂一邦，惟恐民生之不遂,斯爲有學而能行道之儒,若咬文嚼字皓首窮經之書生,非舜水之所謂儒。舜水以此教育日人,安得不啓後日維新之局;不宵惟是,其勉勖日人勿以地小而自歉之言,有造於日本者尤大。而日本之"尊王一統"與夫"忠君愛國"之精神,固亦舜水啓之矣。節錄其與日人加滕明友論勿以國小而自棄之言如下,以見其教澤所被。舜水云:

> 若以貴國爲褊小,爲東夷,謙讓不遑,則大不然。……今貴國幅員廣大,千倍於滕,而百倍於豐、鎬,物產又甚饒富,失今不爲,後必有任其咎矣。若以風物禮義爲歉者,則建學立師,乃所以習長幼上下之禮,申孝悌之義,忠君愛國而移風易俗也。何以歉焉?惟期銳志舉行之,……豈以地哉?(以上言舜水主爲學在於致君澤民之旨。)

舜水尊史,與船山、亭林、黎洲皆同其意。有云:

> 一部《通鑑》,明透立身制行,當官處世,俗儒虛張架勢,空馳高遠,必謂捨本逐末,沿流失源。殊不知經簡而史明,經深而史實,經遠而史近。……知向學之方,推之政治而有準,使後人知爲學之道在於近裏著己,有益天下國家,不在乎純弄虛花、捕風捉影。
>
> 中年尚學,經義簡奧難明,讀之必生厭倦,不若讀史之爲愈也。《資治通鑑》文義膚淺,讀之易曉,而於事情又近,……於事理脗合,世情通透,必喜而好之,……由此而《國語》《左傳》皆史也,則義理漸通矣。

舜水以讀史爲通義明理之方,言簡意賅,與船山史論所云"鑑者，明通之也，廣資之也，深入自取之而治身治世，肆應而不窮"之旨同，從亦可知舜水"理在事中不在物外"之說爲正鵠，苟以文學爲事功之資，則非讀史不可。日本之大開彰考館以纂史，歷二百五十餘年而始成，固舜水之徒德川光國創之也。（以上言舜水重史之見）

今述舜水之言行暫止於此。或問明季大儒輩出，子何以獨彰舜水，則應之曰：舜水之事功獨彰也。昔以孔子之聖，不得君師之位以行其政教，不得已退而講學，言其行唯在于孝弟忠信，其職唯在於灑掃應對進退，其文在于詩書禮易春秋，其用之身，在于出處去就交際，其施之天下，在于政令教化刑罰之道，傳而詔之後世，人賴以立。舜水光復明社之志不遂，始浮海入日，出其餘緒陶冶異族，猶足與人之邦，非真儒孰能。若謂同時之輩學問事功足與舜水媲美者，則唯顧亭林尚矣，蓋亭林居華陰以關中爲天府，其險可守，雖著書不忘兵革之事，其奔走匡復之志不遂，則推逆百王之制以待後聖，其志行亦卓矣。今日國步猶艱，後死者觀於舜水欲以匹夫之力致規復社稷之功，與其不事異族之操，大人君子之學，誨人以正之心，躬行實踐之規，亦可以長見賢思齊之志矣。抑吾又聞《墨子・非命》之言曰：

> 安危治亂，存乎上之爲政也，則夫豈謂有命哉？昔者禹湯文武爲政乎天下之時，曰："必使飢者得食，寒者得衣，勞者得息，亂者得治。"遂得光譽令問於天下。夫豈可謂命哉？故以爲其力也。

味墨子之言，鑑明末之政，豈不足以啓爲政尚力之信，破天命國運之惑耶？

原載《大陸雜誌》第八卷第八期

评 论

评克雷格《哲人的英王：作为政治哲学的莎士比亚亨利剧》

多布斯基（Bernard J. Dobski） 撰

包 帅 译

L. H. Craig, *The Philosopher's English King: Shakespeare's Henriad as Political Philosophy*. Rochester: Boydell & Brewer, 2015.

布鲁姆（Harold Bloom）曾说过一句著名的话：莎士比亚"发明"了我们。这种说法其实并非夸张：莎士比亚的戏剧在遍及西方世界各地的公园和剧院里常年演出，他的诗歌也一直出现在塑造着我们的文化的电视、电影和文学作品中。因此毫不奇怪，学者们也在莎士比亚的创造性遗产中发现了值得不断挖掘的宝藏，每年出版近一百本关于这位诗人的著作。

不幸的是，莎学的研究旨趣似乎总是与他的公众吸引力的机理相背离。因为一般观众是为了娱乐而观看莎士比亚，这种娱乐部分来自观看舞台上栩栩如生地上演我们的人性所带来的快乐，这种快乐预设，我们相信可以通过他的艺术创作认识到人性。然而，在当代学术界，莎士比亚的戏剧却往往被视为一种意识形态的工具。通过种族、阶级和性别等有色眼镜的阅读，莎士比亚超越时代的诗句被还原到他那个年代的社会、政治和宗教环境，从而受我们时代的偏见所评判和谴责，被历史化的莎士比亚失去了任何永恒的教益。

然而，最近有一本书打破了这一贫乏枯燥的通则，令人感到欣喜，这就是克雷格（Leon Craig）的《哲学家的英王：作为政治哲学的莎士比亚亨利剧》。这部专著文笔优美，构思合理，结构清晰，对所谓"第二亨利剧"的四联剧（《理查二世》，《亨利四世》上、下，《亨利五世》）里的一些相当晦涩的文本难题提出了不少精辟见解。根据克雷格的说法，这四部戏剧的一致性在于它们都在探讨合宜稳定的政治秩序的基础和维系：谁有资格统治？这种统治的基础是什么？它是基于神圣的正当性，还是基于某种天性上的优越性？"正确的统治者"——那个最能确保他的统治维护所有被统治者的真正利益的人——是否也需要赢得被统治者们的同意，从而将公正的统治与合法的统治相结合？如果不是如此的话，那么究竟是什么危及了这一统一性？它们又怎么能被克服？通过展现这四部戏剧如何在舞台上展示政治合法性经常面对的困惑和挑战，克雷格让莎士比亚同那些以研究这些问题而著称的哲学家们进行对话，即同柏拉图、马基雅维利和霍布斯对话。

这一切似乎听起来太过抽象，不过读者们会很高兴地发现，克雷格是以一种更加简单的方式从头讲起的。他并非简单照搬学术时尚中的解释学，而是依照戏剧的本来面貌来对其加以解释，在其戏剧冲突和角色的品格发展（这些正是莎士比亚戏剧吸引人的首要因素）中展开分析。据此，他向我们展示了不带偏见和预设的莎士比亚的观众们所能发现的剧作家在剧中所提出的问题，如果我们仔细地追溯这些问题，就能为这些戏剧以及它们同其他亨利剧的关系打开新的解释前景。长期以来，读者们一直有许多困惑，试举二例：查理二世从爱尔兰返回之前他的威尔士军队的离奇解散，亨利五世对反对自己的密谋的出人意料的发现。读者们将在此书中找到许多满足自己好奇心的东西。这样的解读方式最后会展示出亨利剧的一致性，这将使莎士比亚的读者们可以进一步提出关于他的艺术和政治意图的新问题（页 xiv – xv）。

克雷格的解读令人想到早先学者如艾尔维斯（John Alvis）和斯比科曼（Timothy Spiekerman）对莎士比亚历史剧的分析。他详细地解读这些戏剧。该书的前四章每一章讨论一部亨利剧。这种解读的目的就是要阐明莎士比亚如何理解哈尔王子（Prince Hal，未来的亨利五世）生涯的意义。因为虽然每一部剧都"的确有其自己的完整性……这来自各自的一套要旨和议题"，"事实依然表明，该四联剧整体而言主要是在塑造这一近乎传奇的人物"（页 xi）。这个人和他的政治成就（以及失败）到底有什么了不起之处，以至于吸引了莎士比亚的如许关注？克雷格论证道，莎士比亚笔下的亨利五世是这样一位国王，他自觉地努力使其统治权与被其统治者们承认合法的统治相结合。因此他代表了两种相互竞争的统治资格之间的辩论的高峰：一方是以理查二世为代表的神圣权利（第一章），另一方是以精明老到的博林布鲁克（Bolingbroke，哈尔王子之父，即后来的亨利四世）为代表的优越天性（第二、三章）。当然，作为这场辩论的解决方案，亨利五世代表的既不是他那具备优秀天性的父亲，也不是被他罢黜的那位禀有神圣权利的国王（第四章）。

通过详细介绍哈尔王子诸多精心策划的诡计，重点强调他对那位才干了得的卑劣家伙福斯塔夫（Falstaff）的利用（和滥用），并描绘他在政治和军事上的冷酷敏锐，克雷格改写了对亨利五世的传统解读，动摇了他作为一位具有正直道德品格的英国公共英雄的形象。克雷格的看法与众不同，他认为，最好将哈尔王子的生涯视为对某种政治世界的一个全新解决方案，该政治世界已对君权神授的观念幻灭，但仍要求那些试图统治自由人的统治者们建立其合法性。作为一位王子及一位国王，哈尔使用了违反习俗道德的手段，体现出他试图奠定一种新模式和秩序的基础，这在他于《亨利四世》（上）中首次登场时初见端倪。当然，在能够为他的继承者们巩固基础之前，亨利五世就去世了。所以克雷格在结束其著作时猜想亨利五世会如何维系他创立的新君主制（第五章）。

在公开点明是基于想象的这一章中，作者提出，这位曾经刚愎自用的王子所建立的政治统治的新基础会导致某种类似立宪秩序的东西，其（主要是军事上的）机制将确保某种政治精英制的发展，其益处对于国家一目了然。莎士比亚的亨利五世成了现代政治科学的化身，即对于一个古老而持久的政治问题的崭新解决方案。如果亨利五世是能以其新近建立的统治秩序解决古典政治哲学和现代政治哲学共同面临的问题的"那位"国王，那我们不禁会得出这样的结论：该书标题中十分含糊地提及、但正文中从未指明的"那位"哲人，就不仅是莎士比亚（克雷格常以"哲人－诗人"提及他）、柏拉图（克雷格在书中一直论及他）、霍布斯（该书每章的开头引语都来自其著作），甚或马基雅维利（克雷格经常用他的政治智慧来帮助读者理解莎士比亚的判断），而是从某种意义说，上述所有人。但遗憾的是，克雷格从未解释像柏拉图、霍布斯和马基雅维利这样差异巨大的哲人们是如何在这么棘手的问题上达成共识的。

在研究莎士比亚戏剧诗的核心政治主题时，克雷格提议我们认真地将这位诗人视为最高级的政治思想家，这个看法在过去五十年来一直有很多拥护者，稍微列举几位：布鲁姆（Allan Bloom）、雅法（Harry Jaffa）、艾尔维斯、洛文塔尔（David Lowenthal）、坎托（Paul Cantor）、布里茨（Jan Blits）、简森（Pamela Jensen）、斯比科曼以及克雷格自己。克雷格在全书当中不断提及他们对此看法的诸多贡献。克雷格对不断增加的莎士比亚学术文献的处理非常公正，这也是他的著作的众多优点之一。有兴趣的读者们将会特别乐于看到他对莎士比亚所能拥有的历史素材的探讨，以及他关于莎士比亚在何处出于其艺术和政治判断而有意偏离历史记载的阐释。此处仅举一例，就亨利处死阿金库尔战役（Agincourt）战俘的臭名昭著的命令的相关学术争论，克雷格的考察十分高超，无疑将为这一争论给出重要定论（页174－180）。

不过，克雷格对莎学文献的卓越处理也有一处明显的美玉微瑕：他从未讨论或提及伯恩斯（Timothy Burns）的《莎士比亚的政治智慧》（*Shakespeare's Political Wisdom*，2013）。这是一个重大的疏漏，因为伯恩斯就像克雷格一样，认为莎士比亚的作品能够传达政治智慧，伯恩斯有此看法恰恰因为他也看到了克雷格所关注的那些问题（谁有资格统治？基于什么基础？）。伯恩斯从自己的目的出发，主要关注那些非基督教语境的戏剧，因为在他看来，基督教削弱、限制和扭曲了我们认识政治现象的路径，把握这种现象的最佳手段是古典政治哲学（页6－10）。由于克雷格没有讨论这本书，他也就从未讨论过"历史剧的基督教语境妨碍了我们看清政治现象"这一指控。

由于未能考察基督教信仰是否有可能阻碍政治生活的原样呈现，克雷格在讨论亨利五世的意义时也就忽视了那些有关亨利之子的混乱统治和后果的戏剧。克雷格在导言的第一句中就说道：

> 莎士比亚所谓的"第二个四联剧"中的戏剧和第一个四联剧的戏剧不同，构成了一个连贯的整体，这不仅来自历史事件的关联性。（页 xi）

然而他并没有提出实质性论证来捍卫这一观点。但如果对莎士比亚来说，亨利五世的意义在于他所建立的全新政治基础，那就很有必要知道阻碍别人继承他的未竟之业的相关条件。此外，对那些描写接下来的历史事件的戏剧（《亨利六世》上、中、下，《理查三世》，《亨利八世》）的反思表明，即便是亨利五世，似乎也无法完成克雷格赋予莎士比亚的谋划。例如：克雷格承认，亨利五世很难运用他父亲所设想的策略（要求没收教会的一半财产的法案），从而在这一点上对艾尔维斯提供了一个期待已久的回应（页 130 – 133，页 243 注 2）。虽然如此，他在本书结尾处还是推荐了这一策略（页 183 – 189，页 263 注 10）。这有些奇怪，因为克雷格提到，近一个世纪之后，亨利八世反对英国天主教会的那些胜利其实几近失败（页 192）。而且这些胜利就其自身而言，部分是因为其间发生的玫瑰战争才得以实现，这是一场几乎杀尽贵族阶级的血腥战争，这些贵族本可能捍卫受到国王攻击的教会，这位国王的王位继承权本身就有争议。换句话说，亨利六世的过分虔诚和对约克及兰开斯特家族的无尽杀戮带来的政治失败，使英国王位的主要竞争对手名声败坏，这使亨利八世能更轻而易举地做克雷格推测亨利五世所能做的事。克雷格相信亨利五世对教会的攻击会成功，然而，亨利八世与教会费尽力气的缠斗却提示，这一判断未免过于轻率。

此外，在涉及宗教当局对世俗权威的屈服时，克雷格几乎无需猜测莎士比亚如何想象此事的发生，因为他在《亨利八世》中讨论了这个问题。通过授予自己决定英国宗教职位（以及亲自主持某些圣事）的权力，这位国王战胜了对他的主权的挑战。戏剧结尾预测了伊丽莎白继承王位。伊丽莎白的上位开始淡化了英国决定自身统治者的长期方式。新近就职的克兰默（Cranmer）在他对伊丽莎白的未来统治的赞颂末尾就已经对此做过预言。当然，克雷格还是可以论证第二亨利剧更具哲学深度，因为该剧探究了现代政治诞生的原因，而接下来的戏剧只不过阐明了其条件。不过，莎士比亚可能在其历史剧中描绘了原因和条件的区别，这一点应当让克雷格感兴趣，尤其因为这一区别证明他的莎士比亚研究进路正确；当今流行的历史学解读则将原因和条件加以等同，使莎士比亚成了他那个时代的观点的不自觉的代言人。但更重要的是，这一区别为真正的政治智慧提供了必要的基础。所有追求智慧的哲人们也都会对此感兴趣，即使那些哲人们同时也是诗人，或即使那种智慧源自"这一幸福的国土，这片大地，这个国家，这个英格兰"之外（《理查二世》2.1.50）。

图书在版编目（CIP）数据

普鲁塔克与罗马政治/彭磊主编. --北京：华夏出版社，2019.6
（经典与解释）
ISBN 978-7-5080-9770-1

Ⅰ.①普… Ⅱ.①彭… Ⅲ.①古希腊罗马哲学－研究 Ⅳ.①B502

中国版本图书馆 CIP 数据核字(2019)第 107336 号

普鲁塔克与罗马政治

主　　编　彭　磊
责任编辑　马涛红
责任印制　刘　洋

出版发行　华夏出版社
经　　销　新华书店
印　　刷　三河市少明印务有限公司
装　　订　三河市少明印务有限公司
版　　次　2019 年 6 月北京第 1 版
　　　　　2019 年 6 月北京第 1 次印刷
开　　本　880×1230　1/32
印　　张　9.75
字　　数　230 千字
定　　价　59.00 元

华夏出版社　地址：北京市东直门外香河园北里 4 号　　邮编：100028
　　　　　　网址：http://www.hxph.com.cn　　　电话：(010)64663331(转)
若发现本版图书有印装质量问题，请与我社营销中心联系调换。

西方传统：经典与解释
Classici et Commentarii
HERMES
刘小枫◎主编

古今丛编

克尔凯郭尔　[美]江思图 著
货币哲学　[德]西美尔 著
孟德斯鸠的自由主义哲学　[美]潘戈 著
莫尔及其乌托邦　[德]考茨基 著
试论古今革命　[法]夏多布里昂 著
但丁：皈依的诗学　[美]弗里切罗 著
在西方的目光下　[英]康拉德 著
大学与博雅教育　董成龙 编
探究哲学与信仰　[美]郝岚 著
民主的本性　[法]马南 著
梅尔维尔的政治哲学　李小均 译/译
席勒美学的哲学背景　[美]维塞尔 著
果戈里与鬼　[俄]梅列日科夫斯基 著
自传性反思　[美]沃格林 著
黑格尔与普世秩序　[美]希克斯 等著
新的方式与制度　[美]曼斯菲尔德 著
科耶夫的新拉丁帝国　[法]科耶夫 等著
《利维坦》附录　[英]霍布斯 著
或此或彼（上、下）　[丹麦]基尔克果 著
海德格尔式的现代神学　刘小枫 选编
双重束缚　[法]基拉尔 著
古今之争中的核心问题　[德]迈尔 著
论永恒的智慧　[德]苏索 著
宗教经验种种　[美]詹姆斯 著
尼采反卢梭　[美]凯斯·安塞尔-皮尔逊 著
舍勒思想评述　[美]弗林斯 著
诗与哲学之争　[美]罗森 著
神圣与世俗　[罗]伊利亚德 著
但丁的圣约书　[美]霍金斯 著

古典学丛编

论王政　[古罗马]金嘴狄翁 著
论希罗多德　[古罗马]卢里叶 著
探究希腊人的灵魂　[美]戴维斯 著
尤利安文选　马勇 编/译
论月面　[古罗马]普鲁塔克 著
雅典谐剧与逻各斯　[美]奥里根 著
菜园哲人伊壁鸠鲁　罗晓颖 选编
《劳作与时日》笺释　吴雅凌 撰
希腊古风时期的真理大师　[法]德蒂安 著
古罗马的教育　[英]葛怀恩 著
古典学与现代性　刘小枫 编
表演文化与雅典民主政制
　[英]戈尔德希尔、奥斯本 编
西方古典文献学发凡　刘小枫 编
古典语文学常谈　[德]克拉夫特 著
古希腊文学常谈　[英]多佛 等著
撒路斯特与政治史学　刘小枫 编
希罗多德的王霸之辨　吴小锋 编/译
第二代智术师　[英]安德森 著
英雄诗系笺释　[古希腊]荷马 著
统治的热望　[美]福特 著
论埃及神学与哲学　[古希腊]普鲁塔克 著
凯撒的剑与笔　李世祥 编/译
伊壁鸠鲁主义的政治哲学
　[意]詹姆斯·尼古拉斯 著
修昔底德笔下的人性　[美]欧文 著
修昔底德笔下的演说　[美]斯塔特 著
古希腊政治理论　[美]格雷纳 著
神谱笺释　吴雅凌 撰
赫西俄德：神话之艺
　[法]居代·德·拉孔达波 等著
赫拉克勒斯之盾笺释　罗逍然 译笺
《埃涅阿斯纪》章义　王承教 选编
维吉尔的帝国　[美]阿德勒 著
塔西佗的政治史学　曾维术 编

古希腊诗歌丛编
古希腊早期诉歌诗人 [英]鲍勒 著
诗歌与城邦 [美]费拉格、纳吉 主编
阿尔戈英雄纪（上、下）
[古希腊]阿波罗尼俄斯 著
俄耳甫斯教祷歌 吴雅凌 编译
俄耳甫斯教辑语 吴雅凌 编译

古希腊肃剧注疏集
希腊肃剧与政治哲学 [美]阿伦斯多夫 著

古希腊礼法
希腊人的正义观 [英]哈夫洛克 著

廊下派集
廊下派的神和宇宙 [墨]里卡多·萨勒斯 编
廊下派的城邦观 [英]斯科菲尔德 著

希伯莱圣经历代注疏
希腊化世界中的犹太人 [英]威廉逊 著
第一亚当和第二亚当 [德]朋霍费尔 著

新约历代经解
属灵的寓意 [古罗马]俄里根 著

基督教与古典传统
保罗与马克安 [德]文森 著
加尔文与现代政治的基础 [美]汉考克 著
无执之道 [德]文森 著
恐惧与战栗 [丹麦]基尔克果 著
托尔斯泰与陀思妥耶夫斯基
[俄]梅列日科夫斯基 著
论宗教大法官的传说 [俄]罗赞诺夫 著
海德格尔与有限性思想（重订版）
刘小枫 选编
上帝国的信息 [德]拉加茨 著
基督教理论与现代 [德]特洛尔奇 著
亚历山大的克雷芒 [意]塞尔瓦托·利拉 著
中世纪的心灵之旅 [意]圣·波纳文图拉 著

德意志古典传统丛编
彭忒西勒亚 [德]克莱斯特 著
穆佐书简 [奥]里尔克 著

纪念苏格拉底——哈曼文选 刘新利 选编
夜颂中的革命和宗教 [德]诺瓦利斯 著
大革命与诗话小说 [德]诺瓦利斯 著
黑格尔的观念论 [美]皮平 著
浪漫派风格——施勒格尔批评文集 [德]施勒格尔 著

美国宪政与古典传统
美国1787年宪法讲疏 [美]阿纳斯塔普罗 著

世界史与古典传统
西方古代的天下观 刘小枫 编
从普遍历史到历史主义 刘小枫 编

启蒙研究丛编
浪漫的律令 [美]拜泽尔 著
现实与理性 [法]科维纲 著
论古人的智慧 [英]培根 著
托兰德与激进启蒙 刘小枫 编
图书馆里的古今之战 [英]斯威夫特 著

荷马注疏集
不为人知的奥德修斯 [美]诺特维克 著
模仿荷马 [美]丹尼斯·麦克唐纳 著

品达注疏集
幽暗的诱惑 [美]汉密尔顿 著

欧里庇得斯集
自由与僭越 罗峰 编译

阿里斯托芬集
《阿卡奈人》笺释 [古希腊]阿里斯托芬 著

色诺芬注疏集
居鲁士的教育 [古希腊]色诺芬 著
色诺芬的《会饮》 [古希腊]色诺芬 著

柏拉图注疏集
柏拉图的灵魂学 [加]罗宾逊 著
柏拉图书简 彭磊 译注
克力同笺句 程志敏 郑兴凤 撰
哲学的奥德赛——《王制》引论 [美]郝兰 著
爱欲与启蒙的迷醉 [美]贝尔格 著
为哲学的写作技艺一辩 [美]伯格 著

柏拉图式的迷宫——《斐多》义疏 [美]伯格 著
哲学如何成为苏格拉底式的 [美]朗佩特 著
苏格拉底与希琵阿斯 王江涛 编译
理想国 [古希腊]柏拉图 著
谁来教育老师 刘小枫 编
立法者的神学 林志猛 编
柏拉图对话中的神 [法]薇依 著
厄庇诺米斯 [古希腊]柏拉图 著
智慧与幸福 程志敏 选编
论柏拉图对话 [德]施莱尔马赫 著
柏拉图《美诺》疏证 [美]克莱因 著
政治哲学的悖论 [美]郝岚 著
神话诗人柏拉图 张文涛 选编
阿尔咯比亚德 [古希腊]柏拉图 著
叙拉古的雅典异乡人 彭磊 选编
阿威罗伊论《王制》 [阿拉伯]阿威罗伊 著
《王制》要义 刘小枫 选编
柏拉图的《会饮》 [古希腊]柏拉图 等著
苏格拉底的申辩（修订版） [古希腊]柏拉图 著
苏格拉底与政治共同体 [美]尼柯尔斯 著
政制与美德——柏拉图《法义》疏解 [美]潘戈 著
《法义》导读 [法]卡斯代尔·布舒奇 著
论真理的本质 [德]海德格尔 著
哲人的无知 [德]费勃 著
米诺斯 [古希腊]柏拉图 著

亚里士多德注疏集
亚里士多德《政治学》中的教诲 [美]潘戈 著
品格的技艺 [美]加佛 著
亚里士多德哲学的基本概念 [德]海德格尔 著
《政治学》疏证 [意]托马斯·阿奎那 著
尼各马可伦理学义疏 [美]伯格 著
哲学之诗 [美]戴维斯 著
对亚里士多德的现象学解释 [德]海德格尔 著
城邦与自然——亚里士多德与现代性 刘小枫 编
论诗术中篇义疏 [阿拉伯]阿威罗伊 著
哲学的政治 [美]戴维斯 著

普鲁塔克集
普鲁塔克的《对比列传》 [英]达夫 著
普鲁塔克的实践伦理学 [比利时]胡芙 著

阿尔法拉比集
政治制度与政治箴言 阿尔法拉比 著

马基雅维利集
君主及其战争技艺 娄林 选编

莎士比亚绎读
莎士比亚的历史剧 [英]蒂利亚德 著
莎士比亚戏剧与政治哲学 彭磊 选编
莎士比亚的政治盛典 [美]阿鲁里斯/苏利文 编
丹麦王子与马基雅维利 罗峰 选编

洛克集
上帝、洛克与平等 [美]沃尔德伦 著

卢梭集
论哲学生活的幸福 [德]迈尔 著
致博蒙书 [法]卢梭 著
政治制度论 [法]卢梭 著
哲学的自传 [美]戴维斯 著
文学与道德杂篇 [法]卢梭 著
设计论证 [美]吉尔丁 著
卢梭的自然状态 [美]普拉特纳 等著
卢梭的榜样人生 [美]凯利 著

莱辛注疏集
汉堡剧评 [德]莱辛 著
关于悲剧的通信 [德]莱辛 著
《智者纳坦》（研究版） [德]莱辛 等著
启蒙运动的内在问题 [美]维塞尔 著
莱辛剧作七种 [德]莱辛 著
历史与启示——莱辛神学文选 [德]莱辛 著
论人类的教育 [德]莱辛 著

尼采注疏集
尼采引论 [德]施特格迈尔 著
尼采与基督教 刘小枫 编
尼采眼中的苏格拉底 [美]丹豪瑟 著

尼采的使命　[美]朗佩特 著
尼采与现时代　[美]朗佩特 著
动物与超人之间的绳索　[德]A.彼珀 著

施特劳斯集
论僭政（重订本）　[美]施特劳斯 [法]科耶夫 著
苏格拉底问题与现代性（增订本）
犹太哲人与启蒙（增订本）
霍布斯的宗教批判
斯宾诺莎的宗教批判
门德尔松与莱辛
哲学与律法——论迈蒙尼德及其先驱
迫害与写作艺术
柏拉图式政治哲学研究
论柏拉图的《会饮》
柏拉图《法义》的论辩与情节
什么是政治哲学
古典政治理性主义的重生（重订本）
回归古典政治哲学——施特劳斯通信集
苏格拉底与阿里斯托芬

＊＊＊

施特劳斯的持久重要性　[美]朗佩特 著
论源初遗忘　[美]维克利 著
政治哲学与启示宗教的挑战　[德]迈尔 著
阅读施特劳斯　[美]斯密什 著
施特劳斯与流亡政治学　[美]谢帕德 著
隐匿的对话　[德]迈尔 著
驯服欲望　[法]科耶夫 等著

施米特集
宪法专政　[美]罗斯托 著
施米特对自由主义的批判　[美]约翰·麦考米克 著

伯纳德特集
古典诗学之路（第二版）　[美]伯格 编
弓与琴（重订本）　[美]伯纳德特 著
神圣的罪业　[美]伯纳德特 著

布鲁姆集
巨人与侏儒（1960-1990）
人应该如何生活——柏拉图《王制》释义
爱的设计——卢梭与浪漫派
爱的戏剧——莎士比亚与自然
爱的阶梯——柏拉图的《会饮》
伊索克拉底的政治哲学

沃格林集
自传体反思录　[美]沃格林 著

大学素质教育读本
古典诗文绎读　西学卷·古代编（上、下）
古典诗文绎读　西学卷·现代编（上、下）

中国传统：经典与解释
Classici et Commentarii
崇文书局
刘小枫　陈少明○主编

《孔丛子》训读及研究／雷欣翰 撰
论语说义／[清]宋翔凤 撰
周易古经注解考辨／李炳海 著
浮山文集／[明]方以智 著
药地炮庄／[明]方以智 著
药地炮庄笺释·总论篇／[明]方以智 著
青原志略／[明]方以智 编
冬灰录／[明]方以智 著
冬炼三时传旧火／邢益海 编
《毛诗》郑王比义发微／史应勇 著
宋人经筵诗讲义四种／[宋]张纲 等撰
道德真经藏室纂微篇／[宋]陈景元 撰
道德真经四子古道集解／[金]寇才质 撰
皇清经解提要／[清]沈豫 撰
经学通论／[清]皮锡瑞 著
松阳讲义／[清]陆陇其 著
起凤书院答问／[清]姚永朴 撰
周礼疑义辨证／陈衍 撰

《铎书》校注 / 孙尚扬 肖清和 等校注
韩愈志 / 钱基博 著
论语辑释 / 陈大齐 著
《庄子·天下篇》注疏四种 / 张丰乾 编
荀子的辩说 / 陈文洁 著
古学经子 / 王锦民 著
经学以自治 / 刘少虎 著
从公羊学论《春秋》的性质 / 阮芝生 撰

编修［博雅读本］
  凯若斯：古希腊语文读本［全二册］
  古希腊语文学述要
  雅努斯：古典拉丁语文读本
  古典拉丁语文学述要
  危微精一：政治法学原理九讲
  琴瑟友之：钢琴与古典乐色十讲
译著
  普罗塔戈拉（详注本）
  柏拉图四书

刘小枫集

民主与政治德性
昭告幽微
以美为鉴
古典学与古今之争［增订本］
这一代人的怕和爱［第三版］
沉重的肉身［珍藏版］
圣灵降临的叙事［增订本］
罪与欠
儒教与民族国家
拣尽寒枝
施特劳斯的路标
重启古典诗学
设计共和
现代人及其敌人
海德格尔与中国
共和与经纶
现代性与现代中国
现代性社会理论绪论
诗化哲学［重订本］
拯救与逍遥［修订本］
走向十字架上的真
西学断章

经典与解释辑刊

1 柏拉图的哲学戏剧
2 经典与解释的张力
3 康德与启蒙
4 荷尔德林的新神话
5 古典传统与自由教育
6 卢梭的苏格拉底主义
7 赫尔墨斯的计谋
8 苏格拉底问题
9 美德可教吗
10 马基雅维利的喜剧
11 回想托克维尔
12 阅读的德性
13 色诺芬的品味
14 政治哲学中的摩西
15 诗学解诂
16 柏拉图的真伪
17 修昔底德的春秋笔法
18 血气与政治
19 索福克勒斯与雅典启蒙
20 犹太教中的柏拉图门徒
21 莎士比亚笔下的王者
22 政治哲学中的莎士比亚
23 政治生活的限度与满足
24 雅典民主的谐剧
25 维柯与古今之争
26 霍布斯的修辞
27 埃斯库罗斯的神义论
28 施莱尔马赫的柏拉图
29 奥林匹亚的荣耀
30 笛卡尔的精灵
31 柏拉图与天人政治
32 海德格尔的政治时刻
33 荷马笔下的伦理
34 格劳秀斯与国际正义
35 西塞罗的苏格拉底

36 基尔克果的苏格拉底
37 《理想国》的内与外
38 诗艺与政治
39 律法与政治哲学
40 古今之间的但丁
41 拉伯雷与赫尔墨斯秘学
42 柏拉图与古典乐教
43 孟德斯鸠论政制衰败
44 博丹论主权
45 道伯与比较古典学
46 伊索寓言中的伦理
47 斯威夫特与启蒙
48 赫西俄德的世界
49 洛克的自然法辩难
50 斯宾格勒与西方的没落
51 地缘政治学的历史片段
52 施米特论战争与政治
53 普鲁塔克与罗马政治